教 | 育 | 知 | 库

少年情怀都是诗
—— 指导中学生写作诗词对联

吴延伟 著

光明日报出版社

图书在版编目（CIP）数据

少年情怀都是诗：指导中学生写作诗词对联 / 吴延伟著． --北京：光明日报出版社，2022.6
ISBN 978－7－5194－6651－0

Ⅰ.①少… Ⅱ.①吴… Ⅲ.①古典诗歌—诗歌创作—创作方法—中国—中学—教学参考资料 Ⅳ.①G634.303

中国版本图书馆 CIP 数据核字（2022）第 095679 号

少年情怀都是诗：指导中学生写作诗词对联
SHAONIAN QINGHUAI DOUSHI SHI：ZHIDAO ZHONGXUESHENG XIEZUO SHICI DUILIAN

著　　者：吴延伟	
责任编辑：史　宁	责任校对：阮书平
封面设计：中联华文	责任印制：曹　净

出版发行：光明日报出版社
地　　址：北京市西城区永安路 106 号，100050
电　　话：010－63169890（咨询），010－63131930（邮购）
传　　真：010－63131930
网　　址：http：//book.gmw.cn
E－mail：gmrbcbs@ gmw.cn
法律顾问：北京市兰台律师事务所龚柳方律师
印　　刷：三河市华东印刷有限公司
装　　订：三河市华东印刷有限公司
本书如有破损、缺页、装订错误，请与本社联系调换，电话：010-63131930
开　　本：170mm×240mm
字　　数：315 千字　　　　　　　　印　　张：17.5
版　　次：2023 年 1 月第 1 版　　　印　　次：2023 年 1 月第 1 次印刷
书　　号：ISBN 978－7－5194－6651－0
定　　价：78.00 元

版权所有　　翻印必究

我想成为"植树的牧羊人"

（代序）

《植树的牧羊人》是法国作家让·乔诺的作品，这是一篇让我反复阅读的好文章，文中塑造了一位让我感动莫名的人物。如果您还没读过此文，请先看一下其中的几段文字：

1. 未植树前的环境：

那是在1913年，我走进法国普洛旺斯地区，在游人稀少的阿尔卑斯山地，做了一次旅行。这里海拔一千二三百米，一眼望去，到处是荒地。光秃秃的山上，稀稀拉拉地长着一些野生的薰衣草。在无边无际的荒野中，我走了三天，终于来到一个废弃的村庄前。……那是六月晴朗的一天，太阳快要把人烤焦了。在毫无遮拦的高地上，风吹得人东倒西歪。狂风呼啸着穿过破房子的缝隙，像一只饥饿的野兽发出吼叫。

2. 牧羊人的植树过程和方法：

出发前，牧羊人把装着橡子的袋子，在水里泡了一下。我看到，他没有带木棍，而是拿了一根一米半长、大拇指粗的铁棒。我们沿着山路，又向上爬了大约两百米。他停了下来，用铁棍在地上戳了一个坑。然后，他轻轻地往坑里放一颗橡子，再仔细盖上泥土。他是在种橡树！我问他，这块地是你的吗？他摇摇头说，不是。那是谁的地？是公家的，还是私人的？他说不知道。看起来他并不在意，他只是一心一意地把一百颗橡子都种了下去。吃过午饭，他又开始选橡子。

三年来，他一直这样，一个人种着树，他已经种下了十万颗橡子。在这十万颗橡子中，有两万颗发了芽。而在这两万棵树苗中，有将近一半，可能会被动物咬坏，或是因为其他原因死掉。剩下的一万颗树苗，会在这光秃秃的土地上扎根，长成大树。他说，这地方缺少树；没有树，就不会有生命。他决定，既然没有重要的事情做，就动手种树吧。这个男人坚持做着自己想做的事。

3. 植树 30 年后的环境：

1945 年的 6 月，我最后一次见到植树的老人。那年，他已经 87 岁了。我再次踏上这条通往荒原的路。我完全认不出这条我曾经走过的路了。一切都变了，连空气也不一样了。以前那种猛烈而干燥的风，变成了飘着香气的微风；高处传来流水般的声音，那是风穿过树林的响声。1913 年我来时见到的废墟上，建起了干净的农舍，看得出人们生活得幸福、舒适。树林留住了雨水和雪水，干涸已久的地里又冒出了泉水。人们挖了水渠，农场边上，枫树林里，流淌着源源不断的泉水，浇灌着长在周围的鲜嫩薄荷。那些废弃的村子一点点重建起来。从地价昂贵的城市搬到这里安家的人带来了青春和活力，还有探索新生活的勇气。一路上，我碰到许多健康的男男女女，孩子们的笑声又开始在热闹的乡村聚会上飘荡。

文中的"男人"是一位叫艾力泽·布菲的农夫，他数十年如一日，在阿尔卑斯山的荒原上植树，最终靠一己之力，把荒凉的土地变成了美丽富饶的家园。

读过此文，我就一直被这样一位执着且有作为的植树人感动着。其实，我也想成为这样一位"植树"人，一位想在中学校园里种植"诗词文化"的人。

下面就把我这些年的"植树"情况给诸位介绍一下：

一、个人摸索阶段（2010—2016）

大概是 2010 年，我开始尝试把"写诗"作为我作文教学的一部分。这可不是学校领导交给我的教学任务，完全是我个人的兴趣所致。当时我觉得，一个国家无论其经济如何发达，最终还是要有个根。这个根是什么呢？应该就是传统文化，而诗词就是传统文化的杰出代表。作为语文老师，作为诗词爱好者，我觉得我应该在传承诗词文化方面做一点我自己的贡献。

不过要让学生真的写作诗词也并不是一件很容易的事，因为他们也知道这并不是教学大纲规定的必须掌握的知识与技能，尤其是高考不考。这就需要我反复给学生讲下面这些道理，而且是不厌其烦地讲。首先，我觉得写诗填词是锻炼学生遣词造句能力的极好方式。比如写作律诗，就要注意押韵和对仗，而选一个合适的押韵字和写出一联工整的对仗都是很烧脑的事，它需要调动你脑海中的几个甚至几十个字词，耐心仔细地比对才行。"两句三年得，捻断数茎须"，学生斟酌词句的能力就是这样慢慢地提高。再者，中考、高考中的"语言运用"题里都有对联方面的考题，而对联的写作要求和律诗中的颔联、颈联的写作要求几乎一样。这样，学生写作诗词的时候不就把写作对联的能力也提高了吗？最后，"古代诗歌鉴赏"是高考必考内容，但长期以来，学生在这方面的解题能力普遍不高。很多学生记不住老师教过的相关知识，比如思想内容、写作手法等方面。为什么记不住呢？我想主要还是用得少，练得少，所以印象不深。我觉得让学生写作诗词倒是一个让学生牢记诗词知识的极好方法。比方说，写作诗歌的时候，自然要用到借景抒情、虚实结合、动静结合等表现手法，以及比喻、拟人、夸张、对仗、用典、双关等修辞手法。如果学生经常写诗，那他就会经常使用这些知识，那他掌握这些知识点不就是水到渠成的事吗？所以说让学生写作诗词，既可以巩固学过的诗词知识，又可以有效提高学生解答诗词鉴赏题的能力。

后来的几年，我教的学生会写诗词且能写出较高水平的就越来越多了。写作诗词渐渐成了他们不少人的一种爱好，一种能力，甚至一种习惯。我觉得这是一件好事，往大里说是对优秀传统文化的传承，往小里说是对学生写作能力的提高，从头到尾它传递的都是一种正能量。这个阶段虽是我个人的小打小闹，但我乐此不疲。

二、步入正轨阶段（2016年10月—2019年7月）

2016年，我校来了一位很有人文情怀、很重视传统文化的新校长——钟东，这让我的诗词写作教学开始有了一个更大的施展平台。不久，学校就让我牵头在我校教师中成立了一个诗词写作兴趣小组。本来我是抱着试一试的态度招兵买马，没想到我校教职工中居然有那么多诗词写作爱好者，短短一个多月，就有四十多位教职工加入这个兴趣小组。更让我想不到的是，除了语文老师外，其他几乎所有学科都有老师加入，甚至连后勤人员、保安都有加入。一时间，在我校教师中刮起了一股诗词写作风。

其后不久，我们兴趣小组几位骨干成员先后加入了韶关市楹联与诗词学会，在这个很专业的学会中，特别在宋贻珍、林建、蓝健雄等几位诗词专家的热情而耐心的指导下，我们几个的专业水平得以迅速提高。这为后来的发展打下了良好的基础。

2017年5月4日，在学校领导的直接关心下，在楹联与诗词学会的全力帮助下，我校第一个纯文学社团——未来湖诗社成立了，本人有幸担任诗社首任社长。成社之初，我们就决定把主要精力放在诗词教学上，我校第一个诗教班就在当年9月份组建起来了，共有来自高一高二年级的50多位学生进入该诗教班学习。

其后，我校梁建国、毛忠林、田元等几位语文老师也相继开了诗教课，学校还把诗教课纳入了学校校本课程，还出台相关政策鼓励更多的教师开展诗词写作教学。自此，我校的诗词教学步入正轨，跨上了一个新台阶。

三、提高推广阶段（2019年8月至今）

为了使诗教工作取得更大的成绩，并在本地区产生较大的影响，我们相继组织落实了以下工作：

（一）邀请高校专家到我校举办诗词对联方面的讲座。主要有：

1. 韶关学院副教授、韶关市楹联与诗词学会会长宋贻珍；

2. 韶关学院客座教授、韶关市楹联与诗词学会副会长林建；

3. 韶关学院文学院副院长、韶关市楹联与诗词学会副会长程宇昂。

（二）邀请高校专家和对联名家到我校开设诗词对联方面的课程。主要有：

1. 韶关学院副教授、韶关市楹联与诗词学会会长宋贻珍；

2. 韶关学院文学院副院长、韶关市楹联与诗词学会副会长程宇昂；

3. 韶关市楹联与诗词学会原副会长李阳才。

（三）韶关市楹联与诗词学会北江中学教育基地挂牌成立。

（四）帮扶市区薄弱学校（如韶关市第十五中学）开展诗教工作。

四、在诗教方面的几项成果

（一）2018年10月，吴延伟老师主编的校本课程《少年情怀都是诗》获广东省校本课程活动建设成果评选二等奖；

（二）2019年11月，吴延伟、毛忠林老师撰写的校本课程获韶关市优秀教学成果二等奖。

（三）2021年11月，由吴延伟老师主持梁建国、毛忠林等老师参与的省级课题《少年情怀都是诗》结题。

临了，我还是忘不掉那个植树的牧羊人，我还是忘不掉《植树的牧羊人》一文最后所描绘的情景：

"一切都变了，连空气也不一样了。以前那种猛烈而干燥的风，变成了飘着香气的微风；高处传来流水般的声音，那是风穿过树林的响声。1913年，我来时见到的废墟上，建起了干净的农舍，看得出人们生活得幸福、舒适。树林留住了雨水和雪水，干涸已久的地里又冒出了泉水。人们挖了水渠，农场边上，枫树林里，流淌着源源不断的泉水，浇灌着长在周围的鲜嫩薄荷。"

期待着，我和我的同仁们所植的"树"，能在若干年后留住泉水，留住花香，留住一直想诗意栖居的人们。

长与流芳，一片当年干净土；

宛然浮玉，千秋此处妙高台。

是为序。

吴延伟

2022年5月

目 录
CONTENTS

第一部分　诗教课堂 ·· 1

第一课：格律文学的主要特征 ·· 1

第二课：格律诗的押韵 ·· 5

第三课：格律诗的平仄 ·· 9

第四课：五言绝句的写作（一） ·· 13

第五课：五言绝句的写作（二） ·· 22

第六课：七言绝句的写作（一） ·· 26

第七课：七言绝句的写作（二） ·· 37

第八课：对联的写作（一） ·· 42

第九课：对联的写作（二） ·· 49

第十课：对联的写作（三） ·· 51

第十一课：对联的写作（四） ··· 55

第十二课：对联的写作（五） ··· 58

第十三课：五言律诗的写作（一） ··· 62

第十四课：五言律诗的写作（二） ··· 68

第十五课：七言律诗的写作（一） ··· 73

第十六课：七言律诗的写作（二） ··· 78

第十七课：词的写作（选修） ··· 85

第二部分 知识与方法 ········· 93

历代格律文学之名片 ········· 93
古诗中的人物形象 ········· 101
从《秋思》中感受诗中的物象、意象和意境 ········· 108
古诗词的常见分类 ········· 112
古诗词常见的修辞手法 ········· 125
诗词中常见的表达方式 ········· 131
诗词中常见的表现手法 ········· 136
写作手法中的孪生兄弟 ········· 142
乱花渐欲迷人眼 ········· 148
绝句中常用的写作手法 ········· 153
选修教材《唐诗宋词元散曲选读》中写作手法 ········· 158
诗词写作中的一材多用 ········· 170
打好诗词写作的必备基础 ········· 173
三味书屋话对课 ········· 175
2020年各地中高考语文对联题解析 ········· 182
对联写作中的平仄、对仗和句式 ········· 188
对联的常见分类 ········· 201
浅谈绝句、律诗、对联的语言张力 ········· 220
打开写作殿堂的金钥匙：联想和想象 ········· 224
绝句、律诗、对联中的起承转合 ········· 231
诗、词、对联中的兴、观、群、怨 ········· 235
绝句、律诗、对联和词的基本写作步骤 ········· 243
附录：诗词情怀 ········· 255

参考文献 ········· 265

后 记 ········· 266

第一部分　诗教课堂

第一课：格律文学的主要特征

一、历代格律文学之名片

（一）汉魏时期：赋

如洛神赋（节选）（魏时期·曹植）

其形也，翩若惊鸿，婉若游龙。荣曜秋菊，华茂春松。髣髴兮若轻云之蔽月，飘飖兮若流风之回雪。远而望之，皎若太阳升朝霞；迫而察之，灼若芙蕖出渌波。秾纤得衷，修短合度。肩若削成，腰如约素。延颈秀项，皓质呈露。芳泽无加，铅华弗御。云髻峨峨，修眉联娟。丹唇外朗，皓齿内鲜，明眸善睐，靥辅承权。

（二）唐代：诗

如《枫桥夜泊》（唐代·张继）

月落乌啼霜满天，江枫渔火对愁眠。姑苏城外寒山寺，夜半钟声到客船。

（三）宋代：词

如《水调歌头·明月几时有》（宋代·苏轼）

明月几时有？把酒问青天。不知天上宫阙，今夕是何年。我欲乘风归去，又恐琼楼玉宇，高处不胜寒。起舞弄清影，何似在人间。

转朱阁，低绮户，照无眠。不应有恨，何事长向别时圆？人有悲欢离合，月有阴晴圆缺，此事古难全。但愿人长久，千里共婵娟。

（四）元代：曲

如《天净沙·秋思》（元代·马致远）

枯藤老树昏鸦，小桥流水人家，古道西风瘦马。夕阳西下，断肠人在天涯。

（五）明清至民国：对联

如自题联（清代·郑板桥）

春风放胆来梳柳；

夜雨瞒人去润花。

二、格律文学之代表形式：绝句、律诗、对联

（一）绝句

1. 五言绝句：如《江雪》（唐代·柳宗元）

　　　　千山鸟飞绝，万径人踪灭。

　　　　孤舟蓑笠翁，独钓寒江雪。

2. 七言绝句：如《九月九日忆山东兄弟》（唐代·王维）

　　　　独在异乡为异客，每逢佳节倍思亲。

　　　　遥知兄弟登高处，遍插茱萸少一人。

（二）律诗

1. 五言律诗：如《次北固山下》（唐代·王湾）

　　　　客路青山外，行舟绿水前。

　　　　潮平两岸阔，风正一帆悬。

　　　　海日生残夜，江春入旧年。

　　　　乡书何处达？归雁洛阳边。

2. 七言律诗：如《登高》（唐代·杜甫）

　　　　风急天高猿啸哀，渚清沙白鸟飞回。

　　　　无边落木萧萧下，不尽长江滚滚来。

　　　　万里悲秋常作客，百年多病独登台。

　　　　艰难苦恨繁霜鬓，潦倒新停浊酒杯。

（三）对联

1. 短联：郑板桥的对联（清代）

　　　　删繁就简三秋树；

　　　　领异标新二月花。

2. 中联：蒲松龄的对联（清代）

　　　　有志者事竟成，破釜沉舟，百二秦关终属楚；

　　　　苦心人天不负，卧薪尝胆，三千越甲可吞吴。

3. 长联：孙髯翁的对联（清代）

五百里滇池奔来眼底，披襟岸帻，喜茫茫空阔无边。看：东骧神骏，西翥灵仪，北走蜿蜒，南翔缟素。高人韵士何妨选胜登临。趁蟹屿螺洲，梳裹就风鬟雾鬓；更苹天苇地，点缀些翠羽丹霞，莫辜负：四围香稻，万顷晴沙，九夏芙蓉，三春杨柳。

数千年往事注到心头，把酒凌虚，叹滚滚英雄谁在？想：汉习楼船，唐标铁柱，宋挥玉斧，元跨革囊。伟烈丰功费尽移山心力。尽珠帘画栋，卷不及暮雨朝云；便断碣残碑，都付与苍烟落照。只赢得：几杵疏钟，半江渔火，两行秋雁，一枕清霜。

三、格律文学之基本特征：押韵、平仄、对仗

（一）押韵（绝句、律诗中）

如《峨眉山月歌》（唐代·李白）

　　　　峨眉山月半轮秋，影入平羌江水流。
　　　　夜发清溪向三峡，思君不见下渝州。

分析：本诗的第一、二、四句的韵脚（押韵的字）"秋、流、州"的韵母都是"ou"，这样整首诗读起来就会觉得音韵和谐、朗朗上口。这就是押韵。

（二）平仄（绝句、律诗、对联中）

如《相思》（唐代·王维）

　　　　红豆生南国，春来发几枝。
　　　　愿君多采撷，此物最相思。

分析：此诗的读音声调变化有规律，具体是：

　　　　红豆生南国，平仄平平仄
　　　　春来发几枝。平平仄仄平
　　　　愿君多采撷，仄平平仄仄
　　　　此物最相思。仄仄仄平平

分析：这样读起来，就有抑扬顿挫、错落有致的感觉，这是因为句子的平仄有规则的变化。何谓平仄，简单说，就是声调中读阴平、阳平的字属"平"声，读上声、去声的字属"仄声"（平仄知识详见后边第三课）。

平仄和押韵结合起来，就会使诗读起来很舒服，便于朗诵，便于表达情感，也便于记忆和流传。

（三）对仗（律诗、对联中）

如对联"书山有路勤为径；学海无涯苦作舟"的对仗情况：

1. 书山、学海（名词）；2. 勤、苦（形容词）；3. 为、作（动词）；

4. 径、舟（名词）；5. 有路、无涯（动宾结构）；6. 勤为径、苦作舟（主谓结构）。

分析：上下联对应词的词性一般是一样的，结构也基本一致。因律诗的中间两联和对联要求必须对仗，所以，学习对仗是写作律诗和对联的基本技能。

（四）三者关系小结

1. 关系表格

	押韵	平仄	对仗
绝句	√	√	
律诗	√	√	√
对联		√	√

2. 相关说明

（1）写作绝句时，要求必须押韵并符合平仄规定。

（2）写作对联时，要求必须对仗并符合平仄规定。

（3）写作律诗时，要求必须押韵、对仗并符合平仄规定。

（4）一般学习顺序：绝句，对联，律诗；或对联，绝句，律诗。

四、推荐用书

（一）《笠翁对韵》（清代·李渔）；

（二）《声律启蒙》（清代·车万育）；

（三）《佩诗韵》《词林正韵》（清代·戈载）；

（四）《唐诗三百首》（顾青）；

（五）《清联三百副》（孟繁锦）。

注：《笠翁对韵》和《声律启蒙》，是以前人们学习写作诗词对联时用来熟悉对仗、用韵、组织词语的两本启蒙读物，按韵分编，包括天文、地理、花木、鸟兽、人物、器物等。从单字对、双字对、三字对、五字对、七字对到十一字对等，声韵协调，朗朗上口。多读多背，可以得到语音、词汇、结构、修辞等方面的多项训练。

第二课：格律诗的押韵

一、问题导入

我们先看《红楼梦》第三十七回的一段话：

迎春道："既如此，待我限韵。"说着，走到书架前抽出一本诗来，随手一揭，这首竟是一首七言律，递与众人看了，都该作七言律。迎春掩了诗，又向一个小丫头道："你随口说一个字来。"那丫头正倚门立着，便说了个"门"字。迎春笑道："就是门字韵，'十三元'了。头一个韵定要这'门'字。"说着，又要了韵牌匣子过来，抽出"十三元"一屉，又命那小丫头随手拿四块。那丫头便拿了"盆""魂""痕""昏"四块来。宝玉道："这'盆''门'两个字不大好作呢！"

没有学过格律知识的人是很难看懂这段话的，这里的"门字韵""十三元"等是什么意思呢？这涉及格律诗押韵方面的知识。

二、押韵知识

（一）古诗朗读

先看下面两首诗：

1. 行宫（唐·元稹）

寥落古行宫，宫花寂寞红。白头宫女在，闲坐说玄宗。

2. 暮江吟（唐代·白居易）

一道残阳铺水中，半江瑟瑟半江红。可怜九月初三夜，露似真珠月似弓。

请大家先读一读，什么感觉？是不是朗朗上口。为什么会朗朗上口？那是因为这两首诗都押了韵。

（二）什么是押韵

以绝句为例，它的第一、二、四句（或第二、四句）的韵脚字使用了相同韵母的字，比如，《行宫》诗里的"宫、红、宗"三字的韵母都是"ong"，《暮江吟》诗里的"中、红、宫"三字的韵母也都是"ong"，这就是押韵。

（三）什么是平水韵

1. 韵书历史

古人把韵脚分为很多部，每一部里又包含几十至几百个同一韵的字。不过

5

一开始各地的标准不够统一,分类显得比较乱;后来宋朝刘渊重新整理出一本韵书,这就是后来全国通用的用韵工具书,因作者是山西平水人,所以就叫它《平水韵》;清代康熙年间,戈载等人又重新整理出《佩诗韵》《词林正韵》《中原音韵》等韵书。

2. 平水韵的分类

分"上平声"和"下平声"两部,每部又细分为十五小部,分别是:

(1) 上平声

一东、二冬、三江、四支、五微、六鱼、七虞、八齐、九佳、十灰、十一真、十二文、十三元、十四寒、十五删。

(2) 下平声

一先、二萧、三肴、四豪、五歌、六麻、七阳、八庚、九青、十蒸、十一尤、十二侵、十三覃、十四盐、十五咸。

3. 常用韵部举例

(1) 上平一东

东、同、童、僮、铜、桐、峒、筒、瞳、中、衷、忠、盅、虫、冲、终、忡、崇、菘、戎、绒、弓、躬、宫、穹、融、雄、熊、穷、冯、风、枫、疯、丰、充、隆、窿、空、公、功、工、攻、蒙、濛、朦、笼、胧、栊、咙、聋、珑、蓬、篷、洪、红、虹、鸿、丛、翁、嗡、匆、葱、聪、骢、通、棕

(2) 上平十四寒

寒、韩、翰、丹、单、安、鞍、难、餐、檀、坛、滩、弹、残、干、肝、竿、阑、栏、澜、兰、看、刊、丸、完、桓、纨、端、湍、酸、团、攒、官、观、鸾、銮、恋、冠、欢、宽、盘、漫、叹、邯、郸、摊、拦、珊、鼾、杆、蹒、姗、殚、棺、潘、盘、般、蹒、磐、瞒、钻

三、回应"问题导入"

再回到前边的《红楼梦》,海棠诗社的一群人要写诗了,而且要同题同韵。她们的韵是随机选的,一个丫头随口说了"门"字,然后就找"门"所在的韵部。"门"在"十三元"部,那么,就只能从十三元(元、原、源、园、袁、猿、垣、烦、蕃、樊、喧、萱、暄、冤、言、轩、藩、媛、援、辕、番、繁、翻、幡、鸳、蜿、湲、掀、圈、魂、浑、温、孙、门、尊、存、敦、炖、蹲、豚、村、屯、囤、盆、奔、昏、痕、根、恩、吞、昆、坤、仑、婚、馄、臀、跟、瘟)里选韵脚了。后来选中的字依次是"门、盆、魂、痕、昏"等五个字,这五个字就要依次用到相对应的韵脚处,即第一、二、四、六、八句的句尾。

如贾宝玉和林黛玉的诗分别是：

咏白海棠

秋容浅淡映重门，七节攒成雪满盆。
出浴太真冰作影，捧心西子玉为魂。
晓风不散愁千点，宿雨还添泪一痕。
独倚画栏如有意，清砧怨笛送黄昏。

首句押韵，共五个韵脚。

咏白海棠

半卷湘帘半掩门，碾冰为土玉为盆。
偷来梨蕊三分白，借得梅花一缕魂。
月窟仙人缝缟袂，秋闺怨女拭啼痕。
娇羞默默同谁诉，倦倚西风夜已昏。

韵脚用字及顺序和贾宝玉的完全一样。

四、格律诗押韵基本规则

（一）基本规则

1. 要按《平水韵》选用押韵的字；
2. 要押平声韵；
3. 偶数句的最后一个字必须押韵（第一句的最后一个字可押可不押）；
4. 所有押韵字必须在同一个韵部内，否则就是出韵；
5. 同一首诗不能重复用韵，否则就是重韵。

（二）实战分析

1. 看下面一首学生习作

作业

作业折磨我，天天堆似山。
夜深人尽睡，啥时能做完。

分析：这首诗的两个韵分别是"山、完"，读起来也顺口，但这两个字并不在一个韵部，"山"在十五删，而"完"在十四寒。不在一个韵部，就是典型的出韵。

2. 再看一首学生习作

作业

作业如高岭，完成实在难。
老师不理智，题目十分难。

分析：这首诗的两个韵脚都是"难"，虽然在同一个韵部，但这是重韵。

五、学韵必读书目

（一）必读书目

1.《笠翁对韵》；2.《声律启蒙》。

（二）举例分析

1.《笠翁对韵》之"一东"

（1）天对地，雨对风。大陆对长空。山花对海树，赤日对苍穹。雷隐隐，雾蒙蒙，日下对天中。风高秋月白，雨霁晚霞红。牛女二星河左右，参商两曜斗西东。十月塞边，飒飒寒霜惊戍旅；三冬江上，漫漫朔雪冷渔翁。

（2）河对汉，绿对红。雨伯对雷公。烟楼对雪洞，月殿对天宫。云叆叇，日曈朦。腊屐对渔篷。过天星似箭，吐魄月如弓。驿旅客逢梅子雨，池亭人挹藕花风。茅店村前，皓月坠林鸡唱韵；板桥路上，青霜锁道马行踪。

（3）山对海，华对嵩。四岳对三公。宫花对禁柳，塞雁对江龙。清暑殿，广寒宫。拾翠对题红。庄周梦化蝶，吕望兆飞熊。北牖当风停夏扇，南檐曝日省冬烘。鹤舞楼头，玉笛弄残仙子月；凤翔台上，紫箫吹断美人风。

分析：里边每一句的最后一个字（空、中、红、东、翁、公、篷、宫、踪）都是同一个韵部的字，属于"一东"韵。因是同韵部字，所以读起来就很顺口；又因作者把这些字用了一些很有诗意的句子组织起来，所以读起来就不会觉得枯燥无味。读得多了，还能积累很多词语、典故。所以，《笠翁对韵》《声律启蒙》这两本韵书历来都很受读者欢迎。

2. 大家把这个读熟背会之后，最好再读背几首使用此韵的诗。一东韵中，除了上面提到的《行宫》和《暮江吟》两首外，还有以下几首名诗也可读读背背。

（1）晓出净慈寺送林子方（宋·杨万里）

毕竟西湖六月中，风光不与四时同。

接天莲叶无穷碧，映日荷花别样红。

（2）示儿（宋·陆游）

死去元知万事空，但悲不见九州同。

王师北定中原日，家祭无忘告乃翁。

（3）题西林壁（宋·苏轼）

横看成岭侧成峰，远近高低各不同。

不识庐山真面目，只缘身在此山中。

像这样，读读背背《笠翁对韵》《声律启蒙》，再背几首相关的诗，然后再写几首诗，用不了多久，就能记住常见的韵字了。"一东"韵是这样，其他韵也不例外。各位加油。

第三课：格律诗的平仄

一、古今声调的平仄变化

（一）何谓平仄

在现代汉语拼音中，"平"指声调是阴平和阳平的字，"仄"指声调是上声和去声的字，即：

1. 平：阴平（一声）、阳平（二声）；
2. 仄：上声（三声）、去声（四声）

举例分析如下：

1. 我们先按这个标准，标示一下下面这首诗的平仄：

　　　　　　红豆生南国，平仄平平平
　　　　　　春来发几枝。平平平仄平
　　　　　　愿君多采撷，仄平平仄平
　　　　　　此物最相思。仄仄仄平平

2. 但这首诗的实际平仄却是这样的：

　　　　　　红豆生南国，平仄平平仄
　　　　　　春来发几枝。平平仄仄平
　　　　　　愿君多采撷，仄平平仄仄
　　　　　　此物最相思。仄仄仄平平

3. 放在一起比较一下：

　　　　红豆生南国，平仄平平平；平仄平平仄
　　　　春来发几枝。平平平仄平；平平仄仄平
　　　　愿君多采撷，仄平平仄平；仄平平仄仄
　　　　此物最相思。仄仄仄平平；仄仄仄平平

通过比较，"国、发、撷"三字在普通话里都是平声，而实际的平仄怎么都成了仄声？

这个问题是所有学习古诗词写作的人们都会遇到的问题，绕都绕不过去。什么问题呢？是古今音的问题。因为汉语有几千年历史了，字的读音不会一成不变，今天某个字的读音和古代的读音很多不一样，只不过有的变化大些，有的变化小些。我们先从古今音的分类说起，看看古今音的平仄发生了哪些变化。

（二）古仄今平字

古音声调分为"平声、上声、去声和入声"，普通话的声调即今音的声调分为"阴平、阳平、上声和去声"；今音之平声包括"阴平和阳平"，今音之仄声包括"上声和去声"，即

1. 古音：平声、上声、去声、入声；2. 今音：阴平、阳平、上声、去声；

3. 今音之平声：阴平、阳平；4. 今音之仄声：上声、去声；

5. 入声去向：

入声一部分变为了阴平调，一部分变成了阳平调，举例如下：

（1）入声变为阴平的，如：

八、逼、出、吃、黑、接、菊、杀、说、一、泊、积、接、哭、夕

（2）入声变为阳平的，如：

白、十、竹、笛、学、独、福、合、国、夺、石、足、烛、急、觉

换句话说，这些字在古代都读入声，属于仄声；现在读阴平调或阳平调，属于平声。这是初学写诗的人必须面对和解决的问题，平时要多读多记多用。另外，广东、湖南等地的方言和古音的发声近似，我们这儿（粤北地区）会讲白话的同学写完诗后，可以用方言读一读，一般也可以发现平仄方面的问题。

上面所举的例子，只是入声变作平声的最常用字，还有大量的非常用字，需要我们多留心多积累，多查多看相关方面的书籍，多搜索相关网站；另外大家还要多从我们学过的诗词对联中积累这方面的字，这也是快速掌握古仄今平字的好方法。如，"窗含西岭千秋雪，门泊东吴万里船"中的"泊"字，"玉阶生白露，夜久侵罗袜"中的"白"字，"世事洞明皆学问，人情练达即文章"中的"学、达"，"宝剑锋从磨砺出，梅花香自苦寒来"中的"出"字，"黑发不知勤学早，白头方悔读书迟"的"黑、白、读"等字，都是古仄今平的常见字。

二、格律诗的平仄规则：替、对、粘

（一）替

同一句中，即本句中的平仄一般是交替出现的，如：

1. 五言句

仄仄平平仄，平平仄仄平。

　　　　　　平平平仄仄，仄仄仄平平。

2. 七言句

　　　　　　平平仄仄平平仄，仄仄平平仄仄平。
　　　　　　仄仄平平平仄仄，平平仄仄仄平平。

（二）对

即上下句中"出句"和"对句"相对应的字的平仄是相反（相对）的，如：

1. 五言诗

出句：仄仄平平仄；对句：平平仄仄平。

特点：上下字平仄相反，即"上平"则"下仄"，"上仄"则"下平"。

2. 七言诗

出句：平平仄仄平平仄；对句：仄仄平平仄仄平。

特点：上下字平仄相反，即"上平"则"下仄"，"上仄"则"下平"。

（三）粘

绝句中的第二句（对句）和第三句（出句）中相对应的字必须平仄相同，律诗中的第二句和第三句、第四句和第五句、第六句和第七句也同样，尤其是偶数（五言绝句、律诗中的第二、四字；七言绝句、律诗中的第二、四、六字）位置的字。

先举个例子，王维的《相思》：

　　　　　　红豆生南国，平仄平平仄
　　　　　　春来发几枝。平平仄仄平
　　　　　　愿君多采撷，仄平平仄仄
　　　　　　此物最相思。仄仄仄平平

分析：此诗第二句"春来发几枝，平平仄仄平"和第三句"愿君多采撷，仄平平仄仄"的平仄关系，两句的平仄几乎是相同的，特别是第二字"来"和"君"、第四字"几"和"采"的平仄是相同的，而且必须是相同的，这就是"粘"。

（四）关于"一、三、五不论，二、四、六分明"（五言诗是一、三不论，二、四分明）

解读：在诗格中，上下句中相对应的所有字都是平仄相反的，这是正格，也就是最规范的格式。不过在实际写作中，很少见到完全符合平仄格式的诗，或多或少都和正格有些出入，所以有规定：一般奇数位置（第一、三、五字处，五绝是第一、三字处）的字可以不管其平仄，但偶数位置（即第二、四、六字处，五绝是第二、四字处）和最后一字的平仄，必须符合要求。

如唐代诗人卢纶的《塞下曲》一诗：

塞下曲

月黑雁飞高，单于夜遁逃。

欲将轻骑逐，大雪满弓刀。

其平仄为：

仄仄仄平平，平平仄仄平

仄平平仄仄，仄仄仄平平

而其正格为：

仄仄仄平平，平平仄仄平

平平平仄仄，仄仄仄平平

分析：其中第三句"欲将轻骑逐"的"欲"字属仄声，此处用了平声。这样可以吗？可以的。一般五绝的第一、三个字是可平可仄的，"欲"字处在第一字，此处平仄都可。

（五）关于"失对""失粘"和"失替"

1. **失对**：出句和对句相同位置的字平仄要相对（相反），如"红豆生南国，平仄平平仄；春来发几枝，平平仄仄平"。否则就是失对。

2. **失粘**：上一对句和下一个出句第二、四位置的字平仄要相粘（相同），如"春来发几枝"句的第二字"来"和"愿君多采撷"句的第二字"君"的平仄是一样的，前句第四字"几"和后句第四字"采"的平仄也是一样的。否则就是失粘。

3. **失替**：在一句之中，平仄要交替出现，以五言为例，句式为"平平仄仄平"或"仄仄平平仄"。如果出现"平平平平"或"仄仄仄仄"的情况，就是失替。

三、巩固练习

请指出下面一首诗的平仄问题。

作业

月色洒桌上，桌前坐少年。

读书疾笔声，从早到晚烦。

分析：

（1）此诗失对：如第一句"月色洒桌上"的第四字"桌"是仄声，下句"桌前坐少年"的第四字"少"也是仄声，这样就是仄对仄了，所以失对。

同样，第三句"读书疾笔声"的第四字"笔"和下句"从早到晚烦"的第四字"晚"都是仄声，也是失对。

（2）失粘：无。

（3）失替：如第一句"月色洒桌上"，仄仄仄仄仄，五连仄；第四句"从早到晚烦"，平仄仄仄平，虽然第一字是平，但关键的第二、四字都是仄，没有平仄变化。也是失替。

第四课：五言绝句的写作（一）

一、诗格

所谓诗格，就是诗的写作格式，一般来说专指绝句、律诗的平仄格式，简称"诗格"。绝句、律诗共有16种诗格：五言绝句四种，五言律诗四种，七言绝句四种，七言律诗四种。

二、五言绝句的四种诗格

四种诗格名称

1. 仄起仄收式；2. 仄起平收式；3. 平起仄收式；4. 平起平收式。

所谓"起"和"收"，主要看每首诗首句的第二个字和最后一个字：第二个字是"仄"的话，就是"仄起"，是"平"的话，就是"平起"；最后一个字是"仄"的话，就是"仄收"，是"平"的话，就是"平收"。

三、诗格详解

（一）仄起仄收式

1. 平仄格式

仄仄平平仄
平平仄仄平（韵）
平平平仄仄
仄仄仄平平（韵）

2. 特点

（1）首句平起仄收，仄声结尾，不押韵；

（2）第二、四句要押韵。
3. 典型例诗
(1)《登鹳雀楼》（唐代·王之涣）

登鹳雀楼

  A. 白日依山尽　　a. 仄仄平平仄
  B. 黄河入海流　　b. 平平仄仄平
  C. 欲穷千里目　　c. 仄平平仄仄
  D. 更上一层楼　　d. 仄仄仄平平

分析1：译文及主旨

夕阳依傍着西山慢慢地沉没，滔滔黄河朝着东海汹涌奔流。若想把千里的风光景物看够，那就要登上更高的一层城楼。这首诗写诗人在登高远望中表现出来的不凡的胸襟抱负，反映了盛唐时期人们积极向上的进取精神。

分析2：

A. 诗格：第一句第二字"日"，仄声；最后一字"尽"，仄声，属仄起仄收式。

B. 押韵：第二句最后一字"流"，第四句最后一字"楼"，属"十一尤"韵。

(2)《相思》（唐代·王维）

相思

  红豆生南国，平仄平平仄
  春来发几枝。平平仄仄平
  愿君多采撷，仄平平仄仄
  此物最相思。仄仄仄平平

分析1：译文及主旨

鲜红浑圆的红豆，生长在阳光明媚的南方，春暖花开的季节，不知又生出多少？希望思念的人儿多多采集，小小红豆引人相思。这是一首借咏物而寄相思的诗。

分析2：

A. 诗格：第一句第二字"豆"，仄声；最后一字"国"，仄声，属仄起仄收式。

B. 押韵：第二句最后一字"枝"，第四句最后一字"思"，属"四支"韵。

(3) 春闺思（唐代·张仲素）

    袅袅城边柳，青青陌上桑。

仄仄平平仄，平平仄仄平。
提笼忘采叶，昨夜梦渔阳。
平平平仄仄，仄仄仄平平。

译文及主旨： 开头紧紧扣住一个"春"字来写，展现了一派郊野的春光；后两句从写景转为写人，特写女主人公的形象。此诗描写征人妻子在春天里思念丈夫的心态。（同学们可自己分析这首诗的格律特点。）

4. 老师作品

(1) 冬至

是日叹长夜，寒凌万木垂。
明朝阳气动，先惹百花谁？

(2)《西厢记》人物诗

张生

落日山横翠，萧郎将泪挥。
一鞭残照去，劳燕恐纷飞。

5. 学生习作

(1) 梅

不惧寒风劲，雪中独自开。
香飘千里野，游客赏花来。

(2) 松

此树达千丈，白云绕半腰。
秋来风力猛，枝叶造松涛。

(3) 榕树

树冠茂而密，千根落地生。
寒冰它叶落，且看榕长青。

（二）仄起平收式

1. 平仄格式

仄仄仄平平（韵）
平平仄仄平（韵）
平平平仄仄
仄仄仄平平（韵）

2. 特点

(1) 首句仄起平收，平声结尾；
(2) 第一、二、四句要押韵。

3. 典型例诗

(1)《塞下曲》(唐代·卢纶)

月黑雁飞高,单于夜遁逃。
仄仄仄平平,平平仄仄平。
欲将轻骑逐,大雪满弓刀。
仄平平仄仄,仄仄仄平平。

分析1:译文及主旨

夜静月黑雁群飞得很高,单于趁黑夜悄悄地逃窜。正要带领精锐骑兵去追赶,大雪纷飞已落满了身上的弓刀。此诗赞美将军雪夜准备率兵追敌的壮举,是边塞诗中的佳作。

分析2:

A. 诗格:第一句第二字"黑",仄声;最后一字"高",平声。属仄起平收式。

B. 押韵:第一句最后一字"高",第二句最后一字"逃",第四句最后一字"刀",属"四豪"韵。

(2)《塞下曲》(唐代·卢纶)

林暗草惊风,将军夜引弓。
平仄仄平平,平平仄仄平。
平明寻白羽,没在石棱中。
平平平仄仄,仄仄仄平平。

分析1:译文及主旨

昏暗的树林中,草突然被风吹得摇摆不定,飒飒作响,将军以为野兽来了,连忙开弓射箭。天亮去寻找那只箭,已经深深地陷入石棱中。此诗描写将军夜里巡逻时的情况,表达了诗人对将军的赞美之情。

分析2:

A. 诗格:第一句第二字"暗",仄声;最后一字"风",平声。属仄起平收式。

B. 押韵:第一句最后一字"风",第二句最后一字"弓",第四句最后一字"中",属"一东"韵。

(3)《新蝉》(唐代·李德裕)

泉溜潜幽咽,琴鸣乍往还。
长风剪不断,还在树枝间。

分析1:译文及主旨

新蝉的声音好像溜溜的泉水躲起来鸣咽,又好像琴的鸣声突然回环往复。

长风也剪不断蝉的叫声,它还在树枝间坚持。这首诗以新蝉的不断叫声,比喻新生事物出现的艰难。

(同学们可自己分析这首诗的格律特点。)

4. 老师作品

(1) 回乡(毛忠林)

雾绕翠山巅,乡邻各瘦肥。

夜空虫鸟语,似与梦相违。

(2) 本人《西厢记》人物诗

崔母

儿女已生情,偏催郎赴京。

但教恩爱在,何必嫁功名。

5. 学生习作

(1) 树

此树插苍穹,仰看似巨龙。

风来枝摆动,树干稳如钟。

(2) 青松

峭壁出青松,安然对夏冬。

且观风雨劲,静立自从容。

(3) 竹

幼笋迎春长,扎根深土中。

身修犹挺立,密叶挡狂风。

(三) 平起仄收式

1. 平仄格式

平平平仄仄

仄仄仄平平(韵)

仄仄平平仄

平平仄仄平(韵)

2. 特点

(1) 首句平起,仄声结尾;

(2) 第二、四句要押韵。

3. 典型例诗

(1)《夜宿山寺》(唐代·李白)

危楼高百尺,手可摘星辰。

平平平仄仄,仄仄仄平平。
不敢高声语,恐惊天上人。
仄仄平平仄,仄平平仄平。

分析1:译文及主旨

山上寺院的高楼真高啊,好像有一百尺的样子,人在楼上好像一伸手就可以摘下天上的星星。站在这里,我不敢大声说话,唯恐惊动天上的神仙。这是一首借景抒情的短诗,其中形象逼真地写出了山寺之奇高,星夜之奇妙。

分析2:

A. 诗格:第一句第二字"楼",平声;最后一字"尺",仄声。属平起仄收式。

B. 押韵:第二句最后一字"辰",第四句最后一字"人",属"十一真"韵。

(2)《答李浣》(唐代·韦应物)

林中观易罢,溪上对鸥闲。
平平平仄仄,仄仄仄平平。
楚俗饶辞客,何人最往还。
仄仄平平仄,平平仄仄平。

分析1:内容及主旨

这是一首赠答诗,诗人以简淡平和的语气与朋友聊家常,关心着对方的近况。前两句是对朋友个人生活的设想,后两句是问李浣在楚地和哪些诗人来往得最密切与合意。这说的虽然是生活中的琐事,但淡淡几笔,却写出了朋友之间的亲密感情。

分析2:

A. 诗格:第一句第二字"中",平声;最后一字"罢",仄声。属平起仄收式。

B. 押韵:第二句最后一字"闲",第四句最后一字"还",属"十五删"韵。

(3)听筝(唐代·李端)

鸣筝金粟柱,素手玉房前。
欲得周郎顾,时时误拂弦。

内容及主旨:

金粟轴的古筝发出优美的声音,那素手拨筝的美人坐在玉房前。想尽了办法为博取周郎的青睐,你看她故意地时时拨错了琴弦。为了所爱慕的人顾盼自己，便故意将弦拨错，弹筝女的可爱形象跃然纸上。抒发了作者对弹筝女的赞美之情。（同学们可自己分析这首诗的格律特点。）

4. 老师作品

(1) 庚子中秋（丘尾菊）

又逢佳节至，慈母不需催。
自有家乡月，今宵接我回。

(2) 蓝山源度假村望山（吴化勇）

晨晖拈岭白，山色向人青。
独坐雕栏外，秋光写一屏。

5. 学生习作

(1) 竹

身修志自明，枝叶细眉青。
硬骨莫能折，人间留美名。

(2) 猴面包树

树如储水塔，冠小叶枝丰。
惊叹身粗壮，气超威武松。

(3) 疫情

新春辞旧岁，病疫虐神州。
众志长城在，全民再无忧。

(四) 平起平收式

1. 平仄格式

平平仄仄平（韵）
仄仄仄平平（韵）
仄仄平平仄
平平仄仄平（韵）

2. 特点

(1) 首句平起，平声结尾；
(2) 第一、二、四句要押韵。

3. 典型例诗

(1)《汾上惊秋》（唐·苏颋）

北风吹白云，万里渡河汾。
仄平平仄平，仄仄仄平平。
心绪逢摇落，秋声不可闻。

平仄平平仄，平平仄仄平。

分析1：译文及主旨

北风吹卷着的白云翻滚涌动，我要渡过汾河到万里以外的地方去。心绪伤感惆怅又逢草木摇落凋零，我再也不愿听到这萧瑟的秋风。这首五绝有兴寄，有深意，是一首颇具特色的即兴咏史诗。总的来说，是在即景起兴中抒发着历史的联想和感慨，在关切国家的隐忧中交织着个人失意的哀愁。可谓心情复杂，百感交集。

分析2：

A. 诗格：第一句第二字"风"，平声；最后一字"云"，平声。属平起平收式。

B. 押韵：第一句最后一字"云"，第二句最后一字"汾"，第四句最后一字"闻"，属"十二文"韵。

(2)《听鼓》（唐代·李商隐）

城头叠鼓声，城下暮江清。

欲问渔阳掺，时无祢正平。

注：渔阳掺：即《渔阳掺挝》，鼓曲调名；掺：三挝鼓；掺、挝，都是"击"的意思。祢正平：即东汉文人祢衡（173—198），字正平。

分析1：译文及主旨

傍晚时分，城头上传来鼓声，城下江水汩汩，似乎在低声诉说。要想学那一曲《渔阳掺挝》，只是这时世上已经没有祢正平。这首诗大约作于公元848年（唐宣宗大中二年），当时李商隐滞留在武昌、云梦一带，这里正是东汉末年名士祢衡被杀之地。李商隐睹景生情，怀古思今，写了这首《听鼓》诗，抒发作者愤世嫉俗、蔑视权贵的感情。

分析2：

A. 诗格：第一句第二字"头"，平声；最后一字"声"。平声，属平起平收式。

B. 押韵：第一句最后一字"声"，第二句最后一字"清"，第四句最后一字"平"，属"八庚"韵。

(3)《闺人赠远》（唐代·王涯）

花明绮陌春，柳拂御沟新。

为报辽阳客，流芳不待人。

（同学们可自己分析这首诗的内容和格律特点。）

4. 老师作品

(1) 种芭蕉（周敏燕）

轻翻土一堆，著意把伊栽。
明日芭蕉雨，随风入梦来。

(2) 江西过年

新年雪未融，户户挂灯笼。
酒酿三坛满，鞭飞一院红。

四、四种诗格的比较（平用"—"表示，仄用"｜"表示）

（一）比较

1. 仄起仄收

｜｜——｜，——｜｜—。———｜｜，｜｜｜——。

2. 仄起平收

｜｜｜——，——｜｜—。———｜｜，｜｜｜——。

3. 平起仄收

———｜｜，｜｜｜——。｜｜——｜，——｜｜—。

4. 平起平收

——｜｜—，｜｜｜——。｜｜——｜，——｜｜—。

（二）巩固练习

请在横线上写出相应的平仄。

1. 仄起仄收

｜｜——｜，——。——，——。

2. 平起仄收

———｜｜，——。——，——。

3. 仄起平收

｜｜｜——，——。——，——。

4. 平起平收

——｜｜—，——。——，——。

五、五言绝句写作步骤：

（一）看清题目，收集素材；

（二）分析素材，五言整合；

（三）依序组合，四句完结。

（四）调整平仄，平水押韵；

（五）炼字炼意，避免重字。

第五课：五言绝句的写作（二）

一、题目

1. 题目：作业

2. 诗格：不限

3. 用韵：十四寒（其他也可）

二、作业总评

本次共收到30余首五言诗习作，总体还不错。大部分同学都能按某一格式及"十四寒"韵来创作，已经有了一定的格律意识。内容上也合乎要求，都能围绕《作业》这个题目选材、布局谋篇。大家从不同角度表达了写《作业》时的各种感受：或痛苦无奈，或欣然接受，或苦中有乐。

三、个案分析

（一）作业

> 寂寂幽灯暗，风息夜已残。
> 才情随笔落，谁道苦非欢。

分析：

1. 平仄：第一句第二字"寂"，仄声；第五字"暗"，仄声。属"仄起仄收"式。第二句"风息夜已残"中的"息"字属古仄今平字，此处应平。

2. 押韵：第二句最后一字"残"，属"十四寒"韵；第四句最后一字"欢"，属"十四寒"韵。此诗押韵。

3. 内容：本诗前两句写做作业之辛苦，后两句又振起，写辛苦带来的"欢"。扣题。

4. 手法：（1）叠词（寂寂）；（2）直接描写（幽灯暗、夜已残）。

5. 修改稿：

作业

> 寂寂幽灯暗，风停夜已残。

才情随笔落，谁道苦非欢。

（二）作业

已至秋凉晚，轻霜盖地寒。
窗前忽转首，作业似星繁。

分析：

1. 平仄：第一句第二字"至"，仄声；第五字"晚"，仄声。属"仄起仄收"式。第三句"窗前忽转首"中的"忽"字属古仄今平字，此处应平，否则三连仄。

2. 押韵：第二句最后一字"寒"，属"十四寒"韵；第四句最后一字"繁"，属"十三元"韵。本诗出韵。

3. 内容：本诗前两句渲染气氛，后两句引出作业太多的感慨。扣题。

4. 手法：（1）比喻（作业似星繁）；（2）寓情于景（轻霜盖地寒）。

5. 修改稿：

作业

已至秋凉晚，轻霜黄叶翻。
窗前频转首，作业似星繁。

（三）作业

夜深光影乱，桌上笑声繁。
缕缕青丝落，它日折桂还。

分析：

1. 平仄：第一句第二字"深"，平声；第五字"乱"，仄声。属"平起仄收"式。第四句"它日折桂还"中的"日"字属仄声，此处应平。

2. 押韵：第二句最后一字"繁"，属"十三元"韵；第四句最后一字"还"，属"十五删"韵。本诗出韵。

3. 内容：本诗前两句"光影乱""笑声繁"似乎不像是写作业，不妥；第三句是写写作业带来的不良结果（青丝落）；最后一句是说努力学习必有收获。后两句扣题。

4. 手法：（1）侧面描写（缕缕青丝落）；（2）直抒胸臆（它日折桂还）；（3）比喻（折桂）。

5. 修改稿：

作业

夜深光影乱，桌上叹声繁。
缕缕青丝落，明年折桂奔。

（四）作业

夜幕窗台下，疾书奋笔时。
莫等开试日，方悔读书迟。

分析：

1. 平仄：第一句第二字"幕"，仄声；第五字"下"，仄声。属"仄起仄收"式。第二句"疾书奋笔时"中的"疾"字今平古仄字，此处应用平声字，否则孤平（所谓孤平，指韵句中除韵之外只有一个平声字，"疾书奋笔"四字只有"书"是平声，这就是孤平。限于中学生的接受能力，其习作如出现孤平句，暂不算错）。第三句"等"字处应平。

2. 押韵：第二句最后一字"时"，属"四支"韵；第四句最后一字"迟"，属"四支"韵。本诗押韵。

3. 内容：本诗前两句写自己做作业的情景，后两句写现在不做作业的严重后果。扣题。

4. 手法：直抒胸臆（莫等开试日，方悔读书迟）。

5. 修改稿：

作业

夜幕窗台下，伏身奋笔时。
莫言开试日，方悔读书迟。

（五）作业

格式要求怪，答题步骤繁。
旧时八股案，变相又重燃。

分析：

1. 平仄：第一句第二字"式"，仄声；第五字"怪"，仄声。属"仄起仄收"式。第二句"答题步骤繁"中的"答"也属古仄今平字，此句孤平，应改平声；第三句"八股案"，属三连仄，"八"，属今平古仄字，此处应平。

2. 押韵：第二句最后一字"繁"，属"十三元"韵；第四句最后一字"燃"，属"一先"韵。本诗出韵。

3. 内容：本诗前两句写题怪且步骤多的作业的感受，后两句是评价现在的作业特点。扣题。

4. 手法：（1）直接描写（答题步骤繁）；（2）比喻（重燃）。

5. 修改稿：

作业

格式要求怪，答题步骤玄。

旧时八股案，变相又重燃。

（六）作业

映雪才消散，囊萤又火残。
为何如此累，学子念之寒。

分析：

1. 平仄：第一句第二字"雪"，仄声；第五字"散"，仄声。属"仄起仄收"式。

2. 押韵：第二句最后一字"残"，属"十四寒"韵；第四句最后一字"寒"，属"十四寒"韵。本诗押韵。

3. 内容：本诗前两句借古人来表现学习之辛苦，第三句直接写学习太累了，第四句说出了大家对学习的普遍感受。扣题。

4. 手法：（1）用典（囊萤，车胤用袋装萤火虫看书之典）；（2）直抒胸臆（为何如此累）。

（七）作业

夜半风声响，书卷落笔难。
帘吹透光满，泪落浸霜寒。

分析：

1. 平仄：第一句第二字"半"，仄声；第五字"响"，仄声。属"仄起仄收"式。第二句中的"卷"字处应平，第三句"光"字处应仄。

2. 押韵：第二句最后一字"难"，属"十四寒"韵；第四句最后一字"寒"，属"十四寒"韵。本诗押韵。

3. 内容：本诗前两句写作业做得时间很晚，作业也很难；后两句写作业之辛苦，以致都落泪了。扣题。

4. 手法：（1）直接描写（书卷落笔难）；（2）情景交融（泪落浸霜寒）。

5. 修改稿：

作业

夜半风声响，卷中落笔难。
帘吹清冷月，泪落浸霜寒。

（八）作业

月落寒霜降，燃烛尽渺茫。
三更不觉晚，笔墨化文章。

分析：

1. 平仄：第一句第二字"落"，仄声；第五字"降"，仄声。属"仄起仄收"式。第二句中的"烛"字属古仄今平字，此处应平；第三句"不觉晚"属三连仄，"觉"也是古仄今平字，"不"字处应平。

2. 押韵：第二句最后一字"茫"，属"七阳"韵；第四句最后一字"章"，属"七阳"韵。本诗押韵。

3. 内容：本诗前两句写作业做到很晚，很辛苦；后两句则有振起，说深夜写作业会得到很好的结果。扣题。

4. 手法：（1）直接描写（月落寒霜降）；（2）直抒胸臆（三更不觉晚）。

5. 修改稿：

作业

月落寒霜降，窗台燃烛光。
三更不觉晚，笔墨化文章。

三、小结

（一）存在问题

1. 押韵问题：出韵情况依然不少，尤其容易把带"an"的字弄混，把十三元、十四寒、十五删、一先等几个相似韵部混为一体。

2. 平仄问题：失粘、失替情况还不少；也有孤平问题，但不要求必改。

3. 古今音问题：还是个难点，积累很不够。

（二）改进方向

1. 尽快培养格律意识，多读唐人绝句、律诗，培养诗感。

2. 多积累古仄今平的字，如"国、菊、合、读、拂、烛"等。

3. 多练笔，尽量避免"失对、失替、三平尾、三仄尾"等平仄方面的问题。

4. 多读《声律启蒙》，尽量熟悉常用韵部尤其是容易混淆的几个韵部，如十三元、十四寒、十五删、一先等。

第六课：七言绝句的写作（一）

一、七言绝句的格式

（一）平起平收式；

（二）仄起仄收式；

（三）平起仄收式；
（四）仄起平收式。

二、诗格详解

（一）平起平收式

1. 平仄格式

　　　　平平仄仄仄平平（押韵）
　　　　仄仄平平仄仄平（押韵）
　　　　仄仄平平平仄仄
　　　　平平仄仄仄平平（押韵）

2. 特点

（1）首句平起，平声结尾；
（2）第一、二、四句要押韵。

3. 典型例诗

（1）《早发白帝城》（唐代·李白）

　　　　朝辞白帝彩云间，（韵）
　　　　平平仄仄仄平平
　　　　千里江陵一日还。（韵）
　　　　平仄平平仄仄平
　　　　两岸猿声啼不住，
　　　　仄仄平平平仄仄
　　　　轻舟已过万重山。（韵）
　　　　平平仄仄仄平平

分析1：译文及主旨

清晨，朝霞满天，我就要踏上归程。从江上往高处看，可以看见白帝城彩云缭绕，如在云间，景色绚丽！千里之遥的江陵，一天之间就已经到达。两岸猿猴的啼声不断，回荡不绝。猿猴的啼声还回荡在耳边时，轻快的小船已驶过连绵不绝的万重山峦。首句写白帝城之高；二句写江陵路遥，舟行迅速；三句以山影猿声烘托行舟飞进；四句写行舟轻如无物，点明水势如泻。本诗抒发了作者当时喜悦畅快的心情。

分析2：

A. 诗格：第一句第二字"辞"，平声；最后一字"间"，平声。平起平收式。

B. 押韵：第一句最后一字"间"，第二句最后一字"还"，第四句最后一字"山"，都属"十五删"韵。

C. 手法：夸张，如"千里江陵一日还""轻舟已过万重山"都是用夸张的手法，以此突出船行速度之快。

(2)《出塞》（唐代·王昌龄）

秦时明月汉时关，（韵）
万里长征人未还。（韵）
但使龙城飞将在，
不教胡马度阴山。（韵）
平平仄仄仄平平（韵）
仄仄平平仄仄平（韵）
仄仄平平平仄仄
平平仄仄仄平平（韵）

分析 1：译文及主旨

依旧是秦汉时期的明月和边关，守边御敌鏖战万里的征人未回还。倘若龙城的飞将李广如今还在，绝不许匈奴南下牧马度过阴山。

这是一首著名的边塞诗，表达了诗人希望起任良将、早日平息边塞战事、使人民过上安定生活的愿望。

分析 2：

A. 诗格：第一句第二字"时"，平声；最后一字"关"，平声。平起平收式。

B. 押韵：第一句最后一字"关"，第二句最后一字"还"，第四句最后一字"山"，都属"十五删"韵。

C. 手法：①互文（秦时明月汉时关）；②用典（龙城飞将）；③借代（胡马）；④直抒胸臆（但使龙城飞将在，不教胡马度阴山）。

(3) 闺怨（唐代·王昌龄）

闺中少妇不知愁，春日凝妆上翠楼。
忽见陌头杨柳色，悔教夫婿觅封侯。

译文及主旨：闺中少妇未曾有过相思离别之愁，在明媚的春日，她精心妆饰，登上高楼。忽然看到路边的杨柳春色，惆怅之情涌上心头。她悔不该当初让丈夫从军边塞，建功封侯。这是一首描写上流贵妇赏春时心理变化的闺怨诗。

（同学们可自己分析这首诗的格律特点）

4. 老师作品
（1）云门山
>　　玻璃桥下影徘徊，山上氤氲久不开。
>　　才觉云门无意趣，殷勤红叶驭风来。

（2）返校日有感（毛忠林）
>　　风清霜白送归鸿，青涩当年访旧蓬。
>　　绛帐金声传宇外，万千桃李报春风。

5. 学生习作举例
（1）玉兰花
>　　玉兰似雪却含香，胜过玫瑰抹浓妆。
>　　淡雅清纯开满簇，人人至此赏芬芳。

（2）九月桂
>　　秋时金桂散芬芳，簇簇花团香气扬。
>　　九月入寒天渐冷，桂花却在此时忙。

（3）梅花
>　　寒冬腊月一枝梅，夜半风中独自开。
>　　傲雪欺霜挂枝头，路边脚印不知谁。

（二）仄起仄收式

1. 平仄格式
>　　仄仄平平平仄仄
>　　平平仄仄仄平平（韵）
>　　平平仄仄平平仄
>　　仄仄平平仄仄平（韵）

2. 特点
（1）首句仄起，仄声结尾；
（2）第二、四句要押韵。

3. 典型例诗：
（1）绝句（唐代·杜甫）
>　　两个黄鹂鸣翠柳，一行白鹭上青天。
>　　窗含西岭千秋雪，门泊东吴万里船。

分析1：译文及主旨

两只黄鹂在翠绿的柳树间婉转地歌唱，一队整齐的白鹭直冲向蔚蓝的天空。我坐在窗前，可以望见西岭上堆积着终年不化的积雪，门前停泊着远自万里外的东吴来的船只。此诗表面写的是优美的景物，实则寄托了作者此时此刻的志趣情操。

分析2：

A. 诗格：第一句第二字"个"，仄声；最后一字"柳"，仄声。仄起仄收式。

B. 押韵：第二句最后一字"天"，第四句最后一字"船"，属"一先"韵。

C. 对仗：第一句和第二句对仗（数量词"一行"对"两个"；名词"白鹭"对"黄鹂"；动词"上"对"鸣"；名词"青天"对"翠柳"）；第三句和第四句也对仗（名词"门"对"窗"；动词"泊"对"含"；名词"东吴"对"西岭"；数量词"万里"对"千秋"；名词"船"对"雪"）。在绝句中有两处上下句都对仗，这种情况很少出现。

D. 手法：①由下而上（翠柳，青天），由近及远（窗、门、西岭、东吴）；②色彩鲜明（黄、翠、白、青）；③对仗工整（两个黄鹂鸣翠柳，一行白鹭上青天。窗含西岭千秋雪，门泊东吴万里船）；④数量词多（两个、一行、千秋、万里）。

(2)《漫成一绝》（唐代·杜甫）

江月去人只数尺，风灯照夜欲三更。

沙头宿鹭联拳静，船尾跳鱼拨剌鸣。

分析1：译文及主旨

水中的月影离我只有数尺之远，船中桅杆上的风灯照耀着夜空，时间马上就要进入三更天。栖息在沙滩上的白鹭静静地蜷身而睡，突然船尾方向传来"拨剌"声，原来有一条鱼儿跃出水面。全诗借景抒情，洋溢着诗人对和平生活的向往和对于自然界小生命的热爱之情。

分析2：

A. 诗格：第一句第二字"月"，仄声；最后一字"尺"，仄声。仄起仄收式。

B. 押韵：第二句最后一字"更"，第四句最后一字"鸣"，属"八庚"韵。

C. 对仗：第一句和第二句对仗（名词"风灯"对"江月"；动词"照"对"去"；名词"夜"对"人"；数量词"三更"对"数尺"）；第三句和第四句也对仗［名词"船尾"对"沙头"；名词"跳鱼"对"宿鹭"；形容词"拨剌"对"联拳（蜷缩）"；动词"鸣"对形容词"静"］。

D. 手法：①由上而下（江月，沙头，船尾）；②夸张（江月去人只数尺）；③对仗工整（江月去人只数尺，风灯照夜欲三更。沙头宿鹭联拳静，船尾跳鱼拨剌鸣）；④动静结合（宿鹭联拳静，跳鱼拨剌鸣）。

(3) 九月九日忆山东兄弟（唐代·王维）

独在异乡为异客，每逢佳节倍思亲。

遥知兄弟登高处，遍插茱萸少一人。

参考译文：独自远离家乡难免总有一点凄凉，每到重阳佳节倍加思念远方的亲人。想到遥远的兄弟们身佩茱萸登上高处，也会因为少我一人而生遗憾之情。（同学们可自己分析这首诗的格律特点。）

4. 老师习作

(1) 夜归人（黄升昌）

近水楼台无月色，枉然春梦一潭清。

长堤十里为谁度，空有凉风伴柳萦。

(2) 早春

正月梅残风尚细，闻香河岸晓来寻。

木棉头顶红云俏，油菜新妆恰泛金。

（三）平起仄收式

1. 平仄格式

平平仄仄平平仄

仄仄平平仄仄平（韵）

仄仄平平平仄仄

平平仄仄仄平平（韵）

2. 特点

(1) 首句平起，仄声结尾；

(2) 第二、四句要押韵。

3. 典型例诗

(1) 饮湖上初晴后雨（宋代·苏轼）

水光潋滟晴方好，山色空蒙雨亦奇。

欲把西湖比西子，淡妆浓抹总相宜。

分析1：译文及主旨

天晴气朗时的西湖，水光盈盈波光楚楚；细雨迷蒙中的西湖，山色空灵似有似无。如果把美丽的西湖比作绝代佳人西施，那么无论浓妆还是淡抹，都令人倾倒折服。这首诗赞美西湖美景，对西湖景色的多样性进行全面描写概括品评，并以西施之美比喻西湖之美。在难以计数的咏歌西湖的诗歌中，这首诗成为流传最广的名篇。

分析2：

A. 诗格：第一句第二字"光"，平声；最后一字"好"，仄声。平起仄收式。

B. 押韵：第二句最后一字"奇"，第四句最后一字"宜"，属"四支"韵。

C. 对仗：第一句和第二句对仗［名词"山色"对"水光"；形容词"空蒙"对"潋滟"；形容词"奇"对"好"；副词"亦"对"方"；名词"雨"对"晴（天）"］，第三句和第四句不对仗。

D. 手法：①直接描写（水光潋滟、山色空蒙）；②比喻（欲把西湖比西子）；③对仗（水光潋滟晴方好，山色空蒙雨亦奇）；④用典（西子）。

（2）约客（宋代·赵师秀）

　　　　黄梅时节家家雨，青草池塘处处蛙。
　　　　有约不来过夜半，闲敲棋子落灯花。

（七年级下语文课本）

分析1： 译文及主旨

梅雨时节家家户户都被烟雨笼罩着，长满青草的池塘上，传来阵阵蛙声。已过了午夜，而约好的客人还没有来，我无聊地轻轻敲着棋子，看着灯花一朵一朵落下。

本诗既写了诗人雨夜候客来访的情景，也抒发了约客未至的一种怅惘的心情。

分析2：

A. 诗格：第一句第二字"梅"，平声；最后一字"雨"，仄声。平起仄收式。

B. 押韵：第二句最后一字"蛙"，第四句最后一字"花"，属"六麻"韵。

C. 对仗：第一句和第二句对仗（名词"青草"对"黄梅"；名词"池塘"对"时节"；名词"处处"对"家家"；名词"蛙"对"雨"），第三句和第四句不对仗。

D. 手法：①直接描写（黄梅时节家家雨）；②叠词（家家、处处）；③对仗（黄梅时节家家雨，青草池塘处处蛙）；④以动衬静（闲敲棋子落灯花）。

（3）江南逢李龟年（唐代·杜甫）

　　　　岐王宅里寻常见，崔九堂前几度闻。
　　　　正是江南好风景，落花时节又逢君。

分析： 译文及主旨

当年在岐王宅里，常常见到你的演出；在崔九堂前，也曾多次欣赏你的艺术。没想到，在这风景一派大好的江南，正当落花时节，却碰巧遇到你这位老相识。此诗感伤的是世态炎凉、人生巨变及时代沧桑。（同学们可自己分析这首诗的格律特点。）

4. 老师作品

（1）咏蝉（谢芬）

蛰居幽穴经年苦，终抱高枝畅快鸣。
冷看红尘虚幻景，为君绝唱尽倾情。

（2）《西厢记》人物诗

崔莺莺

西风谁染霜林醉，十里长亭落日催。
憔悴玉肌金钏阔，功名路上怕难回。

（四）仄起平收式

1. 平仄格式

仄仄平平仄仄平（韵）
平平仄仄仄平平（韵）
平平仄仄平平仄
仄仄平平仄仄平（韵）

2. 特点

（1）首句仄起，平声结尾；
（2）第一、二、四句要押韵。

3. 典型例诗

（1）苏台览古（唐代·李白）

旧苑荒台杨柳新，菱歌清唱不胜春。
只今惟有西江月，曾照吴王宫里人。

分析1：译文及主旨

曾经的歌台舞榭，曾经的园林宫殿，如今都已经荒废，只有杨柳叶儿青青，还有那湖中的采菱女在清唱着青春永恒的歌谣。现在谁还记得吴王夫差的事儿呢？怕只有那城西河中的明月，曾经照耀过吴王宫殿中灯红酒绿的人。此诗抒发了古今异变、今非昔比的感慨。

分析2：

A. 诗格：第一句第二字"苑"，仄声；最后一字"新"，平声。仄起平收式。
B. 押韵：第一句最后一字"新"，第二句最后一字"春"，第四句最后一字"人"，属"十一真"韵。

C. 手法：①用典（吴王宫里）；②以乐景写哀情（杨柳新）；③虚实结合（只今惟有西江月，曾照吴王宫里人）。

（2）贾生（唐代·李商隐）

宣室求贤访逐臣，贾生才调更无伦。

可怜夜半虚前席，不问苍生问鬼神。

（七年级下语文课本）

分析1：译文及主旨

汉文帝在宣室求问被贬谪的贤臣，贾谊的才华和格调更是无与伦比。谈至深夜汉文帝竟挪动双膝靠近他，可惜文帝不关心百姓只是关心鬼神。在一般封建文人心目中，这大概是值得大加渲染的君臣遇合盛事。但诗人却独具只眼，抓住不为人们所注意的"问鬼神"之事，翻出了一段新警透辟、发人深省的议论。

分析2：

A. 诗格：第一句第二字"室"，仄声；最后一字"臣"，平声。仄起平收式。

B. 押韵：第一句最后一字"臣"，第二句最后一字"伦"，第四句最后一字"神"，属"十一真"韵。

C. 手法：①欲抑先扬（"贾生才调更无伦"是扬；"不问苍生问鬼神"是抑）；②直抒胸臆（贾生才调更无伦）。

4. 老师作品

（1）题冬青树花（周敏燕）

墙角清香每袭人，东风吹见小天真。

谁言此卉轻颜色，开向枝头总是春。

（2）迎庚子新春次韵邹继海会长（程宇昂）

古有燧人钻木薪，洞明寒夜始称神。

人心幽处攒温度，方寸雪融千里春。

5. 学生习作

（1）梅花

大雪纷飞我痛哀，寒风凛冽竟还开。

腊梅一曲今宵共，忽觉花香扑鼻来。

（2）七夕

七夕银河点点星，鹊群都在夜空停。

且看织女牛郎笑，今夜全家心最宁。

(3) 窗边残树

零丁落叶照残空,败干枯枝向赤穹。
不畏风摧虫肆虐,惟留坚毅傲长虹。

三、七绝诗格平仄练习

(一) 简易平仄格式 ("—": 表示平; "丨": 表示仄)

1. 平起平收

——丨丨丨——,丨丨——丨丨—。丨丨———丨丨,——丨丨丨——。

2. 仄起仄收

丨丨———丨丨,——丨丨丨——。——丨丨——丨,丨丨——丨丨—。

3. 仄起平收

丨丨——丨丨—,——丨丨丨——。——丨丨———丨,丨丨——丨丨—。

4. 平起仄收

——丨丨——丨,丨丨——丨丨—。丨丨———丨丨,——丨丨丨——。

(二) 请指出下列四首诗的平仄格式

1. 春夜洛城闻笛 (李白)

谁家玉笛暗飞声,散入春风满洛城。
此夜曲中闻折柳,何人不起故园情。

(七年级下语文课本)

2. 逢入京使 (岑参)

故园东望路漫漫,双袖龙钟泪不干。
马上相逢无纸笔,凭君传语报平安。

(七年级下语文课本)

3. 晚春 (韩愈)

草树知春不久归,百般红紫斗芳菲。
杨花榆荚无才思,惟解漫天作雪飞。

(七年级下语文课本)

4. 夜上受降城闻笛 (李益)

回乐烽前沙似雪,受降城外月如霜。

不知何处吹芦管，一夜征人尽望乡。

（七年级上语文课本）

附：参考答案：
1. 平起平收式；2. 仄起仄收式；3. 平起仄收式；4. 仄起平收式。

四、相关知识点复习

（一）出句和对句（绝句的第一、二句或第三、四句）相同位置的字平仄要相对（相反），否则失对。

（二）上一对句和下一个出句（绝句的第二、三句）相同位置的字平仄要相粘（相同），否则失粘。

（三）判断平仄，主要看偶数位置的字，即"一、三、五不论，二、四、六分明"（五绝是一、三不论，二、四分明）。

（四）对"一、三、五不论，二、四、六分明"的解读。

1. 一、三、五不论，不是绝对的。

2. 若一、三、五不论，可能造成：

A. 孤平：如"仄仄平平仄仄平"，第三字如用仄声，它的平仄就成了"仄仄仄平仄仄平"，这就是孤平了。所谓孤平，简单说，就是全句除了最后一个字，中间只有一个平声字。（这个知识点较难，暂不要求初中学生必须掌握。）

B. 三连平：如"平平仄仄仄平平"，第五个字如果换成平声，全句就成了"平平仄仄平平平"，结尾是"平平平"，以三连平结尾，这是不允许的。

C. 三连仄：如"仄仄平平平仄仄"，第五个字如果换成仄声，就变成了"仄仄平平仄仄仄"，结尾是"仄仄仄"，这就是三连仄，也是不允许的。

三者都是格律诗的大忌，所以"一、三、五不论"，不是绝对的！

五、七言绝句写作步骤

（一）看清题目，收集素材；

（二）分析素材，七言整合；

（三）依序组合，四句完结；

（四）调整平仄，平水押韵；

（五）炼字炼意，避免重字。

第七课：七言绝句的写作（二）

一、题目
1. 题目：北中的树（任选一种树）
2. 诗格：七绝之平起平收式。
3. 例诗：咏柳（唐代·贺知章）

    碧玉妆成一树高，万条垂下绿丝绦。
    不知细叶谁裁出，二月春风似剪刀。

4. 诗韵：《平水韵》之一东。

      暮江吟（唐·白居易）
    一道残阳铺水中，半江瑟瑟半江红。
    可怜九月初三夜，露似真珠月似弓。

二、作业总评
本次共收到 30 余首七言诗习作，总体还是不错的，大部分同学都能按"平起平收"的格式及"一东"韵来创作，已经有了较好的格律意识。内容也合乎要求，都能围绕《北中的树》这个题目选材、谋篇布局，大都能写出所选树的特点，有些还能有所引申。格律上主要还是古今音问题。

三、个案分析
（一）北中的树

    春袭绿意蔽苍穹，夏日辉漫叶映空。
    秋至风生金叶舞，冬临旧落送残风。

点评：

1. 平仄：第一句第二字"袭"，仄声；第七字"穹"，平声。属"仄起平收"式。

此诗本是平起平收式，可能作者不知道"袭"是古仄今平字，此诗按平起平收式处理，符合格式要求。"袭"字处要换一个平声字。

2. 押韵：此诗格应有三韵，第一句最后一字"穹"，属"一东"韵；第二句最后一字"空"，属"一东"韵；第四句最后一字"风"，属"一东"韵。本诗押韵。

3. 内容：此诗按春夏秋冬的顺序，写出了树的四季特征。扣题。

4. 手法：（1）直接描写（夏日辉漫叶映空）；（2）拟人（秋至风生金叶舞）。

5. 修改稿：

北中的树

春来绿意蔽苍穹，夏日辉漫枝映空。

秋至频观金叶舞，冬临旧落送残风。

（二）北中的树

青枝摇曳映葱茏，秋意微浓染叶红。

避雨遮风无惧色，轩昂气宇贯长虹。

点评：

1. 平仄：第一句第二字"枝"，平声；第七字"茏"，平声。属"平起平收"式。平仄没问题。

2. 押韵：此诗格应有三韵，第一句最后一字"茏"，属"二冬"韵；第二句最后一字"红"，属"一东"韵；第四句最后一字"虹"，属"一东"韵。本诗出韵。

3. 内容：此诗前两句写了树在不同季节的颜色，第三句着重写了树的作用，第四句写了树的精神。扣题。

4. 手法：（1）直接描写（青枝摇曳映葱茏）；（2）拟人（避雨遮风无惧色）。

5. 修改稿：

北中的树

青枝摇曳映高空，秋意微浓染叶红。

避雨遮风无惧色，轩昂气宇贯长虹。

（三）台湾相思树

远瞻恰似绿衣翁，细看而如细小虫。

皓月柔光双映岸，相思不忘两峡中。

点评：

1. 平仄：第一句第二字"瞻"，平声；第七字"翁"，平声。属"平起平收"式。第四句第六字"峡"是古仄今平字，此处应平。

2. 押韵：此诗格应有三韵，第一句最后一字"翁"，属"一东"韵；第二句最后一字"虫"，属"一东"韵；第四句最后一字"中"，属"一东"韵。本诗押韵。

3. 内容：此诗前两句写了相思树叶很细的特点，三四句由树名展开联想，引出了两岸关系，升华了主旨，不错。

4. 手法：（1）比喻（远瞻恰似绿衣翁，细看而如细小虫，）；（2）联想（相思不忘两峡中）。

5. 修改稿：

台湾相思树

远瞻恰似绿衣翁，近看身如细小虫。

皓月柔光双映岸，相思两地叶摇中。

（四）木棉

依昔木棉尽染红，意挽风流未尝终。

再度三秋何日见，回眸一语笑重逢。

点评：

1. 平仄：第一句第二字"昔"，仄声；第七字"红"，平声。属"仄起平收"式。

此诗本是平起平收式，可能作者不知道"昔"是古仄今平字，或者是把"依稀"误写成"依昔"了。此诗按平起平收式处理，第一句，除"昔"字外，"棉"字处应仄，"染"字处应平，第二句"尝"字处应仄。本诗有多处不符合平仄要求。

2. 押韵：此诗格应有三韵，第一句最后一字"红"，属"一东"韵；第二句最后一字"终"，属"一东"韵；第四句最后一字"逢"，属"一东"韵。本诗押韵。

3. 内容：此诗第一句抓住木棉"花红"的特点，扣住了题，后两句则抒发一种期盼之情。

4. 手法：（1）虚写（再度三秋何日见，回眸一语笑重逢）；（2）拟人（意挽风流未尝终）。

5. 修改稿：

木棉

高高躯干木棉葱，总是风流竟比红。

再度三秋终可见，回眸一语笑重逢。

（五）秋樟

萧萧细叶卷残风，木影阑珊倩影匆。

气远香幽招翅舞，伊人树下采实丰。

点评：

1. 平仄：第一句第二字"萧"，平声；第七字"风"，平声。属"平起平收"式。

第四句第六字"实"是古仄今平字，此处应平。

2. 押韵：此诗格应有三韵，第一句最后一字"风"，属"一东"韵；第二句最后一字"匆"，属"一东"韵；第四句最后一字"丰"，属"一东"韵。本诗押韵。

3. 内容：此诗第一、三句抓住了秋樟树叶细和幽香的特点，扣题。

4. 手法：（1）拟人（气远香幽招翅舞）；（2）直接描写（萧萧细叶）；（3）叠词（萧萧）。

5. 修改稿：

秋樟

萧萧细叶卷残风，枯木阑珊倩影匆。

气远香幽招翅舞，伊人采实手中丰。

（六）窗外孤树

青天老树衬冷风，木末悄惘淡墨中。

默倚窗边心事聚，枯皮鸟雀乱枝空。

点评：

1. 平仄：第一句第二字"天"，平声；第七字"风"，平声。属"平起平收"式。

第一句"冷"字处应平，第二句"悄"字处应平，"惘"字处应平。

2. 押韵：此诗格应有三韵，第一句最后一字"风"，属"一东"韵；第二句最后一字"中"，属"一东"韵；第四句最后一字"空"，属"一东"韵。本诗押韵。

3. 内容：此诗前两句写出了此树的树龄（老）和叶色（淡墨）的特点，扣题；第三句荡开一笔，写自己望着老树深思，似乎是在感叹其孤独；第四句则用鸟雀在此树上飞来飞去回应了第三句，意思是老树并不孤独，照应了题目。

4. 手法：（1）侧面描写（枯皮鸟雀乱枝空）；（2）直接描写（青天老树）；（3）比喻（淡墨）。

5. 修改稿：

窗外孤树

青天老树立寒风，远望秋冠淡墨中。

默倚窗边心事聚，枯皮鸟雀乱枝空。

(七) 北中的树

  阴风寒战乱枝丛,夏雨滂沱落树中。
  立志拔高遮远际,撑出虬干破苍穹。

点评:

1. 平仄:第一句第二字"风",平声;第七字"丛",平声。属"平起平收"式。

第四句"出"字属古仄今平字,此处应平。

2. 押韵:第一句最后一字"丛",属"一东"韵;第二句最后一字"中",属"一东"韵;第四句最后一字"穹",属"一东"韵。本诗押韵。

3. 内容:此诗前两句写出了此树不怕风吹雨打的特点,第三四句则写树干高大的特点,紧扣题目。

4. 手法:(1)侧面描写(夏雨滂沱落树中);(2)直接描写(撑出虬干破苍穹);(3)拟人(立志拔高遮远际)。

5. 修改稿:

北中的树

  阴风寒战乱林丛,夏雨滂沱落树中。
  立志拔高遮远际,虬枝撑出破苍穹。

(八) 窗边残树

  伶仃瘦影照残空,败干枯枝向赤穹。
  不畏风摧虫肆虐,惟留坚毅傲长虹。

点评:

1. 平仄:第一句第二字"仃",平声;第七字"空",平声,属"平起平收"式。

2. 押韵:此诗格应有三韵,第一句最后一字"空",属"一东"韵;第二句最后一字"穹",属"一东"韵;第四句最后一字"虹",属"一东"韵。本诗押韵。此诗是少有的没有任何格律问题的作品。

3. 内容:此诗前两句写出了树残败(伶仃落叶、败干)的特点;第三四句则写它虽然受尽苦难依然不屈的精神。不错。

4. 手法:(1)直接描写(伶仃落叶、败干枯枝);(2)拟人(不畏风摧虫肆虐,惟留坚毅傲长虹)。

三、小结

（一）可取之处

1. 绝大部分能扣住题，都能围绕"北中的树"来写。
2. 大都能适当地使用一些写作手法，如比喻、拟人、侧面描写等。
3. 已有作品没有任何格律错误了。

（二）存在问题

1. 押韵问题：出韵情况不多了，可能是限定了"一东"韵的原因，只有个别学生把"一东"和"二冬"弄混了。
2. 平仄问题：失粘、失替情况不多了，只是个别作品有问题。
3. 古今音问题：这还是个难点，此次作品中的"出、昔、袭"等平仄弄错的字，说明积累还是不够。
4. 内容方面：应注意使用词语的科学性、逻辑性，杜绝诸如"今夜月光皎洁，群星灿烂"等有违常理的语句出现。

四、改进方向

（一）尽快培养格律意识，多读唐人绝句、律诗，培养诗感。

（二）多积累古仄今平的字，如"出、昔、袭"等。

（三）多读《笠翁对韵》，尽量熟悉常用韵部尤其是容易混淆的几个韵部，如"一东"和"二冬"等。

第八课：对联的写作（一）
——对联的起源、发展、分类和作用

一、对联的概念和起源

（一）定义

所谓对联，又叫对子，是由上下两句共同构成的文学作品。因古时多悬挂于楼堂宅殿的楹柱，又叫楹联、楹帖。

（二）起源

对联起源于桃符（周代悬挂在大门两旁的长方形桃木板），据《后汉书·礼仪志》所载，桃符长六寸，宽三寸，桃木板上书降鬼大神"神荼""郁垒"的名字，"正月一日，造桃符着户，名仙木，百鬼所畏。"所以，清代《燕京时岁记》上记载："春联者，即桃符也。"

五代十国时的宫廷里，有人在桃符上题写联语。据《宋史·蜀世家》记载，后蜀主孟昶令学士辛寅逊题桃木板，自命笔题云：新年纳余庆，嘉节号长春。

不过，对联作为一种独立文体，学界认为，应该产生于唐代；到了宋代，在门上张贴对联成为一种普遍风俗；后来人们把春联贴于桃符，桃符也多用纸替代，桃符也慢慢就演变成了春联的代称。有宋代王安石的《元日》一诗为证："爆竹声中一岁除，春风送暖入屠苏。千门万户曈曈日，总把新桃换旧符"。

二、对联的发展
（一）明代：大力普及
1. 对联天子朱元璋
（1）"春联"一语的提出者；
（2）规定春节家家必须贴春联；
（3）自己亲自创作对联。如：
①朱元璋的行业联：双手劈开生死路；一刀割断是非根。
②朱元璋的赠人联：
A. 赠徐达：破虏平蛮，功贯古今人第一；出将入相，才兼文武世无双。
B. 赠陶安：国朝谋略无双士；翰苑文章第一家。
2. 文人对联
（1）蒲松龄书房联
　　　　有志者，事竟成，破釜沉舟，百二秦关终属楚；
　　　　苦心人，天不负，卧薪尝胆，三千越甲可吞吴。
（2）胡居仁自勉联
　　　　苟有恒，何必三更起五更眠；
　　　　最无益，莫过一日曝十日寒。
（3）解缙对联
　　　　墙上芦苇，头重脚轻根底浅；
　　　　山间竹笋，嘴尖皮厚腹中空。
（4）杨慎昆明华亭寺联
　　　　一水抱城西，烟霭有无，挂杖僧归苍茫外；
　　　　群峰朝阁下，雨晴浓淡，倚栏人在画图中。

3. 武将对联

徐达题南京瞻园

大江东去，浪淘尽千古英雄，问楼外青山，山外白云，何处是唐宫汉阙；
小苑春回，莺唤起一庭佳丽，看池边绿树，树边红雨，此地有舜日尧天。

（二）清代：繁荣发展

1. 帝王重臣对联

（1）康熙皇帝挽郑成功一联

四镇多贰心，两岛屯师，敢向东南争半壁；
诸王无寸土，一隅抗志，方知海外有孤忠。

（2）曾国藩给自己的乳母写的挽联

一饭尚铭恩，况保抱提携，只少怀胎十月；
千金难报德，论人情天理，亦当泣血三年。

（3）林则徐自勉联

苟利国家生死以；岂因祸福避趋之。

2. 文人墨客对联

（1）郑板桥对联

删繁就简三秋树；领异标新二月花。

（2）朱彝尊题浙江嘉兴山晓阁联

不设樊篱，恐风月被他拘束；
大开户牖，放江山入我襟怀。

（3）江峰青题扬州二十四桥一联

胜地据淮南，看云影当空，与水平分秋一色；
扁舟过桥下，闻箫声何处，有人吹到月三更。

（4）孙星衍对联

莫放春秋佳日过；最难风雨故人来。

（三）民国时期：差可继武

1. 总统大员对联

（1）孙中山巧对张之洞的对联

持三字帖，见一品官，儒生妄敢称兄弟；
行千里路，读万卷书，布衣亦可傲王侯。

（2）宋教仁赠人联

白眼观天下；丹心报国家。

（3）冯玉祥讽刺国民党官僚

    一桌子点心，半桌子水果，哪知民间疾苦；

    两点钟开会，四点钟到齐，岂是革命精神。

2. 文人雅士对联

（1）鲁迅题三味书屋

    至乐无声唯孝弟；太羹有味是读书。

（2）钱玄同自题联

    打通后壁说话；竖起脊梁做人。

（3）郭沫若题蒲松龄故居联

    写鬼写妖，高人一等；刺贪刺虐，入骨三分。

3. 民间人士对联

（1）小凤仙挽蔡锷的对联：

    不幸周郎竟短命；早知李靖是英雄。

（2）叶璧华自挽联

我别良人去矣！大丈夫何患无妻。他年续弦房中，休向生妻谈死妇；

自依严父悲哉！小孩子终当有母。异日承欢膝下，须将继母作亲娘。

（3）某生讽刺世态炎凉

回忆去岁饥荒，五六七月间，柴米尽焦枯，贫无一寸铁，赊不得，欠不得，虽有近戚远亲，谁肯雪中送炭？

倘幸今朝科举，一二三场内，文章皆合成，中了五经魁，名也香，姓也香，不拘张三李四，都来锦上添花。

（四）现在：力求复兴

1.《对联中国》主持人王永江对联：

（1）题洪承畴

    明江山早作飘摇，若重来应法宪之，一掷头颅全大节；

    清功业何堪承受，至故去犹多斥者，半生风雨老孤怀。

（2）题项羽

惜将军久矣，想当年名成巨鹿、力破彭城，直笑傲群雄，岂料头颅抛垓下；

若父老知之，曾一度火炬秦宫、坑埋降卒，纵踌躇满志，亦无面目过江东。

2.《四海楹联》主持人宋少强对联

（1）题幽州台

    寥落几人来，两千年草莽荆榛，信有龙鳞轻马骨；

    苍凉今又是，八百里燕关蓟树，遥从易水接寒云。

(2) 题胡杨

出昆冈叹陵解为丘，丘解为石，石解为沙，沙解为尘，百劫忆初心，许错柢蟠根，笑看瀚海八千岁；

问何事竟生而不死，死而不枯，枯而不堕，堕而不朽，此来皆执念，倩驼铃雁阵，遥接鹫峰一片云。

3. 韶关市楹联与诗词学会：宋贻珍、李阳才对联

(1) 宋贻珍对联

①题北江中学

春到北江，堂堂智水荣桃李；

心存锐志，耿耿英才报国家。

②题赠张哲勇先生

哲深计大猷，青衿幸得儒师范，重国学以宽名庠底蕴；

勇炽开新局，鼎甲敢居粤北先，任风流不避俗世嚣尘。

(2) 李阳才对联

①题张九龄纪念公园大门联

为相尽忠贤，一世荣名，曲江风度归桑梓；

于诗持雅正，千秋绝咏，明月天涯共古今。

②赠宋贻珍老师

贻燕传承，惟山惟水，联每抒情，诗常言志；

珍珠面貌，曰善曰慈，身心粤北，梦寐湘西。

三、对联的分类

按用途，对联可分为以下几类：

1. 春联：天增岁月人增寿；春满乾坤福满门。（明代林大钦联）

2. 婚联：双飞却似关雎鸟；并蒂常开连理枝。（现代通用联）

3. 寿联：七旬天子古六帝；五代曾孙余一人。（乾隆皇帝自贺七十寿联）

4. 挽联：不幸周郎竟短命；早知李靖是英雄。（小凤仙挽蔡锷联）

5. 行业联：虽是毫末技艺；却系顶上功夫。（理发店对联）

6. 胜迹联：秋色满东南，自赤壁以来，与客泛舟无此乐；

大江流日夜，问青莲而后，举杯邀月更何人。（清代李振钧题安庆大观楼联）

7. 居室联：至乐无声唯孝弟；太羹有味是读书。（鲁迅题三味书屋联）

8. 题赠联：人在画桥西，冷香飞上诗句；
   　　　　　酒醒明月下，梦魂欲断苍茫。（梁启超赠王力联）
9. 人物联：读万卷书，行万里路；
   　　　　　综一代典，成一家言。（清代龚自珍写魏源联）
10. 述志联：有志者，事竟成，破釜沉舟，百二秦关终属楚；
    　　　　苦心人，天不负，卧薪尝胆，三千越甲可吞吴。（清代蒲松龄自勉联）

四、对联的作用

（一）是文人抒情言志、酬赠应答的表现形式
1. 苏轼自勉联
   　　　　　发奋识尽天下字；立志读尽人间书。
2. 鲁迅赠瞿秋白联
   　　　　　人生得一知己足矣；斯世当以同怀视之。
3. 于右任赠蒋经国联
   　　　　　计利当计天下利；求名应求万世名。
4. 历史学家范文澜自勉联
   　　　　　板凳要坐十年冷；文章不写一句空。

（二）是我们开展工作、滋润生活的有效方式
1. 毛泽东召开苏区军民歼敌誓师大会上所题对联
   　敌进我退，敌驻我扰，敌疲我打，敌退我追，游击战里操胜算；
   　大步进退，诱敌深入，集中兵力，各个击破，运动战中歼敌人。
2. 清人贺刘西沧夏历十二月生子联
   　　　　　数九九梅花刚结子；四万万华族又添丁。
3. 北中高三教学楼对联
   　　　　　盛世重英才，问谁可展卷挥毫抒壮志；
   　　　　　岭南多俊彦，看我能扬鞭策马上征程。
4. 贺北中九十华诞对联
   　　　　　蜡烛一支，点亮三江六岸；
   　　　　　春风九秩，芬芳万李千桃。

（三）是人们点缀风景、美化居室的高雅形式
1. 清代陶澍题上海豫园得月楼联
   　　　　　楼高但任鸟飞过；池小能将月送来。

2. 清代袁岘冈、张中阶题岳麓书院联

　　　　　惟楚有才；于斯为盛。

3. 山东泰山玉皇顶联

　　　　　地到无边天作界；山登绝顶我为峰。

4. 刘海粟自题书斋联

　　　　　宠辱不惊，看庭前花开花落；

　　　　　去留无意，望天上云卷云舒。

5. 韶关市楹联爱好者题蝴蝶泉（卓悦灵）

　　　　　万千里蝶飞梦来，一抱合欢情未老；

　　　　　朝暮间泉歌不尽，三生契阔恨尤多。

（四）是国人承传国粹、弘扬文化的极好方式

1. 对联是国学之精品，与诗、词、曲同辉。

诗、词、曲、对联，它们问世的时间虽不太一样，但都是经过漫长历史检验的文学精品样式，都对中华文化尤其对格律文学做出了突出贡献，都曾在中华文学这条漫长之河里生光发彩。我们必须很好地继承它、光大它，让其在新的历史时期更加璀璨！

2. 对联有其独特性，其作用非其他文体可替代。

在谈到诗歌的作用时，孔子早就以"兴、观、群、怨"四个字概述过，而对联的作用和诗歌比较起来，可以说有过之而无不及。也就是说，对联除了具有"兴、观、群、怨"等作用外，还有诗词等文学形式所难及的作用，比方说对联的实用功能就是别的形式替代不了的，如春节之春联、名胜之楹联、死人之挽联等。正是这种不可替代，我们才更加需要继承和发扬。

3. 对联走进校园、进入课堂已成必然之势。

目前，在国家大力弘扬优秀传统文化的背景下，诗词对联等优秀传统文化走进校园、进入课堂已成必然之势。因为这些才是中华优秀文化的最好代表，也最容易被广大中小学生喜欢和接受。特别是对联，在这方面显得更加突出。为什么呢？从教材上看，这些年的语文课本明显增加了文言文和古诗词的比例，这当然是对诗词的重视，不过在各级各类的考试中目前还没有发现让学生写作诗词的，而中考、高考试卷却早就有了对联方面的试题。只要是考试的内容，学校、学生没有不重视的，这就是对联的福音和希望。

下面是三道2020年中考真题，供大家参考：

1. 真题一（宁夏回族自治区2020年中考语文试卷第一大题第4小题）

④请你把对联中空缺的一个字补出来。（2分）

上联：立德齐今古

下联：藏书__子孙

2. 真题二（广州市2020年中考语文第一大题第5小题）

⑤阅读下面文字，填入横线处最合适的一项是（   ）（3分）

广福戏台藏身于荔湾区恩宁路的粤剧博物馆，是一座纯木结构建筑。这座古色古香的大戏台依水而建，一年四季都有免费演出，市民可以在水边凭栏赏粤剧。文佳来到广福戏台，有感而发，写下一副对联。

上联：登古台唱新韵演尽喜怒哀乐

下联：_____

A. 临碧水着红装遍赏起承转合；B. 入云山对夕阳惯看秋月春花

C. 倚玉栏临碧水赏遍春夏秋冬；D. 戏楼里凭石栏品味唱念做打

3. 真题三（内蒙古自治区包头市2020年中考语文第一大题第6小题）

根据上联写下联。（3分）

新冠肺炎肆虐全球，照鉴中国以世界大同、天下为公的胸襟和气魄。惟人民和生命为重，中华儿女无畏而坚韧，谱写了一曲抗疫之歌。有对联赞云：

上联：异域同天，守望相助，抗疫留佳话；

下联：_____。

第九课：对联的写作（二）
——联律通则（一）

一、对联六要素

创作对联的规则就是《联律通则》，其中规定了六条基本原则，也就是六要素。这是创作楹联要掌握的最基本的原则，它们分别是：

1. 字句对等；2. 词性对品；3. 结构对应；4. 节律对拍；5. 平仄对立；6. 形对意联。

一副联作只有同时达到这六方面的要求，才能称得上是真正意义上的对联。

二、具体要求

（一）字句对等

这个好理解，如果是单句联，它的上下句的字数是相等的，且以奇数句居多；如果是多句联，每一个相对应的分句的字数也是相等的。

1. 单句联如：

至乐无声唯孝弟；太羹有味是读书。（鲁迅题三味书屋）

2. 多句联如：

秋色满东南，自赤壁以来，与客泛舟无此乐；

大江流日夜，问青莲而后，举杯邀月更何人。（清代李振钧题安庆大观楼）

3. 凡事都有特殊，民国时期出现了一副这样的上下联字数不相等的对联：

袁世凯千古；

中华民国万岁。

分析：上联5个字，下联6个字，不对等。但这副严重违规的对联却得到了大家的认可。原来此联上下联字数不对等却另有含义："袁世凯"这三个字对不齐（起）的"中华民国"这四个字，"齐""起"谐音，是说袁世凯对不起"中华民国"。此联极具讽刺力量。当然，这是很特殊的情况，一般不要模仿。

（二）词性对品

所谓品，就是类。词性对品是指上下联相同位置的文字词性必须相同，即名词对名词，形容词对形容词，动词对动词，数量词对数量词等。

汉字总体上分为实词、虚词两大类。实词包括名词、动词、形容词、数词、量词、代词等；虚词包括副词、介词、连词、助词、叹词、拟声词等。如下联：

和风吹柳绿；细雨润花红。

分析：诗句中"和"对"细"，两个形容词相对；"绿"对"红"，两个形容词相对；"吹"对"润"，两个动词相对；"风"对"雨"，"柳"对"花"是名词相对。两句诗构成了一副对联，描绘了美丽春景。

再如杜甫的名句：两个黄鹂鸣翠柳；一行白鹭上青天。

分析："两个"和"一行"是数量词对数量词，"黄鹂"和"白鹭"是名词对名词，"鸣"和"上"是动词对动词，"翠"和"青"是形容词对形容词，"柳"和"天"是名词对名词。此联在词性对品上是非常工稳的"工对"。

词性对品这一要求有些地方可以适当放宽要求，适当放宽要求的就是所谓的"宽对"，如形容词可以对动词等。看清代王文治的一副对联：

人间岁月闲难得；天下知交老更亲。

分析：上联的末字"得"是动词，"得到"之意；下联的末字"亲"是形容词，"亲密"之意。动词对形容词，这是允许的。

还有清代孙星衍的一副对联：

莫放春秋佳日过；最难风雨故人来。

分析：上联的"莫放"，意思是动词词组；下联"最难"，意思是副词加形容词。其中关键是"放"和"难"字的词性不对，不过这是动词对形容词，是允许的。

（三）结构对应

结构对应是指上下联词语的构成、词义的配合、词序的排列、虚词的使用、修辞的运用，彼此对应平衡。

词的结构常见的有：主谓结构、偏正结构、动宾结构、并列结构。

从语法结构角度讲，就是句型要一致，即主谓结构对主谓结构，偏正结构对偏正结构，并列结构对并列结构，动宾结构对动宾结构；如果上联是主谓宾结构，而下联是主谓补结构，就没有对好。例如，郑板桥题月观亭联：

月来满地水；云起一天山。

分析：上下联都是主谓补宾结构，结构一致。

还有清代刘凤诰题小沧浪亭联：

四面荷花三面柳；一城山色半城湖。

分析：上联的"四面""荷花""三面"与下联的"一城""山色""半城"都是偏正结构；上联的"三面柳"与下联的"半城湖"也是偏正结构；同时上下两联又都构成并列结构，很工整。

对于初学楹联的爱好者，宜写单句短联，因为楹联的字、句数越多，句子结构就越复杂，结构变化就越大，对技巧要求也就越高。

第十课：对联的写作（三）
——联律通则（二）

一、《联律通则》具体要求

（一）平仄对立

1. 写对联一般要按古音来写，也可以用今音，但不能兼用古今音，即一副对联只能按一个标准去衡量。

2. 对联上联的最后一个字，必须是仄声；下联最后一个字，必须是平声，即上仄下平。如：

　　　　四面荷花三面柳；一城山色半城湖。

分析：上联的最后一个字是"柳"，去声，属仄；下联最后一个字是"湖"，阳平，属平，上仄下平。

3. 其他位置字的平仄也有个大致的规定，一般分短联（11字以内）、长联两种情况：

（1）短联：短联有四言、五言、七言、十一言（4+7式）等几种情况，一般七言联多些。七言联有两种平仄格式，即：

第一种：平平仄仄平平仄；仄仄平平仄仄平

第二种：仄仄平平平仄仄；平平仄仄仄平平

分析：这种对联一般按"一、三、五不论，二、四、六分明"的原则处理，即每联的第一、三、五等奇数位置的字可以不管其平仄；但每联第二、四、六等偶数位置字的平仄就必须明确，该平就平，该仄就仄，不能弄乱了。比如：

　　　　世事洞明皆学问；人情练达即文章。

分析：上联"世事洞明皆学问"的平仄为"仄仄仄平平仄仄"，属第二种平仄格式；其中第三字"洞"是该平却仄，但它处在第三个字的位置，可以不管它。再如苏轼挽朝云联：

　　　　不合时宜，唯有朝云能识我；
　　　　独弹古调，每逢暮雨便思卿。

这副对联的平仄是：

　　　　仄仄平平，平仄平平平仄仄；
　　　　仄平仄仄，仄平仄仄仄平平。

分析：这是十一字联，不管哪个分句，其第二、四、六位置的字都符合规定，像上联的"唯"、下联的"独、每"等字是不符合平仄格式的，但因处在第一、三、五的位置上，可以放宽要求，平仄都可以。

（2）长联：一般是三个分句以上的对联。这种对联的平仄要求会适当放宽，主要是节奏点的平仄相对应就可以了；一个分句内的平仄，也尽量按规则，真做不到也不算违规。比如清代蒲松龄的一副联：

　　　　有志者事竟成，破釜沉舟，百二秦关终属楚；
　　　　苦心人天不负，卧薪尝胆，三千越甲可吞吴。

分析：此联的上下联各由三个分句组成，我们主要看它每个分句的最后一个字。上联的字为"成、舟、楚"，平、平、仄；下联的字为"负、胆、吴"，仄、仄、平。"平、平、仄"对"仄、仄、平"，节奏点上的平仄都是相反的，符合要求。

但如果看"有志者事竟成"这个分句，他的平仄就是"仄仄仄仄仄平"，显然是不行的，但因是长联，可以适当放宽要求。

（二）节律对拍

节律也就是节奏，即有规则的重复，节律可以产生快感和美感；所谓节律对拍，是指上下联停顿的地方必须一致。

如明代左光斗的一副对联：

风云／三尺／剑；花鸟／一床／书。

分析：上下联均为二、一、二（212）节奏。

再如民国时期小凤仙挽蔡锷的对联：

不幸／周郎／竟／短命；早知／李靖／是／英雄。

分析：上下联均为二、二、一、二（2212）节奏。

这样节奏的对联就是节律对拍。

（三）形对意联

对联不仅要求形式对举，而且要求意义关联。

在形式上首先表现为上下联的"对举"，也称为对偶，相对举出，互相衬托，这种对举包括对应字词的类别一致以及平仄的对立；所谓关联，就是上下联犹如一篇文章的两个段落，都要为文章主题服务，故上下联在意义上一定要相互关联。

1. 符合要求的对联举例

（1）读书名联：书山有路勤为径；学海无涯苦作舟。

分析：首先是分开看，"书山有路勤为径"，是说读书并没有什么捷径，只有勤奋学习，方可成功；下句"学海无涯苦作舟"，是说读书是很辛苦的，没有吃苦精神是很难成功的。此联写的是学习成功的两个要素，勤奋和刻苦，上下联的内容密切相关。

（2）郑板桥对联：删繁就简三秋树；领异标新二月花。

分析：上下联都是谈写作方面的要求，上联说作文的语言要简明，下联说作文的思想要有新意，上下联内容密切相关。

2. 不符合要求的对联举例

(1) 有这样一副联：新年台上演戏；暑假水边钓鱼。

分析：此联在平仄、对仗等方面都没有问题，但是上下联之间语意、内容却互不关联，风马牛不相及，形对而意不联。

(2) 又如：

千忧集日夜；万感迎朝昏。

分析：这副联的上下联的意思几乎是一样的，关系过密，即合掌了。

3. 无情对

所谓无情对，即对而不联，而且上下联的意思越远越好；相反，近了还不合要求。如：

(1) 天做棋盘星做子，谁人敢下；地作琵琶路作弦，哪个能弹。

(2) 张之洞；陶然亭。

分析：这两副联，对仗很工稳，可上下联并未相互作用来表达一个中心意思，本来不算对联，但由于这一类对联属于游戏、消遣、斗巧的，故也约定成俗，归入了对联园地。

二、练一练

请指出下面这副高考对联中的问题：

辞旧岁放眼六月龙门跃金鳞；
迎新春拼搏青春蟾宫收桂香。

参考答案

主要问题：

1. 最后一字：上联"鳞"，平声；下联"香"，平声。上平下平，即平仄有误；

2. 先断句：

辞旧岁，放眼六月，龙门跃金鳞；
迎新春，拼搏青春，蟾宫收桂香。

节奏点平仄有问题，比如下联"春、春、香"，三连平，也属平仄问题，最好避免。

3. 上联"六月"是数量词，下联"青春"是名词，即词性不对品；"放眼"和"拼搏"，"金鳞"和"桂香"，亦不工。

4. 下联第三字和第七字都是"春"，属不规则重复。

第十一课：对联的写作（四）
——对联的出句、对句练习

一、先明确标准

（一）严格要求

1. 字句对等；2. 词性对品；3. 结构对应；

4. 节律对拍；5. 平仄对立；6. 形对意联。

（二）初级要求

1. 字句对等；2. 词性对品；3. 结构对应；4. 平仄对立（最后一字上仄下平）。（注：初学者可以先按这个要求。）

二、出句、对句练习

（一）一个词对一个词，须注意以下几点：

1. 出句要点：该词的最后一字须仄声，如：

出句（1）好事；（2）千古。

2. 对句要点

（1）要分析出句词语的词性。如，好事：名词；千古：名词。

（2）要分析出句的词语结构。如，好事：偏正结构；千古：偏正结构。

（3）要分析出句词语的语义，其对句要和出句的语义相关，如：

用"良书"对"好事"；用"九州"对"千古"。

分析：

"良书"和"好事"的词性、结构一样，语义也相关。

"千古"和"九州"的词性、结构一样，一表时间，一表地域，语义相关。

（4）注意对句的平仄，尤其注意末字必须平声。如：

"良书、九州"的末字分别是："书"，平声；"州"，平声。

（二）一个短语对一个短语（一般为四字句），须注意以下几点：

1. 出句要点

该短语的第二字须平声，最后一字须仄声，如：

出句：云边山影

分析： 第二字"边"，平声；最后一字"影"，仄声。

2. 对句要点

（1）要分析出句每个词语的词性。如，云边：名词；山影：名词。

（2）要分析出句的短语结构。如，云边山影：偏正结构。

（3）要分析出句短语的语义，其对句要和出句的语义相关，如：

"天外江声"对"云边山影"。

分析： "天外江声"和"云边山影"的词性、结构一样；也都是写景，语义相关。

（4）注意对句的平仄：第二字要仄声，末字须平声。如：

"天外江声"的第二字"外"是仄声，末字"声"是平声。

（5）还要注意对句的节律，要和出句一致：

"天外/江声"对"云边/山影"，都是"22"节奏。

（三）一个句子对一个句子，可分为五言句和七言句。

先讲五言句，须注意以下几点：

1. 出句要点

（1）平仄：五言一般是律句，和五言绝句出句的平仄是一样的，即：

A. 仄仄平平仄，如"明月松间照"

B. 平平平仄仄，如"风云三尺剑"

（2）语义：要能表达一个完整的意思，如"明月松间照"。

2. 对句要点

（1）要分析出句每个词语的词性。如，明月：名词；松间：名词；照：动词。

（2）分析出句的结构。"明月松间照"：主谓结构，谓语动词前有状语。

（3）分析出句的语义，其对句要和出句的语义相关，如：

用"清泉石上流"对"明月松间照"。

分析： "清泉石上流"对"明月松间照"的结构及每个词语的词性都一样；也都是写景，语义相关。

（4）注意对句的平仄，这个也和五言绝句的平仄一样，即：

A. 仄仄平平仄，明月松间照

平平仄仄平，清泉石上流

B. 平平平仄仄，风云三尺剑

仄仄仄平平，花鸟一床书

（5）还要注意对句的节律，要和出句一致，如：

"清泉/石上/流"对"明月/松间/照"，都是"221"节奏；

"花鸟/一床/书"对"风云/三尺/剑",也都是"221"节奏。

再看七言句,须注意以下几点:

1. 出句要点

(1) 平仄:七言一般也是律句,这个和七言绝句出句的平仄是一样的,即:

A. 平平仄仄平平仄,如"清风明月本无价"

B. 仄仄平平平仄仄,如"岭树湖云沉足底"

(2) 语义:要能表达一个完整的意思,如"清风明月本无价"。

2. 对句要点

(1) 要分析出句每个词语的词性。

如,清风:名词;明月:名词;本:副词;无价:形容词。

(2) 要分析出句的结构。"清风明月本无价":主谓结构,主语"明月清风"是并列结构。

(3) 要分析出句的语义,其对句要和出句的语义相关,如:

用"近水遥山皆有情"对"清风明月本无价"。

分析:

"近水遥山皆有情"对"清风明月本无价"的结构及每个词语的词性都一样;语义也都是写景物的特点,语义相关。

(4) 注意对句的平仄,这个也和七言绝句的平仄一样,即

A. 平平仄仄平平仄,清风明月本无价

仄仄平平仄仄平,近水遥山皆有情

B. 仄仄平平平仄仄,岭树湖云沉足底

平平仄仄仄平平,江潮海日上眉端

(5) 还要注意对句的节律,要和出句一致,如:

"近水/遥山/皆/有情"对"清风/明月/本/无价",都是"2212"节奏。

"江潮/海日/上/眉端"对"岭树/湖云/沉/足底",也都是"2212"节奏。

(6) 五言、七言的对句,有时还要分析一下出句的修辞手法、意境等;对句的修辞手法要尽量一致、意境也要大体相当。当然,这是较高要求,不是必需的。

(四) 短句中还有六言句和八言句,因不常用,这里暂不列举。

三、练一练

请对句

1. 出句:流水

2. 出句:高山流水

3. 出句：举头望明月

4. 出句：四面云山皆到眼

参考答案：

1. 对句：清风

2. 对句：明月清风

3. 对句：放眼看青山

4. 对句：万家烟火最关心

第十二课：对联的写作（五）
——成联写作

一、何谓成联

所谓成联，就是一副完整的对联，一般包括题目、上联、下联，如果是春联，还要有横批。如：

（1）题三味书屋（鲁迅）

　　　　　　至乐无声唯孝弟；

　　　　　　太羹有味是读书。

（2）北中宏业学部春联

　　　　　　鹰击长空必展宏图万里；

　　　　　　少怀壮志当承伟业千秋。

（嵌字联）

横批：宏图伟业

二、成联写作步骤

（一）审清题目，收集素材

审题，这和写作文没什么区别，就是分析题目及相关材料。就对联而言，一般是要求就某个人物、地点、节令、器物等或某种情况（如祝寿、贺婚、哀挽等）创作对联。明白题目后，就是根据题目收集相关素材。学养丰厚的，凭自己大脑的知识储备即可；学识浅薄的，可查阅相关书籍，或通过网络资源进行查询。

（二）分析素材，找出角度

收集素材后，要归类整理。因对联只有两行，所以最好选择两个角度，然后根据这两个角度，有用的素材留下，没用的就舍弃。如本人一副人物联：

题范雎

远结近攻，废后逐穰，无愧春秋真国相；

言弹白起，官安王稽，分明恩怨看绨袍。

分析：此联写的是历史人物范雎，《史记》上有他的传记，记录了他的许多事迹，可选的角度也很多。我最终是从"作为"和"做人"这两个角度来写的，上联写他作为国相都采取了哪些治国措施；下联写他的做人特点，即对他好的他都要报恩；对他不好的，他都要报复。

（三）确定长短，选择单多

对联分短联和长联、单句联和多句联，两者没有优劣之分。短联或单句联更要炼字炼词，更要写出诗意和味道来，要用观点精到服人；长联或多句联的字词修炼也不能放松，但更要处理好句子之间的逻辑关系，做到长而不乱，清晰明确。如：

1. 山东泰山玉皇顶联

地到无边天作界；

山登绝顶我为峰。

分析：此为一短联，上联是说泰山很大，竟以天为界；下联是说泰山很高，但又用"我为峰"表达了登上绝顶后还有自我这座山峰等着自己去战胜的道理。虽然短，但言简意赅，生动形象，给人以深刻印象。

2. 岳阳楼对联

一楼何奇？杜少陵五言绝唱，范希文两字关情，滕子京百废俱兴，吕纯阳三过必醉。诗耶？儒耶？吏耶？仙耶？前不见古人，使我怆然涕下；

诸君试看：洞庭湖南极潇湘，扬子江北通巫峡，巴陵山西来爽气，岳州城东道岩疆。渚者，流者，峙者，镇者，此中有真意，问谁领会得来。

分析：这是一副写岳阳楼的名联，属长联。上联从人文的角度，写了很多与之相关的人物、文章；下联从风景的角度，写了很多与之相关的地理名称。两个角度相互对应，虽然材料很多，但读后感觉有条不紊，气脉通达。

所以，选择短联还是长联、单句还是多句，要看具体情况。建议初学者要多练短联，尤其是五言、七言联。

（四）结构词性、平仄节律

1. **结构**：对联上下联的句子内部的结构都必须一致，尤其短联。

2. 词性：对联上下联的每个词语的词性都必须一致，尤其短联。

3. 平仄：初学者一般按五七言绝句的平仄写作即可，即

A. 五言平仄：

（1）仄仄平平仄，平平仄仄平

（2）平平平仄仄，仄仄仄平平

B. 七言平仄：

（1）平平仄仄平平仄，仄仄平平仄仄平

（2）仄仄平平平仄仄，平平仄仄仄平平

4. 节律：节律要对拍，即上下联停顿的地方必须一致。不过一般只要前边说的结构弄一致了，节律也自然没问题了。

（五）语义相关，勿近勿远

1. 语义相关，前文已讲过，此不再赘述。

2. 防止语义过近（合掌）过远

（1）过近就是合掌

所谓合掌，指在一副对联中，出句和对句完全同义或基本同义。此为诗家、联家之大忌。如生意兴隆通四海；财源茂盛达三江。

分析：乍一看，此联没有任何问题，但仔细分析，发现上下两联虽然词语不一样，但意思基本一样，这就是合掌。

再比如，"赤县神州催骏马，中华大地展新姿""翰墨惊风雨，文章泣鬼神"等都是明显的合掌对联。

（2）过远

看这样一副联：清风明月；小马老牛。

分析：此联在平仄、对仗等方面都没有问题，但是上下联之间语意、内容却互不关联，风马牛不相及，形对而意不联。

三、练一练

（一）请给我校（广东北江中学）拟写一副对联。

（二）请给我校高考誓师大会拟写一副对联。

参考答案：

（一）老师对联

1. 题广东北江中学（宋贻珍）

正德修身，博我以文摩北斗；

金声振玉，诲人于礼坐春风。

2. 题广东北江中学（张哲勇）

　　　　　　　厚德不争，率两江养诗书静穆；

　　　　　　　清弦有继，承一脉弘家国襟怀。

3. 题广东北江中学（毛忠林）

　　　　　　　北枕松涛南拥翠，四季花枝旖旎；

　　　　　　　中栖凤鸟外称雄，百年俊采风流。

4. 题广东北江中学（吴延伟）

　　　　　　　蜡烛一支，点亮三江六岸；

　　　　　　　春风九秩，芬芳万李千桃。

（二）广东北江中学往届师生对联

1. 往届高考对联

　　　　　　　志气恢宏惊粤北；

　　　　　　　思行果毅傲韶州。

2. 往届高考对联

　　　　　　　志气恢宏，三年不躁不骄，看六月凤鸣岭表惊诸粤；

　　　　　　　行为果毅，一意求真求善，期一朝鲤跃龙门惠九州。

3. 往届高考对联

　　　　　　　盛世重英才问谁可展卷挥毫呈壮志；

　　　　　　　岭南多俊彦看我能扬鞭策马上征程。

4. 往届高三学生题联

　　　　　　　秣马厉兵玉犬报喜声中迎备考；

　　　　　　　枕戈待旦金猪送佳音里展宏图。

5. 往届高三学生题联

　　　　　　　鸿儒硕学胸怀日月展志锐朝气；

　　　　　　　业峻绩伟笔耕春秋书南粤华章。

6. 往届高三学生题联

　　　　　　　吞豪情绘宏图承北江希望；

　　　　　　　吐才气创伟业展南岭雄风。

7. 往届高三学生题联

　　　　　　　善其事工其器精钻细研要多练；

　　　　　　　成于勤荒于嬉焚膏继晷须苦钻。

8. 往届高三学生题联

　　　　　　　吾庠俊彦文必岭南折桂；

毓德高才理应粤北夺魁。

9. 往届高三学生题联

北中豪杰胸怀丘壑创千秋伟业；

宏业学生笔吐风云书万里华章。

10. 往届高三学生题联

怀壮志展宏图，莫持空想争做先行者；

跃龙门成伟业，不骛虚声勇当追梦人。

第十三课：五言律诗的写作（一）

一、内容概要

（一）仄起仄收式；

（二）仄起平收式；

（三）平起仄收式；

（四）平起平收式。

二、"起"和"收"

所谓"起""收"，主要看第一句的第二个和最后一个字，第二个字是仄的话，就是"仄起"，是"平"的话，就是"平起"；最后一个字是"仄"的话，就是"仄收"，是"平"的话，就是"平收"。

三、具体诗格

（一）仄起仄收式

1. 平仄格式

仄仄平平仄；平平仄仄平（韵）

平平平仄仄；仄仄仄平平（韵）

仄仄平平仄；平平仄仄平（韵）

平平平仄仄；仄仄仄平平（韵）

2. 典型例诗

塞下曲（唐·李白）

五月天山雪，无花只有寒。
笛中闻折柳，春色未曾看。
晓战随金鼓，宵眠抱玉鞍。
愿将腰下剑，直为斩楼兰。

分析1：译文及主旨

译文：五月的天山仍是满山飘雪，只有凛冽的寒气，根本看不见花草。只有在《折杨柳》的笛曲中才能想象到春光，而现实中从来就没有见过春天。战士们白天在金鼓声中与敌人殊死战斗，晚上却是抱着马鞍睡觉。但愿腰间悬挂的宝剑，能够早日平定边疆，为国立功。

主旨：本诗以乐观高亢的基调和雄浑壮美的意境，描绘了守边将士在沙场上征战的艰苦生活，歌颂了他们忠心报国的英勇精神，反映了盛唐的精神风貌。

分析2：

（1）本诗首句第二字"月"是仄声，第五字"雪"也是仄声，仄起仄收式；
（2）首句不入韵，第二、四、六、八句押"十四寒"韵；
（3）颔联不对仗，颈联"晓战随金鼓，宵眠抱玉鞍"对仗。

3. 老师习作（林建）

雁阵

北海寒初动，霜风送远行。
扶将三万里，守望一生盟。
夜宿鸣宵月，朝飞逐太庚。
冲天回雁阵，明日过湘衡。

4. 老师习作

冬至

是日葭灰起，阳生寒更摧。
屋檐垂玉柱，窗外正红梅。
护耳缘香饺，暖身须满杯。
爷娘长夜坐，佳节念谁回？

（二）平起仄收式

1. 平仄格式

平平平仄仄；仄仄仄平平（韵）
仄仄平平仄；平平仄仄平（韵）

平平平仄仄；仄仄仄平平（韵）
仄仄平平仄；平平仄仄平（韵）

2. 典型例诗

山居秋暝（唐·王维）

空山新雨后，天气晚来秋。
明月松间照，清泉石上流。
竹喧归浣女，莲动下渔舟。
随意春芳歇，王孙自可留。

分析1：译文及主旨

译文：空旷的群山沐浴了一场新雨，夜晚降临使人感到已是初秋。皎皎明月从松隙间洒下清光，清清泉水淙淙流淌在山石上。竹林喧响知是洗衣姑娘归来，莲叶轻摇想是上游荡下轻舟。不妨任随春日的芳菲消歇，秋天的山中，王孙自可以久留。

主旨：此诗描绘了秋雨初晴后傍晚时分山村的旖旎风光和山居村民的淳朴风尚，表现了诗人寄情山水田园并对隐居生活怡然自得的心情，从而以自然美来表现人格美和社会美。

分析2：

(1) 首句第二字"山"是平声，第五字"后"是仄声，平起仄收式；
(2) 首句不入韵，第二、四、六、八句押"十一尤"韵；
(3) 颔联"明月松间照，清泉石上流"对仗，颈联"竹喧归浣女，莲动下渔舟"也对仗。

3. 老师习作（叶丹）

兰

翁源有佳卉，辟野作花田。
固以山中土，灌之林下泉。
疏根盘净石，细叶染春烟。
君子爱其臭，陶陶已忘年。

4. 老师习作

最亲还是娘

霜晨槐树下，白发屡望津。
火炕孙衾暖，荆柴母手皴。
朝餐娘擀面，夕饮米醅醇。
临别三箱满，还提一瓮椿。

（三）仄起平收式

1. 平仄格式

仄仄仄平平（韵）；平平仄仄平（韵）

平平平仄仄；仄仄仄平平（韵）

仄仄平平仄；平平仄仄平（韵）

平平平仄仄；仄仄仄平平（韵）

2. 典型例诗

观猎（唐代·王维）

风劲角弓鸣，将军猎渭城。

草枯鹰眼疾，雪尽马蹄轻。（对仗）

忽过新丰市，还归细柳营。（对仗）

回看射雕处，千里暮云平。

分析1：译文和主旨

译文：风势猛烈使角弓作响声彻天地，眼前只见将军正英勇地在渭城打猎。青草枯黄使得老鹰目光更为锐利，冰雪融化催发战马格外轻快地奔驰。转眼之间已经路过了新丰酒市，不久后又骑马回归了细柳营。回头远眺将军曾射下飞雕的地方，傍晚时分那千里的白云连接平地。

主旨：此诗前四句为第一部分，写射猎的过程；后四句写将军傍晚收猎回营的情景。全诗表达了对将军高超技艺和丰富经验的赞美之情。

分析2：

（1）本诗首句第二字"劲"是仄声，第五字"鸣"是平声，仄起平收式；

（2）首句入韵，第一、二、四、六、八句押"九青"韵；

（3）颔联"草枯鹰眼疾，雪尽马蹄轻"对仗，颈联"忽过新丰市，还归细柳营"也对仗，而且很工整。

3. 老师习作（蓝健雄）

雁阵

一字启征航，排空横昊苍。

孔明疑卦乱，韩信愧言狂。

振翮伴长唳，追风紧游缰。

迢迢盟誓路，何止逾衡阳。

4. 老师习作

雁阵

塞外起寒凉，结群辞故乡。

晨穿壶口瀑，夜沐洞庭霜。
身疾猎人叹，声宏鹰隼伤。
不辞征万里，心远自无疆

（四）平起平收式

1. 平仄格式

平平仄仄平（韵）；仄仄仄平平（韵）

仄仄平平仄；平平仄仄平（韵）

平平平仄仄；仄仄仄平平（韵）

仄仄平平仄；平平仄仄平（韵）

2. 典型例诗

风雨（唐·李商隐）

凄凉宝剑篇，羁泊欲穷年。
黄叶仍风雨，青楼自管弦。
新知遭薄俗，旧好隔良缘。
心断新丰酒，销愁斗几千。

分析1：译文和主旨

译文：我虽然胸怀匡国之志，也有《宝剑篇》那充满豪气的诗篇，却不遇明主，长期羁旅在外虚度华年。黄叶已经衰枯，风雨仍在摧残，豪门贵族的高楼里，阔人们正在轻歌曼舞，演奏着急管繁弦。新交的朋友遭到浅薄世俗的非难，故日的老友又因层层阻隔而疏远无缘。心中想要断绝这些苦恼焦烦，便用新丰美酒来解闷，管它价钱是十千还是八千。

主旨：这是一首作者以风雨比喻自己境遇的咏怀诗，首联借《宝剑篇》的典故发端，反衬自己长年漂泊凄凉的身世；颔联通过对比抒发自己对不平境遇的怨愤；颈联直接写明由于陷入党争，致使新知、旧友都已疏远冷落，客观表现了自己孤凄寂寞的身世；尾联写自己本欲断酒，但由于忧愁，又不断饮酒消愁。全诗意境悲凉，表现诗人沉沦孤独的感情和遭遇，真切感人。

分析2：

（1）首句第二字"凉"是平声，第五字"篇"是平声，平起平收式；

（2）首句入韵，第一、二、四、六、八句押"一先"韵；

（3）颔联"黄叶仍风雨，青楼自管弦"和颈联"新知遭薄俗，旧好隔良缘"都对仗。

3. 老师作品

过年（1）

　　　　　　　赣中年味浓，户户悬灯笼。
　　　　　　　酒酿三坛满，鞭飞一院红。
　　　　　　　腊肠前牖下，香烛正堂中。
　　　　　　　除夕族人聚，笑谈今岁丰。

过年（2）

　　　　　　　年前滋味浓，菜市买姜葱。
　　　　　　　擦地方方净，买花束束红。
　　　　　　　老妻切肉细，蠢子拟联工。
　　　　　　　除夕煮芹饺，烟花绽夜穹。

过年（3）

　　　　　　　赣中酬客亲，迎送笑声频。
　　　　　　　糖果盘盘满，杯勺件件新。
　　　　　　　淡咸三顿问，寒暖几回询。
　　　　　　　茶酒殷勤劝，乡风倍感醇。

四、四种诗格的比较（平用"—"表示，仄用"｜"表示）

（一）仄起仄收

｜｜——｜，——｜｜—。———｜｜，｜｜｜——。
｜｜——｜，——｜｜—。—————，｜｜｜——。

（二）仄起平收

｜｜｜——，——｜｜—。————｜｜，｜｜｜——。
｜｜——｜，——｜｜—。—————，｜｜｜——。

（三）平起仄收

———｜｜，｜｜｜——。｜｜——｜，———｜｜。
———｜｜，｜｜｜——。————｜，———｜—。

（四）平起平收

——｜｜—，｜｜｜——。｜｜——｜，———｜｜—。
———｜｜，｜｜｜——。————，———｜｜。

五、五言律诗的写作步骤

（一）看清题目，收集素材；

（二）分析素材，五言整合；

（三）分联归类，起承转合；

（四）颔颈对仗，平水押韵；

（五）平仄相谐，炼字炼意。

第十四课：五言律诗的写作（二）

一、题目

1. 诗题：未来湖
2. 诗格：不限
3. 诗韵：平水韵（任选）

二、完成情况

本次共收到30余首五言律诗习作，总体还不错，大部分同学都能按自己所选诗格及韵部来创作。颔联和颈联对仗也不错，有些还非常工稳。内容上也合乎要求，都能围绕《未来湖》这个题目选材、布局谋篇，大都能写出未来湖的美丽风景，有些还能有所生发，写出一些象征意义。平仄方面进步不小，不过失粘、失替现象依然存在，出韵现象也不算少。

三、个案分析

（一）未来湖

暑天室内热，移步小湖旁。
荷碧随风舞，花红伴藕香。
枝头黄雀叫，水下鲤鱼翔。
欣看此一角，出汗又何妨？

点评：

1. 平仄：第一句第二字"天"，平声；第五字"热"，仄声。属平起仄收式，不过此诗改为"平收"更好。第一句"室"字处应平，否则三连仄；第七句"此"字处、"一"字处应平；第八句"出"字处应平，"何"字处应仄。
2. 押韵：此诗格应押四个韵，第二句最后一字"旁"，七阳韵；第四句最后一字"香",七阳韵;第六句最后一字"翔",七阳韵;尾联最后一字"妨",七阳韵。此诗押韵。

3. 对仗:颔联"荷碧随风舞,花红伴藕香",对仗;颈联"枝头黄雀叫,水下鲤鱼翔",也对仗。

4. 内容:本诗首联点明来到未来湖的原因;颔联写未来湖的美丽风景;颈联继续从上往下地写景;尾联写观湖的感受,照应首联。四联都很扣题。

5. 手法:
(1)拟人(荷碧随风舞);(2)直接描写(花红伴藕香);
(3)反问(出汗又何妨)。

附:修改稿

未来湖

今天燥热狂,移步小湖旁。
荷碧随风舞,花红伴藕香。
枝头黄雀叫,水下鲤鱼翔。
欣看亭边景,心中顿妙章。

(二)未来湖

今逢周日天,信步小湖边。
红径一圈绕,苍榕千叶悬。
水中荷叶碧,枝上菡萏妍。
但愿此长住,心悦向故园。

点评:

1. 平仄:第一句第二字"逢",平声;第五字"天",平声。属平起平收式。第六句"菡"字处应平,第八句"悦"字处应平。

2. 押韵:此诗格应押五个韵:第一句最后一字"天",一先韵;第二句最后一字"边",一先韵;第四句最后一字"悬",一先韵;第六句最后一字"妍",一先韵;尾联最后一字"园",十三元。此诗出韵。

3. 对仗:颔联"红径一圈绕,苍榕千叶悬",对仗;颈联"水中荷叶碧,枝上菡萏妍",也对仗。

4. 内容:本诗首联点明来到未来湖的原因;颔联、颈联都是写未来湖的美丽风景;尾联写观湖的感受和心愿。四联都很扣题。

5. 手法:(1)直接描写(水中荷叶碧);(2)直抒胸臆(但愿此长住)。

附：修改稿

未来湖

今逢周日天，信步小湖边。
红径雕栏绕，苍榕根脉悬。
水中千叶碧，枝上百花妍。
但愿能长住，诗心似谪仙。

（三）未来湖

考场失意郎，漫步在湖旁。
石柱千般景，游鱼百次翔。
荷叶随碧水，蜻蜓逐花香。
如此风光美，吾心何必伤？

点评：

1. 平仄：第一句第二字"场"，平声；第五字"郎"，平声。属平起平收式。第五句"叶"字应平，第六句"蜓"字应仄。

2. 押韵：此诗格应押五个韵，第一句最后一字"郎"，七阳韵；第二句最后一字"旁"，七阳韵；第四句最后一字"翔"，七阳韵；第六句最后一字"香"，七阳韵；尾联最后一字"伤"，七阳韵。此诗押韵。

3. 对仗：颔联"石柱千般景，游鱼百次翔"，对仗；颈联"荷叶随碧水，蜻蜓逐花香"，亦对仗。

4. 内容：本诗首联点明来到未来湖的原因；颔联、颈联都是写未来湖的美丽风景；尾联写观湖的意义。四联都很扣题。

5. 手法：（1）直接描写（蜻蜓逐花香）；（2）直抒胸臆（吾心何必伤）。

附：修改稿

未来湖

考场失意郎，漫步在湖旁。
石柱千般景，游鱼百次翔。
新荷随碧水，蝴蝶逐花香。
如此风光美，吾应发愤强。

（四）未来湖

未来湖上游，清韵绕心头。
碧水鳞游快，青荷鸟闹舟。
天天诗社转，处处花香悠。
灵感何时到，湖边吟诵秋。

点评：

1. 平仄：第一句第二字"来"、第五字"游"，都是平音，属平起平收式。

2. 押韵：此诗格应押五个韵，第一句最后一字"游"是十一尤韵；第二句最后一字"头"，十一尤韵；第四句最后一字"舟"，十一尤韵；第六句最后一字"悠"，十一尤韵；尾联最后一字"秋"，十一尤韵。此诗押韵。

3. 对仗：颔联"碧水鳞游快，青荷鸟闹舟"，不太工的对仗；颈联"天天诗社转，处处花香悠"，对仗，不过"悠"在此处的意思不是很明确。

4. 内容：本诗首联概述未来湖特点；颔联写未来湖的美丽风景；颈联写与湖相关联的诗社；尾联写观湖后的感慨。四联都很扣题。

5. 手法：（1）点染（"清韵绕心头"为点，"碧水鳞游快，青荷鸟闹舟"为染）；（2）直接描写（碧水鳞游快）；（3）叠词（天天、处处）。

6. 重复用字：游、湖。

附：修改稿

未来湖

未来湖上游，清韵绕心头。

碧水鳞披浪，绿荷鸟闹舟。

天天诗社转，处处惠光流。

灵感何时到，抒怀再不忧。

（五）未来湖

北中美景鲜，携友未来边。

湖面粉花劲，水中红鲤旋。

四围多古木，一角有诗坛。

绕走香无散，梦中遇谪仙。

点评：

1. 平仄：第一句第二字"中"、第五字"鲜"，都是平音，属平起平收式。

2. 押韵：此诗格应押五个韵，第一句最后一字"鲜"是一先韵；第二句最后一字"边"，一先韵；第四句最后一字"旋"，一先韵；第六句最后一字"坛"，十四寒韵；尾联最后一字"仙"，一先韵。此诗出韵。

3. 对仗：颔联"湖面粉花劲，水中红鲤旋"，是不太工的对仗；颈联"四围多古木，一角有诗坛"，也对仗。

4. 内容：本诗首联写未来湖的原因；颔联、颈联写未来湖的美丽风景；尾联写观湖后的结果，做了一个很诗意的梦。四联都很扣题。

5. 手法：（1）直接描写（水中红鲤旋）；（2）用典（遇谪仙）。

附：修改稿

未来湖

　　北中美景鲜，携友未来边。
　　湖面粉花劲，水中红鲤旋。
　　四围佳木秀，一角社牌悬。
　　绕走香无散，梦中遇谪仙。

（六）未来湖

　　适逢秋意喧，塘上墨黄天；
　　激滟清波起，微凉风色连。
　　凄凄莲叶败，点点藕花蔫。
　　红鲤送桃李，今年复下年。

点评：

1. 平仄：第一句第二字"逢"、第五字"喧"，都是平音，属平起平收式。

2. 押韵：此诗格应押五个韵，第一句最后一字"喧"是十三元韵；第二句最后一字"天"，一先韵；第四句最后一字"连"，一先韵；第六句最后一字"蔫"，一先韵；尾联最后一字"年"，一先韵。因首句可用邻韵，故此诗押韵没问题。

3. 对仗：颔联"激滟清波起，微凉风色连"，对仗；颈联"凄凄莲叶败，点点藕花蔫"，也对仗。

4. 内容：本诗首联点明是秋天的未来湖；颔联写未来湖的水和风的特点；颈联写湖中景物莲叶和藕花的特点，不过此联的意境与主题及前后诗文不太协调；尾联"红鲤"有象征意味。四联都很扣题。

5. 手法：（1）象征、比喻（红鲤送桃李）；（2）直接描写（凄凄莲叶败）；（3）叠词（凄凄、点点）。

6. 重复用字：年。

附：修改稿

未来湖

　　遭逢秋意喧，湖上暗黄天；
　　激滟清波起，微凉风色连。
　　寒塘筛月影，飞鸟逐晨烟。
　　红鲤归桃李，明年捷报传。

四、小结

（一）可取之处

1. 都能围绕《未来湖》来选择素材；

2. 能适当地使用一些写作手法，如比喻、象征、点染等；

3. 格律方面的问题已不多。

（二）存在问题

1. 押韵问题：有个别出韵情况，也有押了仄声韵的。

2. 平仄问题：失粘、失替情况已较少，只是个别作品有问题。

3. 古今音问题：比上次有所进步。

4. 对仗问题：大部分的对仗还不错，但有些对得不太工。

（三）其他问题

1. 作品中还有大量的孤平问题，但考虑到中学生的接受能力水平，这些作品暂视为合格。

2. 按常规，五言律诗以首句不押韵为正格，此次大多作品使用的是首句入韵格式。

建议大家还是多写写正格。

第十五课：七言律诗的写作（一）

一、内容概要

（一）仄起仄收式；（二）仄起平收式；

（三）平起仄收式；（四）平起平收式。

二、具体诗格

（一）仄起仄收式

1. 平仄格式：

仄仄平平平仄仄；平平仄仄仄平平（韵）

平平仄仄平平仄；仄仄平平仄仄平（韵）

仄仄平平平仄仄；平平仄仄仄平平（韵）

平平仄仄平平仄；仄仄平平仄仄平（韵）

2. 典型例诗

闻官军收河南河北（唐代·杜甫）

剑外忽传收蓟北，初闻涕泪满衣裳。
却看妻子愁何在，漫卷诗书喜欲狂。
白日放歌须纵酒，青春作伴好还乡。
即从巴峡穿巫峡，便下襄阳向洛阳。

分析 1：译文及主旨

译文：剑门外忽传收复蓟北的消息，初闻此事分外欢喜泪洒衣衫。回头看妻儿的愁云已消散，随意地收拾诗书欣喜若狂。日头照耀放声高歌，痛饮美酒，明媚春光陪伴着我返回故乡。立即动身从巴峡起程穿过巫峡，我经过了襄阳后又直奔洛阳。

主旨：诗的前半部分写初闻喜讯的惊喜；后半部分写诗人手舞足蹈做返乡的准备，凸显了急于返回故乡的欢快之情。全诗情感奔放，处处渗透着"喜"字，痛快淋漓地抒发了作者无限喜悦兴奋的心情，因此被称为杜甫"生平第一快诗"。

分析 2：

（1）本诗首句第二字"外"是仄声，第七字"北"也是仄声，仄起仄收式；
（2）首句不入韵，第二、四、六、八句押"七阳"韵；
（3）颔联"却看妻子愁何在，漫卷诗书喜欲狂"和颈联"白日放歌须纵酒，青春作伴好还乡"都对仗。

3. 老师习作（叶丹）

望星空

久伫危台风正烈，诸星熠熠自森然。
芥身光照三千界，逆旅时更几亿年。
见说魂灵居彼处，俯看尘世若沉渊。
未知他日谁相忆，寻我微芒在重玄。

4. 老师习作

在水一方

暇日悠悠山野望，湖天同色靛蓝妆。
遥岑迢递依稀见，绿岛葱茏渐次藏。
岸石横斜如恋妇，蒹葭轻摆似情郎。
扁舟唱晚谁家子，笛送伊人水一方。

（二）仄起平收式

1. 平仄格式

仄仄平平仄仄平（韵）；平平仄仄仄平平（韵）

平平仄仄平平仄；仄仄平平仄仄平（韵）

仄仄平平平仄仄；平平仄仄仄平平（韵）

平平仄仄平平仄；仄仄平平仄仄平（韵）

2. 典型例诗

蜀相（唐代·杜甫）

丞相祠堂何处寻，锦官城外柏森森。

映阶碧草自春色，隔叶黄鹂空好音。

三顾频烦天下计，两朝开济老臣心。

出师未捷身先死，长使英雄泪满襟。

分析1：译文及主旨

译文：诸葛丞相的祠堂去哪里寻找？锦官城外翠柏长得郁郁苍苍。碧草映照石阶自有一片春色，黄鹂在密叶间空有美妙歌声。当年先主屡次向您求教大计，辅佐先主开国扶助后主继业。可惜您却出师征战病死军中，常使古今英雄感慨泪湿衣襟。

主旨：此诗借游览古迹，表达了诗人对蜀汉丞相诸葛亮雄才大略、辅佐两朝、忠心报国的称颂以及对他出师未捷而身死的惋惜之情。诗中既有尊蜀正统的观念，又有才困时艰的感慨，字里行间寄寓感物思人的情怀。

分析2：

（1）本诗首句第二字"相"是仄声，第七字"寻"是平声，仄起平收式；

（2）首句入韵，第一、二、四、六、八句押"十二侵"韵；

（3）颔联"映阶碧草自春色，隔叶黄鹂空好音"和颈联"三顾频烦天下计，两朝开济老臣心"都对仗。

3. 老师习作（宋贻珍）

贺北中未来湖诗社成立

弄水新荷尚滴珠，赓歌已漫未来湖。

冲襟禊事开生面，纵目云程有远图。

桃李蹊旁千态迥，鹭鸥盟里一尘无。

鸿庠诗帜应时举，更识明朝气象殊。

4. 老师习作

遣怀

半朽吾躯偶举觞，三盅清酒小侯王。

昔年心比杜工部，近岁笔摹元子昂。

诗墨年轮不共厚，发须暮气却同苍。

万般情趣随风去，叶绿花红任短长。

(三) 平起平收式

1. 平仄格式

平平仄仄仄平平（韵）；仄仄平平仄仄平（韵）

仄仄平平平仄仄；平平仄仄仄平平（韵）

平平仄仄平平仄；仄仄平平仄仄平（韵）

仄仄平平平仄仄；平平仄仄仄平平（韵）

2. 典型例诗

咏怀古迹之三（唐代·杜甫）

群山万壑赴荆门，生长明妃尚有村。

一去紫台连朔漠，独留青冢向黄昏。

画图省识春风面，环珮空归夜月魂。

千载琵琶作胡语，分明怨恨曲中论。

分析1：译文和主旨

译文：穿过千山万壑一直奔向荆门，这是美丽的昭君生长的村庄。她离开汉宫踏入渺远的荒漠，如今只留下青冢空向凄凉的黄昏。糊涂的君王依据画像辨美丑，昭君的灵魂只能在月夜中归来。千百年来琵琶声回荡在空中，分明是那昭君无穷的怨恨和诉说。

主旨：此诗写诗人想到昭君生于名邦，殁于塞外，去国之怨，难以言表，于是借咏昭君村、怀念王昭君来抒写自己的怀抱。

分析2：

（1）本诗首句第二字"山"是平声，第七字"门"是平声，平起平收式；

（2）首句入韵，第一、二、四、六、八句押"十三元"韵；

（3）颔联"一去紫台连朔漠，独留青冢向黄昏"和"画图省识春风面，环珮空归夜月魂"都对仗。

3. 老师习作（毛忠林）

贺北中未来湖诗社成立

十年浪迹独孤情，载酒高歌踽踽行。

钓水常期周圣至，登山屡叹鹧鸪鸣。

湖亭乍见新荷角，庠序重闻雅韵声。

自此诗心不寂寞，斜风细雨漫耕耘。

4. 老师习作

成立诗社有感

人生五十再逢春,逐月追云日日吟。
谢客读书衔妙句,求师问友悟佳音。
无边风景千般觅,不朽文章百度寻。
浩浩北中多雅士,未来湖畔尽诗心。

(四) 平起仄收式

1. 平仄格式

平平仄仄平平仄;仄仄平平仄仄平(韵)
仄仄平平平仄仄;平平仄仄仄平平(韵)
平平仄仄平平仄;仄仄平平仄仄平(韵)
仄仄平平平仄仄;平平仄仄仄平平(韵)

2. 典型例诗

酬乐天扬州初逢席上见赠(唐代·刘禹锡)

巴山楚水凄凉地,二十三年弃置身。
怀旧空吟闻笛赋,到乡翻似烂柯人。
沉舟侧畔千帆过,病树前头万木春。
今日听君歌一曲,暂凭杯酒长精神。

分析1:译文和主旨

译文:在巴山楚水这些凄凉的地方,度过了二十三年沦落的时光。怀念故友徒然吟诵闻笛小赋,久谪归来感到已非旧时光阴。沉船的旁边正有千艘船驶过,病树的前头却也是万木争春。今天听了你为我吟诵的诗篇,暂且借这一杯美酒振奋精神。

主旨:此诗显示了自己对世事变迁和仕宦升沉的豁达襟怀,表现了诗人的坚定信念和乐观精神,同时又隐含哲理,表明新事物必将取代旧事物。

分析2:

(1) 本诗首句第二字"山"是平声,第七字"地"是仄声,平起仄收式;

(2) 首句不入韵,第二、四、六、八句押"十一真"韵;

(3) 颔联"怀旧空吟闻笛赋,到乡翻似烂柯人"和颈联"沉舟侧畔千帆过,病树前头万木春"各自对仗。

3. 老师习作(吴化勇)

"书堂诗社迎春联欢晚会"感怀

书堂有酒迎春至,嘉客登楼淑气和。

     舞袖伴花兼映雪，管弦绕耳自成歌。
     无才何幸逢三友，有意真惭恋一柯。
     良会今朝谁是客，独将别思寄烟波。

4. 老师习作

五十岁生日感怀

     匆匆岁月已天命，摇铎卅年渐老身。
     往日常悲铜板少，今朝反觉腹书贫。
     拂琴弄墨亲风雅，啜酒烹茶养气神。
     莫道桑榆时已晚，再行千里盼长春。

三、七言律诗的写作步骤

（一）看清题目，收集素材；

（二）分析素材，七言整合；

（三）分联归类，起承转合；

（四）颔颈对仗，平水押韵；

（五）平仄相谐，炼字炼意。

第十六课：七言律诗的写作（二）
——第一次七律作业讲评

一、作业

1. 诗题：高中生活写真

2. 诗格：任选

3. 例诗：高中生活写真

     天天晨读闻鸡起，日日忙完猫是邻。
     游戏机前难觅影，篮球架下莫寻身。
     一年拼搏腰围细，四季操劳气色贫。
     割粥囊萤心不悔，敢抛热血写青春。

4. 诗韵：任选

二、总评

本次是学生的第一首七律,共收到 30 余首习作,总体还不错。大部分同学都能按某一格式写作,也能按平水韵选韵字。颔联和颈联对仗也不错,有些还非常工稳。内容上也合乎要求,都能围绕《高中生活写真》这个题目选材、谋篇布局,大都能写出既紧张辛苦又丰富多彩的高中生活,也有写北中的草木和校园文化的。在格律问题上,出律、出韵现象已较少了。

三、个案分析

(一)高中生活写真
(玩三国杀)

残月风寒吹我影,三人宿舍聚墙隅。
黑云忽起青龙舞,寒气乍来武圣诛。
杀敌有声天地裂,守城无将草粮枯。
局终梦醒无人语,惟怕有谁告老吴。

(注:老吴,乃该生班主任)

点评:

1. 平仄:第一句第二字"月"、第七字"影",都是仄音,属仄起仄收式。

2. 押韵:第二句最后一字"隅",七虞韵;第四句"诛",七虞韵;第六句"枯",七虞韵;第八句"吴",七虞韵。本诗押韵。

3. 对仗:颔联"黑云忽起青龙舞,寒气乍来武圣诛",对仗;颈联"杀敌有声天地裂,守城无将草粮枯",也对仗。

4. 内容:本诗首联交代了事情的时间、地点、人物等;颔联和颈联描述了打"三国杀"情景;尾联写打牌后的结果和担心。各联紧扣题目,不错。

5. 手法:(1)虚实相生;(2)渲染(残月风寒)。

6. 重复用字:寒、无、人、有。

附:修改稿

高中生活写真

残月寒风吹我影,三雄宿舍聚墙隅。
黑云忽起青龙舞,紫气徐来武圣诛。
杀敌有声天地裂,守城缺将草粮枯。
局终梦醒无人语,惟怕鳜生告老吴。

(二) 高中生活写真 (北中草木)

百亩校园无寂寞，几多草木尽姿妍。
大榕郁郁终年绿，细竹葱葱四季鲜。
茉莉散香颜雪白，木棉耀眼色脂胭。
黄蜂紫蝶翩翩舞，恰似文豪百草园。

点评：

1. 平仄：第一句第二字"亩"、第七字"寞"，都是仄音，属仄起仄收式；此诗平仄方面没问题，很好。

2. 押韵：第二句最后一字"妍"，一先韵；第四句"鲜"，一先韵；第六句"胭"，一先韵；第八句"园"，十三元韵。本诗出韵。

3. 对仗：颔联"大榕郁郁终年绿，细竹葱葱四季鲜"，对仗；颈联"茉莉散香颜雪白，木棉耀眼色脂胭"，也对仗，但不够工。

4. 内容：本诗首联总写校园草木特色；颔联和颈联描述北中各种草木特点；尾联又总写，说北中像是鲁迅笔下的百草园。紧扣题目，不错。

5. 手法：（1）拟人（无寂寞；黄蜂紫蝶翩翩舞）；（2）直接描写（大榕郁郁）；（3）用典（文豪百草园）；（4）叠词（郁郁、葱葱、翩翩）。

6. 重复用字：木，百，草，园。

附：修改稿

高中生活写真

偌大校园无寂寞，几多草树尽姿妍。
大榕郁郁终年绿，细竹葱葱四季鲜。
茉莉散香颜雪白，木棉耀眼色脂胭。
黄蜂紫蝶翩翩舞，恰似题名中榜贤。

(三) 高中生活写真 (校道见闻)

寒风渐渐难出门，早起读书志在晨。
秋草边黄霜已降，枯荷叶褶雨沾身。
长檐顶上排排雀，高筑阳台粒粒人。
不知何时入教室，聚神飞墨笔传神。

点评：

1. 平仄：第一句第二字"风"平声，第七字"门"平声，属平起平收式；第一句"出"字处应平，第七句"知"字处应仄。

2. 押韵：本诗格应押五韵，第一句最后一"门"字，是十三元韵；第二句最后一字"晨"，十一真韵；第四句最后一字"身"，十一真韵；第六句最后一字"人",十一真韵;第八句最后一字"神",十一真韵。首句出韵。另,第八句出现两个"神",且有一个是韵脚,不妥。

3. 对仗:颔联"秋草边黄霜已降,枯荷叶褶雨沾身",对仗不工;颈联"长檐顶上排排雀,高筑阳台粒粒人",对仗。

4. 内容:本诗首联第二句似与"校道见闻"无关;中间两联紧扣"校道见闻"来写,不错;最后一联有些偏题。

5. 手法:(1)直接描写(长檐顶上排排雀);(2)叠词(渐渐、排排、粒粒)。

6. 重复用字:渐、神。

附:修改稿

高中生活写真

寒风一过手难伸,早读秋湖恰在晨。
阔叶边黄霜已降,枯荷脉褶雨无亲。
长檐顶上排排雀,高筑阳台粒粒身。
功课门门都急迫,人人脚步去来频。

(四)高中生活写真(写作业)

月晦云阑夜满星,床头宿舍火仍明。
惊闻四下无人醒,乃悟千艰只己清。
题海孤舟险滩浮,书山小径窄堪行。
早知向学辛勤早,何必三更苦念经。

点评:

1. 平仄:第一句第二字"晦",仄声;第七字"星",平声,属仄起平收式;第五句"滩"字处应仄,"浮"字处应仄。

2. 押韵:本诗格应押五韵,第一句最后一字"星",九青韵,第二句最后一字"明",八庚韵;第四句最后一字"清",八庚韵;第六句最后一字"行",八庚韵;第八句最后一字"经",九青韵。本诗出韵。

3. 对仗:颔联"惊闻四下无人醒,乃悟千艰只己清",对仗,但不够工;颈联"题海孤舟险滩浮,书山小径窄堪行",词语结构对得上,但平仄不对。

4. 内容:本诗首联说写作业写到很晚;颔联写自己比他人付出了更多艰辛;颈联写做作业时的种种困难;尾联写感悟,是说应该把功夫下到平时。很扣题。

5. 手法:(1)直接描写(床头宿舍火仍明);(2)比喻(题海孤舟险滩浮)。

6. 重复用字:早。

附：修改稿

高中生活写真

月晦云阑夜展旌，床头灯火夜通明。
才闻四下无人醒，乃悟千般只己清。
题海孤舟难避险，书山小径不堪行。
早知向学辛勤苦，不敢懒床过五更。

（五）高中生活写真

三月风和看北中，风光不与异庠同。
未来湖畔诗心在，志锐凉亭诵读风。
头戴晨星师者早，身披高月少年雄。
薪火相传今破釜，名冠粤北势如虹。

点评：

1. 平仄：第一句第二字"月"，仄声；第七字"中"，平声，属仄起平收式；第七句"火"字处应平，"破"字处应平；第八句"北"字处应平，"如"字处应仄。

2. 押韵：本诗格应押五韵，第一句最后一字"中"是一东韵；第二句最后一字"同"，一东韵；第四句最后一字"风"，一东韵；第六句最后一字"雄"，一东韵；第八句最后一字"虹"，一东韵。本诗押韵。

3. 对仗：颔联"未来湖畔诗心在，志锐凉亭诵读风"，对仗，但不够工；颈联"头戴晨星师者早，身披高月少年雄"，对仗。

4. 内容：本诗首联将北中和其他学校比；颔联写北中的两个景点；颈联写师生的敬业好学精神；尾联写北中的名气。很扣题。

5. 手法：（1）直接描写（头戴晨星）；（2）比喻（势如虹）；（3）用典（今破釜）。

6. 重复用字：风、月、北。

附：修改稿

高中生活写真

三月风和看北中，风光不与异时同。
未来湖畔诗词劲，志锐凉亭左右通。
头戴晨星师者早，身披高月少年雄。
新修书院悄然立，薪火相传九秩功。

（六）高中生活写真
（校园文化）

北中混似少年宫，文化校园书外通。

黑白围棋谁是冠，模联现场我称雄。

强身可习跆拳道，美体来旋拉丁风。

死学难成强国栋，文武兼修脑更聪。

（注："模联"，指模拟联合国大会活动）

点评：

1. 平仄：第一句第二字"中"，平声；第七字"宫"，平声，属平起平收式；第四句"场"字处应仄；第六句"丁"字处应仄；第八句"武"字处应平，"修"字处应仄。

2. 押韵：本诗格应押五韵，第一句最后一字"宫"，一东韵；第二句最后一字"通"，一东韵；第四句最后一字"雄"，一东韵；第六句最后一字"风"，一东韵；第八句最后一字"聪"，一东韵。本诗押韵。

3. 对仗：颔联"黑白围棋谁是冠，模联现场我称雄"，对仗；颈联"强身可习跆拳道，美体来旋拉丁风"，也对仗。

4. 内容：本诗首联点明是写北中的校园文化；颔联、颈联写北中的几种具体的校园文化项目；尾联写开展校园文化的好处。很扣题。

5. 手法：（1）比喻（强国栋）；（2）议论（死学难成强国栋）。

6. 重复用字：强、文

附：修改稿

高中生活写真

北中浑似少年宫，文化校园书外通。

黑白围棋谁是冠，模联大会我称雄。

健身可习跆拳道，塑体来旋拉美风。

死学难成强国栋，兼修文武脑才聪。

（七）高中生活写真

（家长会）

朝起狂风吹脸寒；午生暴雨难晴天。

慈娘眉上三分怨；严父手中三尺鞭。

好友人人面生恨；良朋个个心内煎。

龙门榜下千般愿；他日拜师龙门前。

点评：

1. 平仄：第一句第二字"起"，仄声；第七字"寒"，平声，属仄起平收式；第五句"生"字处应仄；第六句"内"字处应平；第八句"门"字处应仄。

2. 押韵：本诗格应押五韵，第一句最后一字"寒"是十四寒韵；第二句最后一字"天",一先韵;第四句最后一字"鞭",一先韵;第六句最后一字"煎",一先韵;第八句最后一字"前",一先韵。本诗首句是邻韵,这是允许的,所以本诗押韵。

3. 对仗:颔联"慈娘眉上三分怨;严父手中三尺鞭",对仗,稍有不工;颈联"好友人人面生恨;良朋个个心内煎",也对仗,不过上下联有合掌之嫌。

4. 内容:本诗首联渲染家长会之前的不寻常气氛;颔联写父母家长会时的表现;颈联写家长会时同学们的心情;尾联写自己的心愿。还是很扣题的。

5. 手法:(1)寓情于景(朝起狂风吹脸寒;午生暴雨难晴天);(2)用典(龙门)。

6. 重复用字:三、生、龙、门

附:修改稿

高中生活写真

朝起狂风吹脸寒;午生暴雨难晴天。
慈娘眉上七分怨;严父手中三尺鞭。
好友人人面带怨;良朋个个心藏煎。
风云榜下千般愿;他日龙门笑扣舷。

(八) 高中生活写真

上周段考不如意;父母归来伤透心。
暴雨途中难觅路;寒风楼上眼皮沉。
春秋三载转飞逝;高考百日已渐临。
今夜卧薪尝苦胆;明朝金榜我听琴。

点评:

1. 平仄:第一句第二字"周",平声;第七字"意",仄声,属平起仄收式;第六句"日"字处应平。

2. 押韵:本诗格应押四韵,第二句最后一字"心",十二侵韵;第四句最后一字"沉",十二侵韵;第六句最后一字"临",十二侵韵;第八句最后一字"琴",十二侵韵。本诗押韵。

3. 对仗:颔联"暴雨途中难觅路;寒风楼上眼皮沉",对仗不工;颈联"春秋三载转飞逝;高考百日已渐临",对仗。

4. 内容:本诗首联写考试对父母的影响;颔联写自己考后的心情;颈联写时间的飞快;尾联写自己的决心和心愿。四联都很扣题。

5. 手法:

(1) 寓情于景(暴雨途中难觅路;寒风楼上眼皮沉);

(2) 用典（卧薪尝胆）。

6. 重复用字：上、考

附：修改稿

高中生活写真

上周段考不如意；父母归来伤透心。

暴雨途中难觅路；寒风楼上忌闻音。

春秋三载转飞逝；高考百天已渐临。

今夜卧薪尝苦胆；明朝金榜我听琴。

四、小结

（一）可取之处：

1. 都能围绕《高中生活写真》题目选择素材。

2. 能适当地使用一些写作手法，如比喻、拟人、用典等。

3. 格律方面的问题已不多。

（二）存在问题：

1. 押韵问题：有个别出韵情况，还是"一先""十四寒""十三元"等这些易混韵部。

2. 平仄问题：失粘、失替情况已较少，只是个别作品有问题。

3. 古今音问题：有较大进步。

4. 对仗问题：大部分的对仗还不错，但有些对得不太工。

（三）其他问题

作品中还有大量的孤平问题，但考虑到中学生的认知水平，这些作品暂视为合格。

第十七课：词的写作（选修）

一、词的定义、特征

（一）定义：

词，是一种和音乐配合密切的用以歌唱的抒情诗体。王力先生定义为：词"是一种律化的、长短句的、固定字数的诗"。

（二）特征：

和格律诗相比，词有如下特征：

（1）句子长短不一；

（2）词句的开头往往有领字；

（3）词可以押平声韵，也可以押仄声韵；在用韵方面比格律诗要宽松许多；

（4）词有词牌，每个词牌都有字数、片数、平仄、押韵等方面的具体要求；

（5）词的用韵依据《词林正韵》，它把《佩文韵府》里的发音接近的韵部进行了合并，比如它的第一部包括一东和二冬，第二部包括三江和七阳，第七部包括十三元（半）、十四寒、十五删、一先等，因此非常接近现代汉语的发音。

（6）词中不避重复用字。

二、初学者如何写作词

（一）基本步骤

1. 先选定自己熟悉的一个词牌，然后再选一首自己喜欢和熟悉的词；

2. 分析并明确该词牌片数、每一片的句数及每句的字数；

3. 明确每句最后一个字的韵脚是什么，属于哪个韵部，押的是平声韵还是仄声韵，是中间换韵，还是一韵到底；

4. 明确每句每字的平仄，哪些用平，哪些用仄，哪些可平可仄；尤其要明确每个分句最后一个字的平仄。

对于1—4步，也可以直接查看《常用词谱》一书，里边有50种词谱，每种词谱都对平仄、用韵做了详细规定。

5. 明确每句的内部结构，看有没有对仗的情况。

（二）举例说明

1. 选择苏轼的《水调歌头·明月几时有》一词。

2. 分析：该词牌分上下两片，上片四句，下片四句。

3. 押 an 韵，属《常用词谱》第七部，且是一韵到底。

4. 每句有的三分句，有的二分句，除最后一个分句最后一字是平声外，其他分句最后一字都是仄声。

第1—4步，具体操作如下：

上片：四句

（1）明月几时有？把酒问青天。

第一句：5言、5言；韵 an；分句字：有（仄声），天（平声）

(2) 不知天上宫阙，今夕是何年。

第二句：6言、5言；韵 an；分句字：阙（仄声），年（平声）

(3) 我欲乘风归去，又恐琼楼玉宇，高处不胜寒。

第三句：6言、6言、5言；韵 an；分句字：去（仄声），宇（仄声），寒（平声）

(4) 起舞弄清影，何似在人间。

第四句：5言、5言；韵：an；分句字：影（仄声），间（平声）

下片：四句

(1) 转朱阁，低绮户，照无眠。

第一句：3言、3言、3言；韵 an；分句字：阁（仄声），户（仄声），眠（平声）

(2) 不应有恨，何事长向别时圆？

第二句：4言、7言；韵 an；分句字：恨（仄声），圆（平声）

(3) 人有悲欢离合，月有阴晴圆缺，此事古难全。

第三句：6言、6言、5言；韵 an；分句字：合（仄声），缺（仄声），全（平声）

(4) 但愿人长久，千里共婵娟。

第四句：5言、5言；韵：an；分句字：久（仄声），娟（平声）

5. 该词牌没要求对仗。

6. 建议大家按以上步骤练习一段后，再按正式的词谱填词。

（三）根据题目，依谱填词

熟悉某词牌的词谱后，就可以根据题目依谱填词了。填词过程和绝句律诗的写作过程大同小异。

1. 具体步骤为：

(1) 看清题目，收集素材；

(2) 分析素材，分句整合；

(3) 分片归类，上景下情；

(4) 注意平仄，词林押韵；

(5) 用好领字，炼字炼意。

2. 具体操作

其中，第1、2步和写格律诗差不多，第4步"词林押韵"是指写词时要按《词林正韵》押韵，此处不再详述。主要讲讲第3、5步：

第3步：分片归类，上景下情

和绝句律诗不同，词一般分成上下两阕（片），各自集中表达一个基本意思，但两片又密切关联，这一点和对联颇为相似。《水调歌头》《沁园春》《定风波》等都是这样。因此我们分析整理素材时，就要按某种角度分别归类。一般都哪些角度呢？可以上景下情，上昔下今，上起下续，上问下答。其中以"上景下情（议）"为多，即上片重在写景，下片重在抒情议论。

如毛泽东的《沁园春·雪》：

> 北国风光，千里冰封，万里雪飘。
> 望长城内外，惟余莽莽；大河上下，顿失滔滔。
> 山舞银蛇，原驰蜡象，欲与天公试比高。
> 须晴日，看红装素裹，分外妖娆。
> 江山如此多娇，引无数英雄竞折腰。
> 惜秦皇汉武，略输文采；唐宗宋祖，稍逊风骚。
> 一代天骄，成吉思汗，只识弯弓射大雕。
> 俱往矣，数风流人物，还看今朝。

分析： 该词上片描写北国壮丽的雪景，纵横千万里，展示了大气磅礴、旷达豪迈的意境，抒发了词人对祖国壮丽河山的热爱；下片议论抒情，重点评论历史人物，歌颂当代英雄，抒发无产阶级要做世界的真正主人的豪情壮志。该词是"上景下情"结构的典范。

再如辛弃疾的《鹧鸪天》：

> 壮岁旌旗拥万夫，锦襜突骑渡江初。
> 燕兵夜娖银胡䩮，汉箭朝飞金仆姑。
> 追往事，叹今吾，春风不染白髭须。
> 却将万字平戎策，换得东家种树书。

分析 1：译文

当年我年轻力壮，率领千军万马，旌旗飘飘。战士们穿着锦衣，骑着快马，杀进敌营，活捉叛徒，南渡淮水。敌人听到我们起义军都闻风丧胆，夜晚也都做好战斗准备。清晨，起义军便万箭齐发，向敌人发起了进攻。追忆这段往事，令人伤感，如今也只剩叹息了，春风能让枯草返青，却不能让白胡须变黑。我曾献上平定金人的方略，洋洋洒洒的万字书，最后也只能归耕田园。

分析 2：

上片写昔日的战斗经历，下片写如今的归耕田园。前后对比，表现了辛弃疾对抗金事业的追求以及对现实的极度愤懑。此词是典型的"上昔下今"结构。

第5步：用好领字，炼字炼意。

A. 关于领字的几个问题：

①定义：何谓领字？就是在词句的开头，有一个或两个、三个在语气上起停顿作用、但又不点断句子的字。

②作用：领字在词中很重要，不管是创作还是朗读，如果处理得好，往往起到高屋建瓴、势如破竹的作用；在声律上，也给人一种铿锵有力、抑扬顿挫的美感。

③特点：领字有用平声字的，但大多数情况下使用仄声，尤其是去声字。领字有一字领、二字领和三字领。领字可以领一句，也可以领两句或三句，这一点创作时也要注意。

④常见的领字。

单字：任、看、总、但、须、凭、况、更、应、望、叹、算、正等；

双字：莫是、那堪、休说、谁料、遥想、试问、漫道、无端、只今等；

三字：怎奈何、终不似、不如向、更能消、更那堪、便纵有、算而今等。

B. 炼字炼意：这一点和绝句、律诗的写作差不多，不再详述。只是举词为例，供大家欣赏学习。如《天仙子》（宋代·张先）

水调数声持酒听，午醉醒来愁未醒。送春春去几时回？临晚镜，伤流景，往事后期空记省。沙上并禽池上暝，云破月来花弄影。重重帘幕密遮灯，风不定，人初静，明日落红应满径。

赏析：这首词之所以出名，主要是靠"沙上并禽池上暝，云破月来花弄影"这两句，它的意思也不复杂，是说鸳鸯于黄昏后在池边并眠，花枝在月光下舞弄自己的倩影。但其中的"破"和"弄"两个字却成了炼字炼意的典范。请大家看一下专家的分析：

王国维在《人间词话》说："'红杏枝头春意闹'，着一'闹'字而境界全出；'云破月来花弄影'着一'弄'字而境界全出矣"。沈祖棻说："其好处在于'破''弄'二字，下得极其生动细致。天上，云在流；地下，花影在动；都暗示有风，为以下'遮灯''满径'埋下伏线。"拈出"破""弄"两字而不只谈一"弄"字，确有过人之处，然还要注意到一句诗或词中的某一个字与整个意境的联系。张先的这句词，没有上面的"云破月来"（特别是"破"与"来"这两个动词），这个"弄"字就肯定不这么突出了。"弄"之主语为"花"，宾语为"影"，特别是那个"影"字，也是不容任意更改的。

三、作品举例

(一) 网红作品

《沁园春·霾》

北京风光，千里朦胧，万里尘飘。望三环内外，浓雾莽莽；鸟巢上下，阴霾滔滔！车舞长蛇，烟锁跑道，欲上六环把车飙。须晴日，将车身内外，尽心洗扫。

空气如此糟糕，引无数美女戴口罩。惜一罩掩面，白化妆了！唯露双眼，难判风骚。一代天骄，央视裤衩，只见后座不见腰。尘入肺，有不要命者，还做早操。

(注：有些字平仄不对)

(二) 老师作品

1. 《沁园春·春风》（宋贻珍）

淑气调弦，青阳校谱，漫拨溪琴。把秋冬幽怨，皆融沃壤，古今块垒，俱化甘霖。催柳描眉，唤桃开靥，携燕吟来情已深。微波动，恰蔷薇滴露，丹桂流金。

年年怕误芳心。恐昔日鸥盟无处寻。纵笙歌夜夜，难思丽句，离怀耿耿，怎诉兰襟。扫径停云，支窗接月，挽住罗裳邀且斟。销魂处，令庭前松竹，且莫高音。

2. 《鹧鸪天·迎春》（林建）

又与梅花岭上逢，箫声遥送陇头风。
长城夜雪归边马，古塞寒沙慕远鸿。
从漠北，到江东，春回顾我正雍容。
明朝仗剑天涯去，碧血腾空自化龙。

3. 《临江仙》（吴延伟）

年末风光何处醉，携家海岛迎新。
融融腊九似阳春。
细沙落玉足，银浪洗心尘。
波送白帆深处去，尽消岁月愁云。
忽明苏子贬无辜。
浮生难顺意，天意慰骚人。

(三) 学生作品

1. 《水调歌头·苏武》（原稿）

> 塞上羌笛响，苍茫夜风吹。
> 宁可牧羊海上，不做匈奴鬼。
> 为国出使北去，身陷谋反风雨，试问几十回？
> 若如胡人语，壮士不得归。
> 饥餐雪，心未灭，志不亏。
> 威逼利诱，誓死不屈汉脊椎。
> 可笑卫律李凌，不识子卿风魄，双膝匈奴跪。
> 胡人皆胆碎，拱服汉德威。

分析：这是学生的第一首词作，是按较低要求写作的。初读，感觉格律上大体说得过去；内容也不错，还是较好地塑造了威武不屈的苏武形象。

格律上较大的问题是：

（1）用韵：《水调歌头》押的都是平水韵，且一韵到底，而此词却出现了"鬼""跪"等两个仄声韵。

（2）平仄：句中的平仄问题较多，可能是只注意句子结尾的平仄了。

修改稿为：

> 塞上羌笛响，连日劲风吹。
> 只身持节海上，不向狄人卑。
> 为国负重北去，身陷匈奴风雨，试问几时回？
> 若如胡人语，壮士定难归。
> 饥餐雪，心未灭，志不亏。
> 逼降利诱，誓死不屈汉腰椎。
> 可笑李凌卫律，不识子卿风魄，肝胆早灰飞。
> 可汗心生敬，拱服汉人威。

2.《定风波·高考》（原稿）

权将高考当令旗，悬梁刺股费心机。利禄功名成粪土，何苦？欲以闲情寄东篱。

面壁十年名难树，无趣，枝条欲止风不息。考场人人思高中，心痛，独木桥下湍流急。

分析：

（1）押韵：此调用韵比较复杂，前段五句三平韵、两仄韵，后段六句四仄韵、两平韵。前段第三、四句，后段第一、二句，第四、五句又间入仄韵。

该词用错了两个韵，即"枝条欲止风不息"的"息"字，此字属古仄今平字，此处应平；"独木桥下湍流急"的"急"字，此字也属古仄今平字，此处应平。出现这种错误,应该还是没有掌握古今音的问题。

(2) 平仄:平仄出现以下问题:

第4字"考"应平;第25字"以"应平;第27字"情"应仄;第44字"风"应仄;第48字"场"应仄;第52字"高"应仄;第57字"木"应平;第60字"湍"应仄。

(3) 内容:此词围绕高考问题展开,上片着重写人们为了高考而费尽心思,下片则否定了由高考而来的不正确的价值观。扣题。修改稿为:

高考权将当令旗,悬梁刺股费心机。利禄功名成粪土,何苦?欲拿闲逸寄东篱。

面壁十年名难树,无趣,枝条欲止竟不依。高考人人思必中,心痛,一桥独木考生凄。

3. 下面几首是经老师修改后的学生作品:

(1)《忆王孙》

丝丝飞絮落平湖,点点青荷将璧铺。乳鸭摇摇绕水呱。似流苏,风摆枝条当镜梳。

(2)《忆江南》

中州好,四季最分明。春出仙桃蝉夏听,秋开金菊雪冬生。何日是归程?

(3)《捣练子》

临暮静,满城空,窗外车轮断续喻。无奈归心奔四处,又辜榕冠大灯笼。

(4)《十六字令》

梅,瑞雪催生诸艳魁。三九夜,怒绽候春雷。

(5)《如梦令》

沉醉梅关古路,寻艳不知险路。越壑凭香浓,不负疏枝蕊怒。争睹,争睹,山坳那边红雾。

(6)《采桑子》

莫言阴尽无飞雪,杨也银枝,柳也银枝,墙外松梢欲折垂。

休提是夜长如岁,饭也无思,茶也无思,窗下红梅开给谁?

第二部分 知识与方法

历代格律文学之名片

所谓"格律文学",指在句式、声韵等方面有严格规定的文学样式,是在漫长的文学发展过程中逐渐形成并完善的,是我们华夏文化特有的文学现象。常见的形式有赋、诗、词、曲、对联等,除了"曲"出现得较晚以外,赋、诗、词、对联的出现都很早,至少都有上千年的并行史。不过,它们的发展并不同速,各自都有自己"火"的时代,常说的"唐诗宋词元曲"就是此意。本文就着重介绍一下历代最耀眼的格律文学样式,也就是历代的格律文学名片。

一、汉代名片:赋
(一)概述

汉赋,是在汉朝出现的一种有韵的散文。它的特点是散韵结合,专事铺叙。汉赋的主要内容包括:一是渲染宫殿城市;二是描写帝王游猎。赋是汉代最流行的文体,在两汉的四百年间,一般文人多致力于这种文体的写作,因而盛极一时,后世往往把它看作汉代文学的代表。

(二)代表作家及作品

贾谊:《吊屈原赋》《鵩鸟赋》;枚乘:《七发》

司马相如:《子虚赋》《上林赋》《长门赋》

扬雄:《甘泉赋》《长杨赋》;班固:《两都赋》

张衡:《二京赋》《归田赋》;左思:《三都赋》

(三)代表作举例:张衡《归田赋》(片段)

游都邑以永久,无明略以佐时。徒临川以羡鱼,俟河清乎未期。感蔡子之慷慨，从唐生以决疑。谅天道之微昧，追渔父以同嬉。超埃尘以遐逝，与世事乎长辞。

于是仲春令月，时和气清；原隰郁茂，百草滋荣。王雎鼓翼，仓庚哀鸣；交颈颉颃，关关嘤嘤。于焉逍遥，聊以娱情。

二、唐代名片：诗

（一）概述

有唐一代，文化极其繁荣，而诗歌更是发展到了顶峰，是中华诗歌史上高度成熟的黄金时代。唐朝时期，产生了五万多首诗作，其中有姓名留世的诗人就有2300多位，属世界级的大诗人就有李白、杜甫、白居易、王维、李商隐、杜牧等。

（二）唐诗的形式

唐诗有两大类六种基本形式及代表作：

第一类：古体诗，也叫古风。每篇句数不限，每句字数不限，可押韵也可不押韵，句与句间没有平仄对应要求，也没有对仗要求。

主要有两种：

1. 五言古体诗，如张九龄的《感遇（其一）》

　　　　兰叶春葳蕤，桂华秋皎洁。
　　　　欣欣此生意，自尔为佳节。
　　　　谁知林栖者，闻风坐相悦。
　　　　草木有本心，何求美人折。

著名的五言古体诗还有李白的《月下独酌》，杜甫的《望岳》《赠卫八处士》等。

2. 七言古体诗，如岑参的《白雪歌送武判官归京》

　　　　北风卷地白草折，胡天八月即飞雪。
　　　　忽如一夜春风来，千树万树梨花开。
　　　　散入珠帘湿罗幕，狐裘不暖锦衾薄。
　　　　将军角弓不得控，都护铁衣冷难着。
　　　　瀚海阑干百丈冰，愁云惨淡万里凝。
　　　　中军置酒饮归客，胡琴琵琶与羌笛。
　　　　纷纷暮雪下辕门，风掣红旗冻不翻。
　　　　轮台东门送君去，去时雪满天山路。
　　　　山回路转不见君，雪上空留马行处。

著名的七言古体诗还有李白的《梦游天姥吟留别》《宣州谢朓楼饯别校书叔云》，白居易的《长恨歌》《琵琶行》等。

第二类：近体诗，又叫今体诗，讲求严格的格律。近体诗有四项基本要求：一是句数、字数有规定；二是按规定的韵部押韵；三是上句和下句各字之间要求平仄相对和相粘；四是规定某些句子之间结构用词要对仗。

主要有四种：

1. 五言绝句，如王之涣的《登鹳雀楼》

    白日依山尽，黄河入海流。
    欲穷千里目，更上一层楼。

著名的五言绝句还有王维的《送别》，元稹的《行宫》，李商隐的《登乐游原》等。

2. 七言绝句，如王维的《九月九日忆山东兄弟》

    独在异乡为异客，每逢佳节倍思亲。
    遥知兄弟登高处，遍插茱萸少一人。

著名的七言绝句还有贺知章的《回乡偶书》，王翰的《凉州曲》，王昌龄的《芙蓉楼送辛渐》，张继的《枫桥夜泊》等。

3. 五言律诗，如王勃的《送杜少府之任蜀州》

    城阙辅三秦，风烟望五津。
    与君离别意，同是宦游人。
    海内存知己，天涯若比邻。
    无为在歧路，儿女共沾巾。

著名的五言律诗还有杜甫的《春望》《月夜》，王维的《山居秋暝》，孟浩然的《过故人庄》等。

4. 七言律诗，如杜甫的《登高》

    风急天高猿啸哀，渚清沙白鸟飞回。
    无边落木萧萧下，不尽长江滚滚来。
    万里悲秋常作客，百年多病独登台。
    艰难苦恨繁霜鬓，潦倒新停浊酒杯。

著名的七言律诗还有崔颢的《黄鹤楼》，王维的《积雨辋川庄作》，李白的《登金陵凤凰台》，李商隐的《锦瑟》等。

（三）唐代诗人的雅号

诗骨——陈子昂；诗杰——王勃； 诗狂——贺知章；

诗仙——李白； 诗圣——杜甫； 诗豪——刘禹锡；

诗佛——王维；　　诗魔——白居易；诗鬼——李贺；

诗雄——岑参；　　诗家夫子、七绝圣手——王昌龄；

七律圣手——李商隐；　　小李杜——李商隐、杜牧

三、宋代名片：词

(一) 概述

词是宋代盛行的一种文学体裁，是宋代文学的最高成就，与唐诗齐名。宋词句子有长有短，便于歌唱，又称曲子词、长短句、诗余、琴趣等，《全宋词》共收录1330多家将近两万首词作。词主要分为豪放和婉约两派，著名词人有李煜、柳永、欧阳修、苏轼、辛弃疾、李清照、周邦彦等。

(二) 词的流派

1. 婉约派（含花间派）

婉约派是词之正宗，内容侧重儿女风情，结构深细缜密，重视音律谐婉，语言圆润，清新绮丽，具有一种阴柔之美。李煜、柳永、周邦彦、李清照、秦观是该派的大家。

作品举例：

(1) 李煜的《破阵子》

四十年来家国，三千里地山河。凤阁龙楼连霄汉，玉树琼枝作烟萝，几曾识干戈？

一旦归为臣虏，沈腰潘鬓消磨。最是仓皇辞庙日，教坊犹奏别离歌，垂泪对宫娥。

(2) 柳永的《雨霖铃》

寒蝉凄切，对长亭晚，骤雨初歇。都门帐饮无绪，留恋处，兰舟催发。执手相看泪眼，竟无语凝噎。念去去，千里烟波，暮霭沉沉楚天阔。

多情自古伤离别，更那堪，冷落清秋节！今宵酒醒何处？杨柳岸，晓风残月。此去经年，应是良辰好景虚设。便纵有千种风情，更与何人说？

(3) 李清照的《声声慢》

寻寻觅觅，冷冷清清，凄凄惨惨戚戚。乍暖还寒时候，最难将息。三杯两盏淡酒，怎敌他晚来风急！雁过也，正伤心，却是旧时相识。

满地黄花堆积，憔悴损，如今有谁堪摘？守着窗儿独自，怎生得黑！梧桐更兼细雨，到黄昏点点滴滴。这次第，怎一个愁字了得！

2. 豪放派

豪放派创作视野较为广阔，前期气象恢宏雄放，不拘守音律；南渡以后，

多悲壮慷慨高亢之调。苏轼、辛弃疾、陈亮、陆游、张孝祥、张元幹是该派大家。

作品举例：

(1) 苏轼的《水调歌头·明月几时有》

丙辰中秋，欢饮达旦，大醉，作此篇，兼怀子由。

明月几时有？把酒问青天。不知天上宫阙，今夕是何年。我欲乘风归去，又恐琼楼玉宇，高处不胜寒。起舞弄清影，何似在人间。

转朱阁，低绮户，照无眠。不应有恨，何事长向别时圆？人有悲欢离合，月有阴晴圆缺，此事古难全。但愿人长久，千里共婵娟。

(2) 辛弃疾的《永遇乐·京口北固亭怀古》

千古江山，英雄无觅孙仲谋处。舞榭歌台，风流总被雨打风吹去。斜阳草树，寻常巷陌，人道寄奴曾住。想当年，金戈铁马，气吞万里如虎。

元嘉草草，封狼居胥，赢得仓皇北顾。四十三年，望中犹记，烽火扬州路。可堪回首，佛狸祠下，一片神鸦社鼓。凭谁问：廉颇老矣，尚能饭否？

(三) 词牌的分类

常用的词牌约100个，如《水调歌头》《念奴娇》《如梦令》等。可以从不同的角度分类：

1. 按结构分片或阕，不分片的为单调，分二片的为双调，分三片的称三叠。如苏轼的《定风波》

上片：莫听穿林打叶声，何妨吟啸且徐行。竹杖芒鞋轻胜马，谁怕？一蓑烟雨任平生。

下片：料峭春风吹酒醒，微冷，山头斜照却相迎。回首向来萧瑟处，归去，也无风雨也无晴。

此词分为上下两片，属双调。宋词中以双调词居多。

2. 按音乐又有令、引、近、慢之别，"令"最短，如《十六字令》《如梦令》等；"引"和"近"一般比较长，如《阳关引》《诉衷情近》等；而"慢"最长，如《声声慢》《木兰花慢》等。

(1) "令"词如李清照的《如梦令》

常记溪亭日暮，沉醉不知归路。兴尽晚回舟，误入藕花深处。争渡，争渡，惊起一滩鸥鹭。

(2) "近"词如柳永的《诉衷情近》

雨晴气爽，伫立江楼望处。澄明远水生光，重叠暮山耸翠。遥认断桥幽径，隐隐渔村，向晚孤烟起。

残阳里。脉脉朱阑静倚。黯然情绪,未饮先如醉。愁无际。暮云过了,秋光老尽,故人千里。竟日空凝睇。

(3) "慢"词如柳永的《望海潮》

东南形胜,三吴都会,钱塘自古繁华。烟柳画桥,风帘翠幕,参差十万人家。云树绕堤沙,怒涛卷霜雪,天堑无涯。市列珠玑,户盈罗绮,竞豪奢。

重湖叠巘清嘉,有三秋桂子,十里荷花。羌管弄晴,菱歌泛夜,嬉嬉钓叟莲娃。千骑拥高牙,乘醉听箫鼓,吟赏烟霞。异日图将好景,归去凤池夸。

3. 依其字数的多少,又有小令、中调、长调之分。58字以内为小令,59~90字为中调,90字以外为长调。

(1) "小令"如李煜的《相见欢》,36字。

无言独上西楼,月如钩。寂寞梧桐,深院锁清秋。

剪不断,理还乱,是离愁,别是一般滋味在心头。

(2) "中调"如柳永的《蝶恋花》,60字。

伫倚危楼风细细,望极春愁,黯黯生天际。草色烟光残照里,无言谁会凭阑意。

拟把疏狂图一醉,对酒当歌,强乐还无味。衣带渐宽终不悔,为伊消得人憔悴。

(3) "长调"如苏轼的《念奴娇·赤壁怀古》,100字。

大江东去,浪淘尽,千古风流人物。故垒西边,人道是,三国周郎赤壁。乱石穿空,惊涛拍岸,卷起千堆雪。江山如画,一时多少豪杰。

遥想公瑾当年,小乔初嫁了,雄姿英发。羽扇纶巾,谈笑间,樯橹灰飞烟灭。故国神游,多情应笑我,早生华发。人生如梦,一樽还酹江月。

四、元代名片:曲

(一) 概述

元曲,是盛行于元代的一种文艺形式,包括杂剧和散曲。杂剧如关汉卿的《窦娥冤》等;散曲内容以抒情为主,有小令和套数两种。元曲有严密的格律定式,每一曲牌的句式、字数、平仄等都有固定的格式要求,不过与律诗、绝句和宋词相比,还是有较大的灵活性。元曲有关汉卿、马致远、郑光祖、白朴等四大家,有《窦娥冤》(关汉卿)、《梧桐雨》(白朴)、《汉宫秋》(马致远)、《赵氏孤儿》(纪君祥)等四大悲剧,有《拜月亭》(关汉卿)、《西厢记》(王实甫)、《墙头马上》白朴、《倩女离魂》(郑光祖)等四大爱情剧。

(二) 元曲名作举例

1. 马致远的《天净沙·秋思》

枯藤老树昏鸦,小桥流水人家,古道西风瘦马。夕阳西下,断肠人在天涯。

2. 张养浩的《山坡羊·潼关怀古》

峰峦如聚，波涛如怒，山河表里潼关路。望西都，意踟蹰，伤心秦汉经行处。宫阙万间都做了土。兴，百姓苦。亡，百姓苦。

3. 关汉卿的《感天动地窦娥冤》第三折（节选）

［正宫端正好］没来由犯王法，不提防遭刑宪，叫声屈动地惊天！顷刻间游魂先赴森罗殿，怎不将天地也生埋怨。

［滚绣球］有日月朝暮悬，有鬼神掌着生死权。天地也只合把清浊分辨，可怎生糊涂了盗跖颜渊。为善的受贫穷更命短，造恶的享富贵又寿延。天地也做得个怕硬欺软，却原来也这般顺水推船。地也，你不分好歹何为地？天也，你错勘贤愚枉做天！哎，只落得两泪涟涟。

4. 无名氏的《朝天子·志感》

不读书有权，不识字有钱，不晓事倒有人夸荐。老天只恁忒心偏，贤和愚无分辨。折挫英雄，消磨良善，越聪明越运蹇。志高如鲁连，德过如闵骞，依本分只落的人轻贱。

五、明清及民国名片：对联

（一）概述

有明一代，由于"对联天子"朱元璋的大力提倡，对联得到了一次大力普及。那时候过年，无论公卿还是士庶都要写春联。发展到清代，对联达到鼎盛，且名家辈出，如郑板桥、袁枚、纪晓岚、林则徐、曾国藩、梁启超等；出现了专门的对联集子，如《对联丛话》（梁章钜）、《对联话》（吴恭亨）、《求阙斋联语》（曾国藩）等。对联的发展势头一直延续到民国时期。

（二）对联的分类（按用途）

1. 春联：新年纳余庆；嘉节号长春。（五代·孟昶）

2. 婚联：双飞却似关雎鸟；并蒂常开连理枝。（现代通用联）

3. 寿联：七旬天子古六帝；五代曾孙余一人。（乾隆皇帝自贺七十寿）

4. 挽联：不幸周郎竟短命；早知李靖是英雄。（小凤仙挽蔡锷）

5. 行业联：虽是毫末技艺；却系顶上功夫。（理发店对联）

6. 胜迹联：秋色满东南，自赤壁以来，与客泛舟无此乐；
　　　　　大江流日夜，问青莲而后，举杯邀月更何人。（清代李振钧题安庆大观楼）

7. 居室联：至乐无声唯孝弟；太羹有味是读书。（鲁迅题三味书屋）

8. 题赠联：人在画桥西，冷香飞上诗句；

酒醒明月下，梦魂欲断苍茫。（梁启超赠王力）
9. **人物联**：读万卷书，行万里路；综一代典，成一家言。（清代龚自珍写魏源）
10. **述志联**：有志者事竟成，破釜沉舟，百二秦关终属楚；
    苦心人天不负，卧薪尝胆，三千越甲可吞吴。（清代蒲松龄自勉联）

（三）名家名联举例

1. **顾宪成（明代）**

　　　　风声、雨声、读书声，声声入耳；
　　　　家事、国事、天下事，事事关心。

2. **解缙（明代）**

　　　　墙上芦苇，头重脚轻根底浅；
　　　　山间竹笋，嘴尖皮厚腹中空。

3. **胡居仁（明代）**

　　　　苟有恒，何必三更眠五更起；
　　　　最无益，莫过一日曝十日寒。

4. **蒲松龄（清代）**

　　　　有志者事竟成，破釜沉舟，百二秦关终属楚；
　　　　苦心人天不负，卧薪尝胆，三千越甲可吞吴。

5. **郑板桥（清代）**

　　　　删繁就简三秋树；领异标新二月花。
　　　　搔痒不着赞何益；入木三分骂亦精。

6. **林则徐（清代）**

　　　　海纳百川，有容乃大；壁立千仞，无欲则刚。
　　　　苟利国家生死以；岂因祸福避趋之。

7. **曾国藩（清代）**

　　　　大处着眼，小处着手；群居守口，独居守心。

8. **梁章钜（清代）**

　　　　清风明月本无价；近水遥山皆有情。

9. **曹雪芹（清代）**

　　　　世事洞明皆学问；人情练达即文章。
　　　　假作真时真亦假；无为有处有还无。

10. 孙髯翁（清代）

五百里滇池奔来眼底，披襟岸帻，喜茫茫空阔无边。看：东骧神骏，西翥灵仪，北走蜿蜒，南翔缟素。高人韵士何妨选胜登临。趁蟹屿螺洲，梳裹就风鬟雾鬓；更苹天苇地，点缀些翠羽丹霞，莫辜负：四围香稻，万顷晴沙，九夏芙蓉，三春杨柳。

数千年往事注到心头，把酒凌虚，叹滚滚英雄谁在？想：汉习楼船，唐标铁柱，宋挥玉斧，元跨革囊。伟烈丰功费尽移山心力。尽珠帘画栋，卷不及暮雨朝云；便断碣残碑，都付与苍烟落照。只赢得：几杵疏钟，半江渔火，两行秋雁，一枕清霜。

古诗中的人物形象

诗歌中的人物形象有两种：一种是诗歌中塑造的人物形象（如《观猎》中的将军）；一种是诗歌中的抒情主人公，即诗人自己的形象（如《离骚》中的屈原）。不论是哪一种人物形象，读者都要先了解他的身份，然后根据身份去概括他的特点。本文就是根据人物的身份来归纳古诗中经常出现的人物形象的特点，以便同学们更好地学习、鉴赏古诗词。

一、英雄、将军

（1）唐代卢纶的《塞下曲》

> 林暗草惊风，将军夜引弓。平明寻白羽，没在石棱中。

分析：这首诗赞美的是一位将军，一位能把羽箭射入石头的膂力过人的将军。

（2）唐代西鄙人的《哥舒歌》

> 北斗七星高，哥舒夜带刀。至今窥牧马，不敢过临洮。

分析：这首诗所称颂的英雄是唐玄宗时的一位少数民族将领，曾只拿半截枪大败吐蕃兵。"至今窥牧马，不敢过临洮"是从侧面写将军威力之大，和"但使龙城飞将在，不教胡马度阴山"有异曲同工之妙。

（3）南明夏完淳的《别云间》

> 三年羁旅客，今日又南冠。无限山河泪，谁言天地宽。
> 已知泉路近，欲别故乡难。毅魄归来日，灵旗空际看。

分析：夏完淳虽然只活了 17 岁，但却是个少年英雄。曾随其父夏允彝反清，壮烈殉国。这首诗的主人公就是作者自己，是一位刚毅不屈的爱国志士形象。

（4）唐代温庭筠的《苏武庙》

苏武魂销汉使前，古祠高树两茫然。

云边雁断胡天月，陇上羊归塞草烟。

回日楼台非甲帐，去时冠剑是丁年。

茂陵不见封侯印，空向秋波哭逝川。

分析：苏武出使匈奴，一去 19 年，去的时候还是丁年（壮年），回来时却"须发尽白"。此诗表现的正是苏武归来时的情况：一位不负使命的使者，一位忠君爱国、矢志不渝的民族英雄。作者塑造了一位"白发丹心"的英雄形象。

二、士人、官员

（1）杜甫的《八阵图》

功盖三分国，名成八阵图。江流石不转，遗恨失吞吴。

分析：诸葛亮的形象是先高士后高官（丞相），是一位军事家、政治家。一生事迹无数，可杜甫仅用 20 个字就概括了他的一生：一是靠独创的八阵图三分天下；二是没有完成光复汉室的遗憾。可谓"精、准、狠"。

（2）苏轼的《江城子·密州出猎》

老夫聊发少年狂，左牵黄，右擎苍。锦帽貂裘，千骑卷平冈。为报倾城随太守，亲射虎，看孙郎。

酒酣胸胆尚开张，鬓微霜，又何妨！持节云中，何日遣冯唐？会挽雕弓如满月，西北望，射天狼。

分析：苏轼是一位风雅士人，一位朝廷命官，在此词中，却俨然是一位"会挽雕弓如满月，西北望，射天狼"的英雄。"左牵黄，右擎苍。锦帽貂裘，千骑卷平冈"，多么潇洒，多么豪迈！

（3）李纲的《病牛》

耕犁千亩实千箱，力尽筋疲谁复伤？但得众生皆得饱，不辞羸病卧残阳。

分析：李纲官至宰相，因积极抗金被贬，郁郁而死。此诗借老牛来表现他自己的形象：一位不顾"羸病"，一心为国为民日夜操劳的官员形象。

三、隐士、山客

（1）王维的《田园乐》

桃红复含宿雨，柳绿更带朝烟。花落家童未扫，莺啼山客犹眠。

分析：这是一首六言诗，主要写一位隐士的生活环境：桃红、柳绿、宿雨、朝烟，还可以睡到自然醒。风景优美不说，还无拘无束，这大概就是隐士的追求。

王维的另一首诗《山居秋暝》（空山新雨后，天气晚来秋。明月松间照，清泉石上流。竹喧归浣女，莲动下渔舟。随意春芳歇，王孙自可留），写的也是隐士的生活，除了优美的风景外，还写了"竹喧归浣女，莲动下渔舟"这样的农人的劳动情景。

（2）唐人常建的《宿王昌龄隐居》

清溪深不测，隐处唯孤云。松际露微月，清光犹为君。

茅亭宿花影，药院滋苔纹。余亦谢时去，西山鸾鹤群。

分析：这是一首写山水的隐逸诗。开头两句写王昌龄隐居之所在，别有洞天；中间四句写夜宿此地之后，顿生常住之情；最后两句写自己的归隐之心。作者细致地描绘了王昌龄隐居之处的自然景色，赞颂了王昌龄的清高品格和隐居生活的高雅情趣。

（3）陶弘景的《诏问山中何所有赋诗以答》

山中何所有，岭上多白云。只可自怡悦，不堪持赠君。

分析：这是陶弘景隐居之后回答皇帝诏书所问而写的一首诗。该诗通过回答天子的问题来说明诗人所喜爱的东西，可谓超尘脱俗。前两句表现了隐士不事王侯、高尚其志，对"圣旨"绝无半分诚惶诚恐之感的风范；后两句是说，万丈红尘中人怎能耐得住山居的寂寞，舒卷无方的白云怎能得到金粉丛中帝王的欣赏，这大概就是隐者与世人的区别。"白云"，行踪飘忽，去来无迹，自由自在，无挂无碍，这正是隐士们寄托幽怀的对象，也正是隐士们的自我象征。

四、宫女、思妇

（1）元稹的《行宫》

寥落古行宫，宫花寂寞红。白头宫女在，闲坐说玄宗。

分析：这是一首著名的宫怨诗。皇帝行宫里的女子从"红"（娇艳如花）到"白"（面老头白），一生都是"寥落"和"寂寞"的。此诗塑造了凄惨而无奈的宫女形象。

（2）唐朱庆馀的《宫词》

寂寂花时闭院门，美人相并立琼轩。含情欲说宫中事，鹦鹉前头不敢言。

分析：在这首诗里，读者可以看到两位宫女同时出场，相依相并，立在轩前。诗人就在这样一幅动人的双美图中，以别出心裁的构思，巧妙而曲折地抒写了怨情，点出了题旨。此诗塑造了不敢乱说话的宫女形象。

（3）唐代金昌绪的《春怨》

打起黄莺儿，莫教枝上啼。啼时惊妾梦，不得到辽西。

分析：此诗中的"妾"见不到远在"辽西"的丈夫，只有在"梦"中寻求安慰；本已经够可怜了，可不懂风情的"黄莺儿"却"啼"醒了正在做春梦的她。表面是怨鸟，实际是自己心里有怨。本诗塑造了一位非常可怜的春怨女子。

（4）唐代陈玉兰的《寄夫》

夫戍边关妾在吴，西风吹妾妾忧夫。一行书信千行泪，寒到君边衣到无。

分析：这是一位思妇形象，一位时刻挂念着自己戍边的丈夫并及时给丈夫寄送御寒冬衣的女子形象。

五、羁人、游子

（1）南宋周密的《夜归》

夜深归客依筇行，冷燐依萤聚土塍。村店月昏泥径滑，竹窗斜漏补衣灯。

分析：这是写一位羁旅之人夜里归家的情景：一路的辛苦自不待言，最后一句，全村都入睡了，可是唯独自家竹窗还透出灯火，隐约可见灯下补衣的身影。那不是他所思念、温暖的家吗？一位离家多年的终于快要到家的游子形象，跃然纸上。

（2）唐代高适的《除夜作》

旅馆寒灯独不眠，客心何事转凄然。
故乡今夜思千里，霜鬓明朝又一年。

分析：除夕，是一个多么美好的时刻，团圆、热闹、喜庆；可对于一位羁旅在外的人来说就完全不一样了："独不眠""凄然""思千里"。本诗塑造的正是这样一位漂泊在外的思念千里之外家人的游子形象。

大家熟悉的马致远的《天净沙·秋思》（枯藤老树昏鸦，小桥流水人家，古道西风瘦马。夕阳西下，断肠人在天涯）的意思和这首诗相似，表现的也是一位游子漂泊在外的落魄形象。

（3）杜甫的《月夜》

今夜鄜州月，闺中只独看。遥怜小儿女，未解忆长安。
香雾云鬟湿，清辉玉臂寒。何时倚虚幌，双照泪痕干。

分析：写这首诗时，杜甫被叛军押送到长安，生死未卜，可是他的家人还在鄜州，此时的他也算是一位"羁旅"之人吧。他和所有的羁人一样，思念家人、渴望团聚。

六、帝王、贵妃

（1）杜牧的《过华清宫二首》

其一：长安回望绣成堆，山顶千门次第开。一骑红尘妃子笑，无人知是荔枝来。

其二：新丰绿树起黄埃，数骑渔阳探使回。霓裳一曲千峰上，舞破中原始下来。

分析：这两首诗表面上塑造了"贪吃""善舞"的杨贵妃的形象，她的一颗荔枝，消耗了多少人力、物力；她的一件霓裳，葬送了大片中原山河，实在是可恶至极。但仔细一想，一个妃子，能有多大权力任其胡作非为？作者的矛头实际上指向了她身后的皇上，他要批判的就是那个行为荒唐、不务正业的唐明皇李隆基。

另外，李商隐的《马嵬》诗和这首诗的主旨接近，批判的锋芒也是指向了前朝皇帝唐玄宗。人们读罢此诗不禁要问：作为一位"四纪""天子"，为什么其结局连"卢家"之"莫愁女"都不如呢？

马嵬

海外徒闻更九州，他生未卜此生休。
空闻虎旅传宵柝，无复鸡人报晓筹。
此日六军同驻马，当时七夕笑牵牛。
如何四纪为天子，不及卢家有莫愁。

还有唐代张祜的《集灵台》。

虢国夫人承主恩，平明骑马入宫门。
却嫌脂粉污颜色，淡扫蛾眉朝至尊。

分析：此诗通过对虢国夫人觐见唐玄宗时的情景描写，讽刺了二人间的暧昧关系及杨氏独占宠爱的嚣张气焰。表面是写虢国夫人，其实批判的还是行为荒唐、不务正业的李隆基。

看来，一代明君的确因"色"而暗淡了不少的光辉。

（2）王安石的《明妃曲二首》

其一：

明妃初出汉宫时，泪湿春风鬓脚垂。低徊顾影无颜色，尚得君王不自持。
归来却怪丹青手，入眼平生几曾有；意态由来画不成，当时枉杀毛延寿。
一去心知更不归，可怜着尽汉宫衣；寄声欲问塞南事，只有年年鸿雁飞。
家人万里传消息，好在毡城莫相忆；君不见咫尺长门闭阿娇，人生失意无南北。

其二：

明妃初嫁与胡儿，毡车百辆皆胡姬。含情欲语独无处，传与琵琶心自知。
首金杆拨春风手，弹看飞鸿劝胡酒。汉宫侍女暗垂泪，沙上行人却回首。
汉恩自浅胡恩深，人生乐在相知心。可怜青冢已芜没，尚有哀弦留至今。

分析：王昭君嫁给匈奴单于，也是帝王之妻。王安石的第一首诗描绘王昭君的美貌，着重写昭君的风度、情态之美，以及这种美的感染力，并从中宣泄她内心的悲苦之情，同时还揭示出她对故国、亲人的挚爱之情；第二首诗描写王昭君入胡及其在胡中的情况与心情，并委曲深入地刻画昭君心事，突出其民族大义。这两首诗共同塑造了一个可悲可敬的明妃形象。

七、征人、侠客

（1）唐代李益的《夜上受降城闻笛》

回乐峰前沙似雪，受降城外月如霜。不知何处吹芦管，一夜征人尽望乡。

分析：此诗塑造的不是某一个"征人"，而是"征人"的群像，"一夜征人尽望乡"，这是"征人"群体的共同心愿。

（2）唐代陈陶的《陇西行》

誓扫匈奴不顾身，五千貂锦丧胡尘。可怜无定河边骨，犹是春闺梦里人！

分析：此诗从两方面来写"征人"形象：一是写他们自己为国而"不顾身"，为国而"丧胡尘"，为国而成"河边骨"；二是写他们的家人之惨状，一个"可怜"，一个"犹是"，包含着多么深沉的感慨。这首诗寄寓了诗人对战死者及其家人深深的同情。

（3）贾岛的《剑客》

十年磨一剑，霜刃未曾试。今日把示君，谁有不平事？

分析："学成文武艺，货与帝王家。"此诗描写的就是这样一位不惜花十年工夫练本领打抱不平的侠士形象。当然，此处的"剑"，用的是象征意义，是托物言志，抒写的是作者十年寒窗磨炼才干的生涯和远大的理想抱负。

（4）陶渊明的《咏荆轲》（节选）

燕丹善养士，志在报强嬴。招集百夫良，岁暮得荆卿。君子死知己，提剑出燕京；

凌厉越万里，逶迤过千城。图穷事自至，豪主正怔营。惜哉剑术疏，奇功遂不成。

分析：荆轲，大概是中国最著名的侠客了，此诗作者以极大的热情歌颂了

"荆轲刺秦王"的壮举。全诗大部分篇幅都写荆轲之行,着力渲染荆轲不畏强暴、义无反顾的慷慨悲壮之行,表现了诗人对奇功不建的荆轲的无限惋惜之情。

八、农夫、村姑

(1) 宋人张俞的《蚕妇》

昨日入城市,归来泪满巾。遍身罗绮者,不是养蚕人。

分析:这首诗通过以养蚕为业的农妇入城卖丝的所见所感,揭露了触目惊心的社会现实:剥削者不劳而获,劳动者无衣无食。此诗表现了诗人对劳动人民的同情,对统治阶级压迫剥削的不满。

还有宋代梅尧臣的《陶者》。

陶尽门前土,屋上无片瓦。十指不沾泥,鳞鳞居大厦。

以及大家熟悉的唐代李绅的《悯农》。

春种一粒粟,秋收万颗子。四海无闲田,农夫犹饿死。

分析:陶者、农夫都和蚕妇的形象大体一致,都是劳而不获的下层劳动人民。

(2) 宋人洪咨夔的《促织二首》

其一:一点光分草际萤,缲车未了纬车鸣。催科知要先期办,风露饥肠织到明。

其二:水碧衫裙透骨鲜,飘摇机杼夜凉边。隔林恐有人闻得,报县来拘土产钱。

分析:这两首诗写得很别致:第一首用促织来比喻辛勤纺织的妇女;第二首说促织既然也在"织",小心给县官知道了来勒索。这是借促织塑造了一位被官府的苛捐杂税逼得异常辛苦的农妇形象。

(3) 白居易的《卖炭翁》

卖炭翁,伐薪烧炭南山中。满面尘灰烟火色,两鬓苍苍十指黑。

卖炭得钱何所营?身上衣裳口中食。可怜身上衣正单,心忧炭贱愿天寒。

夜来城外一尺雪,晓驾炭车辗冰辙。牛困人饥日已高,市南门外泥中歇。

翩翩两骑来是谁?黄衣使者白衫儿。手把文书口称敕,回车叱牛牵向北。

一车炭,千余斤,宫使驱将惜不得。半匹红纱一丈绫,系向牛头充炭直。

分析:此诗描写了一个烧木炭的老人谋生的困苦。通过卖炭翁的遭遇,深刻地揭露了"宫市"的腐败本质,对统治者掠夺人民的罪行给予了有力的鞭挞与抨击,讽刺了当时腐败的社会现实,表达了作者对下层劳动人民的深切同情。有很强的社会意义。

九、牧童、幼女

（1）清代袁枚的《所见》

牧童骑黄牛，歌声振林樾。意欲捕鸣蝉，忽然闭口立。

分析：这首诗写作者偶然看到的一位牧童唱歌、捕蝉的活动，写得逼真而富有童趣。

（2）唐代胡令能的《小儿垂钓》

蓬头稚子学垂纶，侧坐莓苔草映身。路人借问遥招手，怕得鱼惊不应人。

分析：此诗描写一个小孩子在水边聚精会神的钓鱼情景，通过"遥招手"一个细节，极其传神地再现了儿童那种认真、天真的童心和童趣。

（3）李涉的《牧童词》

朝牧牛，牧牛下江曲。夜牧牛，牧牛度村谷。

荷蓑出林春雨细，芦管卧吹莎草绿。乱插蓬蒿箭满腰，不怕猛虎欺黄犊。

分析：这首诗写出了牧童的放牧生活和情趣。前四句侧重描写牧童放牧的辛勤，诗人借时空的转换扩大诗歌的内蕴。后四句着重描写放牧时的情趣：春雨绵绵，牧童穿行于林中草地，稍有闲暇，便吹响悠扬的芦笛；一会儿又胡乱地在腰间插满野蒿，恰似利剑，显得英武洒脱，这样就再也不怕猛虎欺负牛犊了。这种奇思妙想，生动地表现了牧童幼稚、天真的精神面貌，令人忍俊不禁。

（4）唐人施肩吾的《幼女词》

幼女才六岁，未知巧与拙。向夜在堂前，学人拜新月。

分析：小女孩拜月，以成年的形式表达幼稚的生活内容。从而形成一种冲突，由此产生幽默滑稽之感。小女孩越弄"巧"学人，便越发不能藏"拙"。这个"小大人"的形象，既逗人有趣，又纯真可爱。

从《秋思》中感受诗中的物象、意象和意境

本文主要以《秋思》为例，系统阐述了物象、意象和意境的区别与联系，并举例介绍了诗词中常见的意象及其含义。本文既可以提高一般学生的诗词鉴赏能力，又可以给学习写作诗词的学生以专业帮助。

先看一首大家熟悉的元曲：《天净沙·秋思》（元·马致远）

枯藤老树昏鸦，小桥流水人家，古道西风瘦马。夕阳西下，断肠人在天涯。

读完这首曲，我们仿佛看到了这样的一幅画面：弥漫着阴冷气氛和灰暗色彩的秋郊夕阳里有思归的乌鸦，有安适的人家，有劳顿的老马，有思念故乡彷徨悲苦的游子。虽然这不是画，但给人的视觉冲击却很大，当然给人的情感冲击也很大，这其实就是说该曲的艺术感染力很强。"枯藤、老树、昏鸦、小桥、流水、人家、古道、西风、瘦马、夕阳"，作品中只是先后出现了10个具体事物，没有抒情，没有议论，甚至连常见的比喻、拟人等手法都没有。那为什么它被称为"秋思之祖"，千古绝唱呢？

这里就涉及几个有关诗词的专业术语：物象、意象和意境。可以说，这是任何一位欣赏或创作诗词的人都绕不开的必须弄明白的问题。

所谓物象，就是生活中的具体事物，如马、牛、羊、梅、兰、菊，日、月、星，江、河、海等，它们都是一种客观的存在，有没有人观察、关心与研究它，它都存在，与人的感觉或感情没有任何关系。

所谓意象，"意"，指心意；"象"，指物象；意象，就是融入了主观情意的客观物象，即对象的感性形象与自己的心意状态融合而成的蕴于胸中的具体形象。这里强调一下，物象是客观的，而意象是主观的，意象一定要有"人"的因素在里边。比如"马"是物象，"烈马"就是意象，为什么呢？因为一匹马烈不烈，是靠人的感觉和大脑的判断来完成的。再回到《秋思》，如果作者只是这样写：一位游子在旅途中看到了"藤、树、鸦、道、风、马"等，读者会是什么感觉呢？老实说，没有感觉，没有任何艺术的味道。这几种只是物象，没有加上人的感觉、人的情感，一切都显得干瘪。

所谓意境，"意"，就是作者的思想感情；"境"，就是作者所描绘的客观景物，把两者结合起来，就是意境，就是诗人要表达的思想感情与诗中所描绘的图景有机融合而形成的艺术境界。在这种艺术境界中，"意"并不是直接地倾露或抽象地描述，而是在画面中自然而然地让读者去感知；"境"也不是纯客观的外形摄像，而是渗透了作者的思想见解和感情色彩；它通常指一句诗或整首诗所形成的境界，和意象不同，或者说意境涵盖的意义大于意象，是意象的上属。

还拿《秋思》来说，单独看"枯藤、老树、昏鸦、小桥、流水、人家、古道、西风、瘦马、夕阳"，只是一个个单独的意象，"枯藤"是"枯藤"，"瘦马"是"瘦马"，没什么关系。但把这些意象放在一个框内，情况就不同了，就有了某种内在的联系，就产生了某种力量，就会把读者的某种情感、某种情绪激发出来，从而获得一种审美体验，上升为一种艺术享受。这就是意境，它由意象而来，但又高于意象。

明白了物象、意象、意境的意思和关系，我们就可以进行诗词鉴赏甚至诗词创作了。一个物象一旦进入作品中,就不再是物象了,就成了意象,因为这个"物"身上必须负载作者的思想感情,要为作品的主题思想服务。所以,在创作的时候,作者的笔就不是照相机,而是一个"挑选机",作者只把对表现主题思想有关联的物象放进诗里,与之无关的则舍弃。作者写作前,往往先有个主题,像送别、悼亡、思乡,主题不同,所选择的意象就不同。比如写秋思,如果作者写的是"青藤、绿树、东风、骏马",那味道就完全不一样了,就与"秋思"的主题思想相去甚远。所以,一首诗的质量如何,艺术价值高否,与作者会不会选择意象有密切关系,一定要高度重视。

知道了用恰当的意象进行创作,并不等于会创作,你得首先肚里有"货",巧妇难为无米之炊嘛。怎样才能有"米"呢?首先要多读多背古诗词,每一首诗都是由一种或多种意象组成的,记住了诗,几乎就等于记住了意象,"熟读唐诗三百首,不会作诗也会吟"大概就是这个意思。不过,那么多诗,那么多意象,要想都记下来也是不现实的,我们一般人也不需要记住那么多。怎么办呢?要有所选择,把一些常用的、内涵基本固定的十几个意象记住,也是一种不错的办法。

下面就给大家介绍五种常见的意象。

一、月亮

一般而言,月亮是思乡的代名词,古代与之相关的诗句非常多,李白的"举头望明月,低头思故乡",杜甫的"露从今夜白,月是故乡明",张九龄的"海上生明月,天涯共此时",苏轼的"明月几时有,把酒问青天"等都是脍炙人口的咏月名句。它们所表达的都是思乡思人之情。久而久之,月,这个物象,在诗词作品中,就成了与思乡密切关联的意象了。不过,思乡并不是月亮唯一的含义,它还有品质高洁的意思,如王维的"深林人不知,明月来相照",王安石的"春风又绿江南岸,明月何时照我还"等。

二、杨柳

杨柳这个意象,一般都与送别有关,这个意思大概与古人常拿杨柳枝送给远行的人的习俗有关。古代不少诗词作品中,出现了"杨柳"这个意象,《诗经》中的"杨柳依依,雨雪霏霏"可能是最早的"杨柳"诗了。还有李白的"此夜曲中闻折柳,何人不起故园情""春风知别苦,不遣柳条青",王维的"杨柳渡头行客稀,罟师荡桨向临圻",王昌龄的"忽见陌头杨柳色,悔教夫婿觅封侯"等都是使用"杨柳"意象的名句,所表达的都是惜别之意。当然,杨柳也有表现春天来临或大好春光的意思，如谢灵运的"池塘生春草，园柳变鸣禽"，陆游的"满城春色宫墙柳"等。

三、梅花

梅花的含义比较丰富，大概有两种：一是敢为天下先的精神，因为它是一年中最早开放的，宋代陈亮有"一朵忽先变，百花皆后香"的诗句；二是指冰清玉洁的品质，如陆游的"零落成泥碾作尘，只有香如故"，王冕的"不要人夸颜色好，只留清气满乾坤"等。另外，梅花是在最冷天开放的，所以它还有耐寒、不怕艰苦的含义，如黄檗禅师的"不经一番寒彻骨，怎得梅花扑鼻香"等。

四、菊花

菊花的内涵和梅花有些接近，这与它们都是在冷天开放的有关。菊花的形象大都与"耐寒、坚贞、坚强"等有关，如唐代元稹的"不是花中偏爱菊，此花开后更无花"，宋人郑思肖的"宁可枝头抱香死，何曾吹落北风中"，苏轼的"荷尽已无擎雨盖，菊残犹有傲霜枝"，毛泽东的"战地黄花分外香"等。

五、梧桐

梧桐这个意象多与凄凉悲伤有关，大家最熟悉的就是李清照的"梧桐更兼细雨"句了，再就是词帝李煜的"无言独上西楼，月如钩，寂寞梧桐，深院锁清秋"了，还有白居易的"春风桃李花开日，秋雨梧桐叶落时"、王昌龄的"金井梧桐秋叶黄"、元人徐再思的"一声梧叶一声秋"等，都是咏梧桐的名句，都与作者或主人公的糟糕心情或悲凉的心绪有关。

另外，还有以下几种意象也尽量记住吧。

秋蝉：多表示悲凉之意，如柳永的"寒蝉凄切，对长亭晚，骤雨初歇"，晚唐人毛文锡的"暮蝉声尽落斜阳，银蟾影挂潇湘"等。

杜鹃：多表示哀怨、凄凉和思归之意，如李白的"杨花落尽子规啼，闻道龙标过五溪"，秦观的"可堪孤馆闭春寒，杜鹃声里斜阳暮"，宋人王令的"子规夜半犹啼血，不信东风唤不回"等。

鹧鸪：多与离愁别绪有关，如辛弃疾的"江晚正愁余，山深闻鹧鸪"，宋代曹雪芹的"一声杜宇春归尽，寂寞帘栊空月痕"等。

鸿雁：多与游子思乡怀亲和羁旅伤感有关，如王湾的"乡书何处达，归雁洛阳边"，王维的"征蓬出汉塞，归雁入胡天"，李白的"雁引愁心去，山衔好月来"等。

还有，用"流水"表时间的流逝，用"松树"表正直，用"浮云"表漂泊不定，用"鸳鸯"表夫妻恩爱，用"桃李"表学子，用"春风"表教诲等。

总之，平时多看、多记、多用，就能掌握更多的意象，就能大大提高自己的诗词鉴赏能力，就能写出更有诗味的诗词作品来。

古诗词的常见分类

关于古诗的分类，有多种角度，本文主要从思想内容的角度来区分。以此角度，细算起来，也有十几种了。想让学生们一一记住，也是很困难的事情。不过最重要的几种还是要有所了解，如咏物诗、山水诗、边塞诗、爱国诗、送别诗、思乡诗、闺怨诗、咏史诗、悼念诗。下面就给同学们重点介绍一下这九类诗。

一、咏物诗

所谓咏物诗，是指通过细致地描写自然之物，寄托诗人思想感情的诗歌。首先是描摹所咏的事物，然后是有所寄托。若只有前者，只是单纯的写实，作品的内容就比较单薄，也没有什么生命力。初学写诗的人大都如此，即便是唐代著名诗人骆宾王，他那首流传很广的《咏鹅诗》（鹅，鹅，鹅，曲项向天歌。白毛浮绿水，红掌拨清波），也基本上是停留在对"鹅"的描摹上。这首诗之所以出名，主要是因为当时作者只有七岁，这样小的年龄就能写出这样的诗，当然是了不起的，但不能说这首诗的艺术价值很高。若只有后者，仅有作者的思想感情，恐怕更不行，这就成了无根之树，肯定是立不起来、活不下去的。所以，优秀的咏物诗，两者缺一不可，最好能处在若即若离的状态。比如：

（一）明代于谦的《石灰吟》

千锤百炼出深山，烈火焚烧若等闲。粉骨碎身浑不怕，要留清白在人间。

分析： 诗人表面是咏石灰，也的确写出了石灰的特点：生于山，成于火，颜色白等，但作者分明是借石灰来表达自己的心声，表达自己为国尽忠、不怕牺牲的意愿和坚守高洁情操的决心，这种品质和石灰何其一致。既写出所咏之物的特点，又不停留在原处，这就是好的咏物诗。

（二）清代郑板桥的《竹石》

咬定青山不放松，立根原在破岩中。千磨万击还坚劲，任尔东西南北风。

分析：这也是一首名诗。作者的确写出了竹子的特点：生在岩石中，牢固，不怕风吹雨打。这表面在写竹子，其实是写人，竹子的特点也正是作者的特点。现实中的郑板桥一方面爱护百姓，与人民群众关系密切；一方面疾恶如仇、不畏权贵、铁骨铮铮，这不正是竹子精神的写照吗？这样的诗还有许多，如：

（三）罗隐的《蜂》

不论平地与山尖，无限风光尽被占。采得百花成蜜后，为谁辛苦为谁甜？

（四）欧阳修的《画眉鸟》

百啭千声随意移，山花红紫树高低。始知锁向金笼听，不及林间自在啼。

（五）郑谷的《菊》

王孙莫把比蓬蒿，九日枝枝近鬓毛。露湿秋香满池岸，由来不羡瓦松高。

（六）黄巢的《菊花》

待到秋来九月八，我花开尽百花杀。冲天香阵透长安，满城尽带黄金甲。

二、山水诗

山水诗，有的叫山水田园诗，是以山水田园风光以及隐者、农民为主要描写对象的诗歌。谢灵运和陶渊明是开拓者，王维、李白、孟浩然、杨万里等是其杰出代表。

山水田园诗还可以细分为以下四类：

（一）表达对自然的喜爱、对山川的赞美之情：

1. 李白的《望庐山瀑布》

日照香炉生紫烟，遥看瀑布挂前川。飞流直下三千尺，疑是银河落九天。

分析："三千尺""落九天"何其豪迈。

2. 杜甫的《望岳》

岱宗夫如何？齐鲁青未了。造化钟神秀，阴阳割昏晓。

荡胸生曾云，决眦入归鸟。会当凌绝顶，一览众山小。

分析："荡胸生曾云"极言其高，"一览众山小"极言其大。

（二）表达对隐逸生活的向往和不愿与黑恶势力同流合污的思想感情

这方面王维的诗比较有名，如：

1. 王维的《积雨辋川庄作》

积雨空林烟火迟，蒸藜炊黍饷东菑。漠漠水田飞白鹭，阴阴夏木啭黄鹂。

山中习静观朝槿，松下清斋折露葵。野老与人争席罢，海鸥何事更相疑。

分析：前三联写作者喜爱的农人生活、农村风景、自己的清淡生活。尾联表达了自己要远离官场的心愿。

2. 王维的《山居秋暝》

空山新雨后，天气晚来秋。明月松间照，清泉石上流。

竹喧归浣女，莲动下渔舟。随意春芳歇，王孙自可留。

分析：如果不是真心喜欢，在秋意浓重之时，是很难感受到"明月松间照，清泉石上流。竹喧归浣女，莲动下渔舟"这种恬静而淳朴的气息的，这也是曲折地表达了对官场的失望之情吧。

（三）表达对农村田园劳动生活的向往之情

以陶渊明的最有名，如：

1. 陶渊明的《饮酒·其五》

结庐在人境，而无车马喧。问君何能尔？心远地自偏。

采菊东篱下，悠然见南山。山气日夕佳，飞鸟相与还。

此中有真意，欲辨已忘言。

分析：哪里热闹？哪里冷落？一句"心远地自偏"给出了答案，这"采菊东篱下，悠然见南山。山气日夕佳，飞鸟相与还"的乡下就是"我"喜爱的世界。

2. 陶渊明的《归园田居》

种豆南山下，草盛豆苗稀。晨兴理荒秽，带月荷锄归。

道狭草木长，夕露沾我衣。衣沾不足惜，但使愿无违。

分析：一个封建士大夫，除非特别喜欢，否则怎么可能参加体力劳动呢？可陶翁参加了种豆、锄禾，不亦乐乎。

（四）揭示某种生活的哲理

1. 韩愈的《初春小雨》

天街小雨润如酥，草色遥看近却无。最是一年春好处，绝胜烟柳满皇都。

分析：作者通过这首小诗，揭示了这样一个哲理：一切美好的事物，最好的时节就在它的萌生阶段，它朝着极盛方向前进，给人以希望。其中"草色遥看近却无"句还揭示了"并不是距离越近越能看清某种事物，有时距离近反而看不清其真面目"的道理。

2. 苏轼的《题西林壁》

横看成岭侧成峰，远近高低各不同。不识庐山真面目，只缘身在此山中。

分析：这首诗揭示了两种哲理："横看成岭侧成峰，远近高低各不同"，是说从不同角度看同一事物，会有不同的认识；"不识庐山真面目，只缘身在此山中"和韩愈的"草色遥看近却无"有些类似，即有时候隔一段距离才能看清事物的真面目。

三、边塞诗

所谓边塞诗,是以表现边塞的战争、生活、风光及相关问题的诗。唐代是边塞诗的高峰期,代表诗人有高适、岑参、王昌龄、李益等;宋代也有不少边塞诗的名作,代表诗人有陆游、范仲淹、辛弃疾等。

下面按内容分类介绍一下。

(一)表现边塞奇异风光的作品

1. 李贺的《马诗》

大漠沙如雪,燕山月似钩。何当金络脑,快走踏清秋。

分析:大漠沙、燕山月,乃边塞之奇异风光。

2. 王维的《使至塞上》

单车欲问边,属国过居延。征蓬出汉塞,归雁入胡天。

大漠孤烟直,长河落日圆。萧关逢候骑,都护在燕然。

分析:"大漠孤烟直,长河落日圆"是描写边塞风光的名句。

3. 王之涣的《凉州词》

黄河远上白云间,一片孤城万仞山。羌笛何须怨杨柳,春风不度玉门关。

分析:孤城、羌笛、玉门关,乃边塞之景与物。

(二)表现战争场面、赞美戍边将士的作品

1. 李白的《塞下曲》

五月天山雪,无花只有寒。笛中闻折柳,春色未曾看。

晓战随金鼓,宵眠抱玉鞍。愿将腰下剑,直为斩楼兰。

分析:"晓战随金鼓,宵眠抱玉鞍"乃战争场面,"愿将腰下剑,直为斩楼兰"是赞美之音。

2. 岳飞的《满江红》

怒发冲冠,凭栏处、潇潇雨歇。抬望眼、仰天长啸,壮怀激烈。三十功名尘与土,八千里路云和月。莫等闲、白了少年头,空悲切。

靖康耻,犹未雪。臣子恨,何时灭。驾长车,踏破贺兰山缺。壮志饥餐胡虏肉,笑谈渴饮匈奴血。待从头、收拾旧山河,朝天阙。

分析:"驾长车,踏破贺兰山缺。壮志饥餐胡虏肉,笑谈渴饮匈奴血"这句诗既描写战争场面,又赞美边关将士。

(三)表现将士厌恶战争、渴望团圆的作品

1. 柳中庸的《征人怨》

岁岁金河复玉关,朝朝马策与刀环。三春白雪归青冢,万里黄河绕黑山。

分析:"岁岁、朝朝",侧面体现对战争的厌恶之情。

2. 陈陶的《陇西行》

誓扫匈奴不顾身,五千貂锦丧胡尘。可怜无定河边骨,犹是春闺梦里人!

分析:"可怜无定河边骨,犹是春闺梦里人",不忍卒读,战争让将士尸横荒漠,万里之外的家人更觉可怜。

3. 王翰的《凉州词》

葡萄美酒夜光杯,欲饮琵琶马上催。醉卧沙场君莫笑,古来征战几人回?

分析:一句"古来征战几人回",侧面体现作者对战争之态度。

4. 李益的《夜上受降城闻笛》

回乐烽前沙似雪,受降城外月如霜。不知何处吹芦管,一夜征人尽望乡。

分析:"一夜征人尽望乡",思乡之情何其浓厚。

(四)表现诗人报国无门、壮志难酬的作品

1. 陆游的《十一月四日风雨大作》

僵卧孤村不自哀,尚思为国戍轮台。夜阑卧听风吹雨,铁马冰河入梦来。

分析:作者只能在"孤村僵卧",只能在梦里"铁马冰河、为国戍轮台",报国无门啊!

2. 陆游的《书愤》

早岁那知世事艰,中原北望气如山。楼船夜雪瓜洲渡,铁马秋风大散关。塞上长城空自许,镜中衰鬓已先斑。出师一表真名世,千载谁堪伯仲间。

分析:作者想做"塞上长城",结果只是"镜中衰鬓已先斑",只能仰慕一下"出师一表真名世"的诸葛亮了,真是壮志难酬啊。

3. 范仲淹的《渔家傲·秋思》

塞下秋来风景异,衡阳雁去无留意。四面边声连角起,千嶂里,长烟落日孤城闭。

浊酒一杯家万里,燕然未勒归无计。羌管悠悠霜满地,人不寐,将军白发征夫泪。

分析:"将军白发"之时,依然"燕然未勒",亦是壮志难酬之叹。

(五)综合类的(上述三种以上内容)作品

如李颀的《古从军行》:

白日登山望烽火,黄昏饮马傍交河。行人刁斗风沙暗,公主琵琶幽怨多。
野云万里无城郭,雨雪纷纷连大漠。胡雁哀鸣夜夜飞,胡儿眼泪双双落。
闻道玉门犹被遮,应将性命逐轻车。年年战骨埋荒外,空见蒲桃入汉家。

分析:此诗既描写边塞风光(野云万里无城郭,雨雪纷纷连大漠),也描写边塞战争（白日登山望烽火，黄昏饮马傍交河），还表现反战情绪的（年年战骨埋荒外，空见蒲桃入汉家）。

四、爱国诗

所谓爱国诗，就是把自己对祖国人民的热爱，用诗歌这种形式表现出来的一种诗歌题材。爱国是炎黄子孙的不解情结，也是中华民族的优良传统。中国是诗的大国，无数诗人慷慨激昂，感叹悲歌，或表现爱国情操和民族气节，或表现誓死杀敌、为国建功的凌云壮志；或表现结束战乱、迎接和平的强烈愿望；或表现身处困境，仍心系国家的赤子情怀等。这些诗思想高尚，情感纯真，艺术性强，文质兼美，成为古代文学一道亮丽的风景。

（一）表现爱国情操和民族气节的诗

如文天祥的《正气歌》（节选）：

> 天地有正气，杂然赋流形。下则为河岳，上则为日星。
> 于人曰浩然，沛乎塞苍冥。皇路当清夷，含和吐明庭。
> 时穷节乃见，一一垂丹青。在齐太史简，在晋董狐笔。
> 在秦张良椎，在汉苏武节。为严将军头，为嵇侍中血。
> 为张睢阳齿，为颜常山舌。或为辽东帽，清操厉冰雪。
> 或为出师表，鬼神泣壮烈。或为渡江楫，慷慨吞胡羯。
> 或为击贼笏，逆竖头破裂。是气所磅礴，凛烈万古存。

分析：诗的开头即点出浩然正气存乎天地之间，至时穷之际，必然会显示出来；随后连用12个典故，都是历史上有名的人物，他们的所作所为凛然显示出浩然正气的力量；接下来的8句说明浩然正气贯日月，立天地，为三纲之命，道义之根；最后联系到自己的命运，虽然兵败被俘，自己处在极其恶劣的牢狱之中，但是由于一身正气，各种邪气和疾病都不能侵犯自己，因此能够坦然面对自己的命运。此诗表现了作者文天祥的忠肝义胆、铮铮铁骨；在歌颂先烈的同时，展现了主人公崇高的民族气节和伟大的爱国主义精神，塑造了一位正气凛然的民族英雄形象。

（二）表现誓死杀敌、为国建功的诗

如王昌龄的《从军行》二首：

1. 其四：青海长云暗雪山，孤城遥望玉门关。黄沙百战穿金甲，不破楼兰终不还。

2. 其五：大漠风尘日色昏，红旗半卷出辕门。前军夜战洮河北，已报生擒吐谷浑。

分析：《从军行七首》是王昌龄的组诗作品，共七首，这是其中两首。第一首诗表现战士们为保卫祖国矢志不渝的崇高精神；第二首诗描写奔赴前线的戍边将士听到前方部队首战告捷的消息时的欣喜心情，反映了唐军强大的战斗力。这两首诗都是爱国诗中的优秀作品。

（三）表现结束战乱、迎接和平的诗

如陆游的《示儿》：

死去元知万事空，但悲不见九州同。

王师北定中原日，家祭无忘告乃翁。

分析：这是诗人的绝笔诗。此诗传达出诗人临终时复杂的思想情绪和忧国忧民的爱国情怀，表现了诗人一生的心愿，倾注了诗人满腔的悲慨。既有对抗金大业未就的无穷遗恨，也有对"见九州同""北定中原"的坚定信念。

（四）表现身处困境，仍心系国家的诗

如陆游的《诉衷情》：

当年万里觅封侯，匹马戍梁州。关河梦断何处？尘暗旧貂裘。

胡未灭，鬓先秋，泪空流。此生谁料，心在天山，身老沧洲。

分析：陆游于65岁被罢官以后，曾担任过闲官，大部分时间都闲居在家乡山阴的镜湖边。对于陆游这样以身许国、胸怀壮志的人，这种生活使他难以忍受，他不能理解，也万万没有想到，为什么国难当头，他竟然报国无门，只落得心系前线、闲老家乡的境地。因此，在词的结尾，他以天山代指南宋抗金的西北前线，以沧洲代指自己闲居的湖边，痛苦地发出了"此生谁料，心在天山，身老沧洲"的呐喊。身处困境，仍心系国家。

爱国诗和边塞诗有交叉重合于一首诗的部分，请大家留意。

五、送别诗

所谓送别诗，就是临别时送给要离去的人的诗。因古代交通不便，人们看重离别，往往会送些什么：有折柳相送的，有饮酒相送的，有写诗相送的。这最后一种，就是送别诗。送别诗的内容，大致有以下四种。

（一）表达离愁别绪的诗

1. 郑谷的《淮上与友人别》

扬子江头杨柳春，杨花愁杀渡江人。

数声风笛离亭晚，君向潇湘我向秦。

分析："君向潇湘我向秦"，要和友人分别了，杨花飘飘、风笛声声，传达出的正是无限感伤之情。

2. 元稹的《闻乐天授江州司马》

残灯无焰影憧憧,此夕闻君谪九江。垂死病中惊坐起,暗风吹雨入寒窗。

分析: 作者听到好友"谪九江"了,不顾"垂死病中""惊坐起",趁着"残灯无焰"写了一首送别诗。诗中情绪正如"暗风吹雨入寒窗"一样,凄凉而感伤。

(二)表达深情厚谊的诗

1. 李白的《赠汪伦》

李白乘舟将欲行,忽闻岸上踏歌声。桃花潭水深千尺,不及汪伦送我情。

分析: 作者把好友和自己的感情比作"深千尺"的"桃花潭水",可谓深矣。

2. 王维的《渭城曲》

渭城朝雨浥轻尘,客舍青青柳色新。劝君更尽一杯酒,西出阳关无故人。

分析: "一杯酒"并不多,但作为"君"此次西行再"无故人"的朋友的最后"一杯酒",其分量何其重!

(三)表达人生志向的诗

1. 王昌龄的《芙蓉楼送辛渐》

寒雨连江夜入吴,平明送客楚山孤。洛阳亲友如相问,一片冰心在玉壶。

分析: 作者借送友人,表达了自己的"玉壶冰心"的操守和信念。

2. 韦应物的《寄李儋元锡》

去年花里逢君别,今日花开又一年。世事茫茫难自料,春愁黯黯独成眠。
身多疾病思田里,邑有流亡愧俸钱。闻道欲来相问讯,西楼望月几回圆

分析: 在古代文学作品中,很难看到一个封建官员的自我批评,可这位却"身多疾病思田里,邑有流亡愧俸钱",关心百姓,勇于自责,是何等的担当。

(四)表达诗人豁达胸襟的诗

1. 高适的《别董大》

千里黄云白日曛,北风吹雁雪纷纷。莫愁前路无知己,天下谁人不识君?

分析: 此诗和王维的《渭城曲》相比,一个是"西出阳关无故人",一个是"天下谁人不识君",尽数彰显其独具的气度与胸襟。

2. 王勃的《送杜少府之任蜀州》

城阙辅三秦,风烟望五津。与君离别意,同是宦游人。
海内存知己,天涯若比邻。无为在歧路,儿女共沾巾。

分析: 离别诗很多,要想出名很难的,可王勃的"海内存知己,天涯若比邻"一出,就成为离别诗之翘楚,何哉?因他写出了离别之积极意义,显得新

颖而旷达。

六、思乡诗

在古代，有的诗人，长期客居在外、滞留他乡。或谋求仕途，或被贬赴任途中，或游历名山大川，或探亲访友。写这类内容的诗就是思乡诗，也叫羁旅行役诗，所谓"羁旅"，即长久寄居他乡之意，多抒发绵绵的乡愁，对亲人无尽的思念以及羁旅之苦、行役之苦、宦游之艰等。

（一）写乡愁的

1. 王湾的《次北固山下》

客路青山外，行舟绿水前。潮平两岸阔，风正一帆悬。

海日生残夜，江春入旧年。乡书何处达，归雁洛阳边。

分析：这是诗人在一年冬末春初时，由楚入吴，在沿江东行途中泊舟于江苏镇江北固山下时有感而作的。最后一联"乡书何处达，归雁洛阳边"，意思就是我的家书应该送到什么地方呢？北去的归雁啊，请给我捎回洛阳那边！这就是思乡之情。

2. 杜甫的《月夜忆舍弟》

戍鼓断人行，边秋一雁声。露从今夜白，月是故乡明。

有弟皆分散，无家问死生。寄书长不达，况乃未休兵。

分析：此诗首联和颔联写景，烘托出战争的氛围，尤其颔联"露从今夜白，月是故乡明"句，意思是今天是白露节，更怀念家里人，还是觉得家乡的月亮更明亮。作者所写的不完全是客观实景，而是融入了自己的主观感情；明明是普天之下共一轮明月，本无差别，偏要说故乡的月亮最明；明明是作者自己的心理幻觉，偏要说得那么肯定，不容置疑。然而，这种以幻作真的手法却使人觉得合乎情理，这是因为它深刻地表现了作者微妙的心理，突出了对故乡的感怀。

（二）写思亲的

1. 王维的《九月九日忆山东兄弟》

独在异乡为异客，每逢佳节倍思亲。遥知兄弟登高处，遍插茱萸少一人。

分析：该诗写出了游子的思乡念亲之情。诗一开头便紧扣题目，写异乡异土生活的孤独凄然，因而时时怀乡思人，遇到佳节良辰，思念倍加。接着诗一跃而写远在家乡的兄弟，按照重阳节的风俗而登高时，也在怀念自己。特别是最后一句"遍插茱萸少一人"，意思是说，远在故乡的兄弟们今天登高时身上都佩上了茱萸，却发现少了一位兄弟——自己不在内。好像遗憾的不是自己未能和故乡的兄弟共度佳节，反倒是兄弟们佳节未能完全团聚；似乎自己独在异乡为异客的处境并不值得诉说，反倒是兄弟们的缺憾更须体贴。这种出乎常情之处，正是它的精彩之处。

2. 杜甫的《月夜》

今夜鄜州月，闺中只独看。遥怜小儿女，未解忆长安。

香雾云鬟湿，清辉玉臂寒。何时倚虚幌，双照泪痕干。

分析：这首诗是作者被禁于长安时的望月思亲之作。此诗借助想象，抒写妻子对自己的思念，也写出自己对妻子的思念。首联想象妻子在鄜州望月思念自己，说透诗人在长安的思亲心情；颔联说儿女随母望月而不理解其母的思念亲人之情，表现诗人想念儿女、体贴妻子之情；颈联写想象中的妻子望月长思，充满悲伤的情绪；尾联寄托希望，以将来相聚共同望月，反衬今日相思之苦。

（三）写羁旅行役的

1. 马致远的《天净沙·秋思》

枯藤老树昏鸦，小桥流水人家，古道西风瘦马。夕阳西下，断肠人在天涯。

分析：马致远年轻时热衷功名，但由于元朝统治者实行民族高压政策，因而一直未能得志。他几乎一生都在过着漂泊不定的生活，也因此而郁郁不得志，困窘潦倒一生。于是在羁旅途中，写下了这首《天净沙·秋思》。此曲以多种景物组合成一幅秋郊夕照图，让天涯游子骑一匹瘦马出现在一派凄凉的背景上，从中透出令人哀愁的情调，抒发了一个飘零天涯的游子在秋天思念故乡、倦于漂泊的凄苦愁楚之情。此曲被后人誉为"秋思之祖"。

2. 高适的《除夜作》

旅馆寒灯独不眠，客心何事转凄然。

故乡今夜思千里，霜鬓明朝又一年。

分析：此诗写除夕之夜作者还在"旅馆"，还是他乡之"客"，也就是还在羁旅之中，作者心情能好吗？所以"独不眠""转凄然"就很自然了。第三句"故乡今夜思千里"，作者却又撇开自己，从远方的故乡写来。"故乡"，是借指故乡的亲人；"千里"，借指千里之外的诗人自己。其实，这也正是"千里思故"的一种表现。诗人并没有直接表达对故乡的思念，而是更加含蓄委婉。

当然，思乡、思亲与羁旅行役之苦，三者并不是截然分开的，它们大多融在一起。一首诗可能既有思乡，又有思亲，甚至连羁旅行役之艰都有。如杜甫的《月夜忆舍弟》，"月是故乡明"是思乡，"有弟皆分散"是思亲，而"戍鼓断人行"则是旅途之艰。

七、闺怨诗

有一类古诗是女性专属的，就是闺怨诗。所谓闺怨诗，就是抒写闺中妇女对丈夫的思念或抒发独居闺中的孤独等内容的诗歌。闺中妇女大多指征妇、商妇、游子妇，也包括未出阁的少女。另外，广义上还包括宫中女子。

（一）王昌龄的《闺怨》

闺中少妇不知愁，春日凝妆上翠楼。
忽见陌头杨柳色，悔教夫婿觅封侯。

分析：这首诗是闺怨诗的代表作，写一位少妇思念其丈夫。全诗写了这位少妇的心理变化过程，从一开始的"不知愁"，到最后的"悔教夫婿觅封侯"，一个"悔"字尽显闺怨之情。

（二）元稹的《行宫》

寥落古行宫，宫花寂寞红。白头宫女在，闲坐说玄宗。

分析：这是一首著名的宫怨诗。皇帝行宫里女子从"红"（娇艳如花）到"白"（面老头白），一生都是"寥落"和"寂寞"的，从而写出了宫女凄惨而无奈的命运。

（三）唐人金昌绪的《春怨》

打起黄莺儿，莫教枝上啼。啼时惊妾梦，不得到辽西。

分析：此诗中的"妾"见不到远在"辽西"的丈夫，只有在"梦"中寻求安慰；可不懂风情的"黄莺儿"却"啼"醒了正在做春梦的她。表面是怨鸟，实际是自己心里有怨，这就是闺怨。

（四）唐人沈佺期的《独不见》

卢家少妇郁金堂，海燕双栖玳瑁梁。九月寒砧催木叶，十年征戍忆辽阳。
白狼河北音书断，丹凤城南秋夜长。谁谓含愁独不见，更教明月照流黄。

分析：从"郁金堂""海燕双栖玳瑁梁"这些词句看，这位"卢家少妇"身世不凡，可依然有怨。怨什么？怨丈夫"十年征戍"于"辽阳"，怨"音书断"，最后也只能"更教明月照流黄"。

八、咏史诗

所谓咏史诗，也叫述古诗、怀古诗，就是以历史为客体来抒写主体情志的诗歌。咏史诗大多针对具体的历史事件或历史人物，有所感慨或有所感悟而作。早在先秦时期，《诗经》《楚辞》中就有这种作品，诗歌史上第一首真正意义上的咏史诗，则是东汉时班固的《咏史》。下面几首都是这类诗的典范。

(一) 李白的《登金陵凤凰台》

凤凰台上凤凰游,凤去台空江自流。吴宫花草埋幽径,晋代衣冠成古丘。三山半落青天外,二水中分白鹭洲。总为浮云能蔽日,长安不见使人愁。

分析:"凤凰台"在金陵凤凰山上,相传南朝刘宋永嘉年间有凤凰集于此山,乃筑台,山和台也由此得名。此诗借登凤凰台先发思古之幽情,复写江山之壮观,最后又以咏叹政治愤懑作结。将历史、自然、社会融为一体,气势恢宏,情韵悠远,诚登高览胜思古之杰作。

(二) 韦庄的《台城》

江雨霏霏江草齐,六朝如梦鸟空啼。无情最是台城柳,依旧烟笼十里堤。

分析:此诗通过描绘美轮美奂的江南春景反衬古城已经消失的现实,营造出一种物是人非的落寞气氛。首句写金陵雨景,渲染氛围;次句写六朝往事如梦,繁华的台城早已破败;三、四句表现风景依旧,人世沧桑。诗人触景生情,借咏史以寄慨,暗寓伤今情,在草木无情的感慨中流露了浓重的感伤情绪。

(三) 袁枚的《马嵬》

莫唱当年长恨歌,人间亦自有银河。石壕村里夫妻别,泪比长生殿上多。

分析:这首诗将唐玄宗和杨贵妃的爱情悲剧,放在民间百姓悲惨遭遇的背景下加以审视,强调广大民众的苦难远非帝妃可比。前两句表现了诗人对下层百姓疾苦的深切同情;后两句揭露了社会上的种种不幸迫使诸多夫妻不能团圆的现实。

(四) 一组咏乌江的诗

1. 杜牧的《题乌江亭》

胜败兵家事不期,包羞忍耻是男儿。江东子弟多才俊,卷土重来未可知。

2. 王安石的《叠题乌江亭》

百战疲劳壮士哀,中原一败势难回。江东子弟今虽在,肯与君王卷土来?

3. 李清照的《夏日绝句》

生当作人杰,死亦为鬼雄。至今思项羽,不肯过江东。

分析:项羽乌江一刎,引来后世文人墨客的无数感叹,这三首诗是其中较好的。其中杜牧所表达的是对胜败得失、历史兴衰的看法,即胜败乃兵家常事,只有忍辱负重、重整旗鼓,定能东山再起;王安石认为民心和形势决定了战争的胜负,历史的规律不可改变;李清照认为人要讲求气节,活着要干一番轰轰烈烈的事业,死了也要气壮山河。

其实,这种针对某一历史人物、事件或相关地点来写诗怀古的情况还是很多的:就朝代来说,经常写到的有春秋时的吴国、六朝、隋代、唐安史之乱时期、南唐、后蜀等；就地点来说，经常写到的有大城市姑苏、长安、洛阳、金陵、汴京等，事件发生地有骊山、赤壁、隋堤、马嵬、华清宫、乌江等。这些相关知识，大家要多留意。

九、悼亡诗

所谓悼亡诗，古代是专指丈夫追悼亡妻的诗作，始于西晋潘岳的《悼亡诗三首》，现在广义的也指对亡故亲人或朋友表达追悼、哀思的诗歌。其中以唐代元稹、宋代苏轼、清代纳兰性德等三位写的悼亡诗最为有名。

（一）元稹的《遣悲怀三首》

其一：谢公最小偏怜女，自嫁黔娄百事乖。顾我无衣搜荩箧，泥他沽酒拔金钗。

野蔬充膳甘长藿，落叶添薪仰古槐。今日俸钱过十万，与君营奠复营斋。

其二：昔日戏言身后意，今朝都到眼前来。衣裳已施行看尽，针线犹存未忍开。

尚想旧情怜婢仆，也曾因梦送钱财。诚知此恨人人有，贫贱夫妻百事哀。

其三：闲坐悲君亦自悲，百年都是几多时。邓攸无子寻知命，潘岳悼亡犹费词。

同穴窅冥何所望，他生缘会更难期。惟将终夜长开眼，报答平生未展眉。

分析：这三首诗重在伤悼作者已故的原配妻子韦丛。第一首诗追忆往日的艰苦处境和妻子的体贴关怀，表达了共贫贱而未能共富贵的遗憾；第二首诗紧承上首，描写妻子死后的情景，以施舍旧衣、怜惜婢仆寄托深切的哀思；第三首诗因妻子的早逝而慨叹人生的短暂，一死便成永别，抒发没有穷尽的长恨。突出悲情，深化主题。全诗直抒胸臆，朴素自然，以浅近通俗的语言和娓娓动人的描绘，抒写缠绵哀痛的真情，是古代悼亡诗中的佳作。

（二）苏轼的《江城子·乙卯正月二十日夜记梦》

十年生死两茫茫，不思量，自难忘。千里孤坟，无处话凄凉。纵使相逢应不识，尘满面，鬓如霜。

夜来幽梦忽还乡，小轩窗，正梳妆。相顾无言，惟有泪千行。料得年年肠断处，明月夜，短松冈。

分析：这是苏轼为悼念原配妻子王弗而写的一首悼亡词，表现了绵绵不尽的哀伤和思念。此词情意缠绵，字字血泪。上阕写词人对亡妻的深沉的思念，写实；下阕记述梦境，抒写了词人对亡妻执着不舍的深情，写虚。上阕写实，下阕记梦，虚实结合，衬托出对亡妻的思念，加深全词的悲伤基调。词中采用白描手法，出语如话家常，却字字从肺腑镂出，自然而又深刻，平淡中寄寓着真淳。全词思致委婉，境界层出，情调凄凉哀婉，为脍炙人口的悼亡名作。

（三）纳兰性德的《南乡子·为亡妇题照》

泪咽却无声，只向从前悔薄情。凭仗丹青重省识，盈盈，一片伤心画不成。

别语忒分明，午夜鹣鹣梦早醒。卿自早醒侬自梦，更更，泣尽风檐夜雨铃。

分析：这是清代第一词人纳兰性德所写的一首词。词首打破先写景后言情的词体常例，破空一句"泪咽却无声"，直接写出了词人的悲痛；下阕紧承上阕，和妻子分离以前说的话还历历在心，孰料竟然永别。该词真实地抒写由悼亡伤逝与离世超尘相交杂而产生的痛切之感。其中"一片伤心画不成"是词中名句。

古诗词常见的修辞手法

所谓修辞，是指在遣词造句的过程中，根据语境和题旨的需要，对词语进行锤炼、对句式进行选择的方法。它可以给作品增添许多风采、情趣和内涵。古典诗词中常用的修辞手法有比喻、拟人、夸张、借代、互文、用典、通感、设疑、双关、列锦等。

一、比喻

所谓比喻，就是打比方，指用一种事物来比另一种和其有相似之处的而性质又不同的事物的手法。恰当的比喻，可以化平淡为生动，化深奥为浅显，化抽象为具体。比喻分为明喻、暗喻和借喻。

（一）李贺的《马诗》

大漠沙如雪，燕山月似钩。何当金络脑，快走踏清秋。

分析："沙如雪，月似钩"，以"雪"喻"沙"，以"钩"喻"月"，抓住了事物特点，生动而形象。本体（沙、月）、喻体（雪、钩）、比喻词（如、似）三者俱全，属明喻。

（二）白居易的《暮江吟》

一道残阳铺水中，半江瑟瑟半江红。可怜九月初三夜，露似真珠月似弓。

分析："露似真珠月似弓"，以"真珠"喻"露"，以"弓"喻"月"，准确而形象。

本体（露、月）、喻体（真珠、弓）、比喻词（似）三者俱全，属明喻。

（三）孟郊的《游子吟》

慈母手中线，游子身上衣。

临行密密缝，意恐迟迟归。

谁言寸草心，报得三春晖。

分析："谁言寸草心"中的"寸草"比喻"游子"，"报得三春晖"中的"三春晖"比喻"母亲的恩泽"。这里只出现了喻体（寸草、三春晖），没有本体（游子、母亲的恩泽），也没有比喻词，属借喻。

二、拟人

（一）李清照的《鹧鸪天·桂花》（片段）

暗淡轻黄体性柔。……梅定妒，菊应羞。

分析：此句把"桂花、梅花、菊花"人格化，使"桂花"具有人一样的温柔之态，"梅花"会有嫉妒之心，菊花也有羞愧之意。

（二）李白的《哭晁卿衡》（片段）

明月不归沉碧海，白云愁色满苍梧。**分析**："白云愁色"就是拟人，"白云"怎么会发愁呢？显然这里作者把它人格化了。此句表现了诗人听到晁衡"去世"后的悲痛心情。

三、夸张

所谓夸张，就是故意夸大或缩小表达对象的形象、特征、作用、程度或品格，以增强话语的表现力。

（一）李白的《夜宿山寺》

危楼高百尺，手可摘星辰。不敢高声语，恐惊天上人。

分析："楼高百尺"，也不过几十米，和星辰的高相差太远了，不可能"摘"到。这就是夸张，极言楼之高，极言山寺位置之高。

（二）李白的《北风行》（片段）

烛龙栖寒门，光曜犹旦开。

日月照之何不及此？惟有北风号怒天上来。

燕山雪花大如席，片片吹落轩辕台。

分析："燕山雪花大如席"，雪花再大，也不可能和席子那样大，这就是夸张，极言燕地雪花之大。

四、借代

所谓借代，就是用相关的事物来代替所要表达的事物的一种修辞手法。可以以部分代替整体，以官职、籍贯、履职地等代替人物，甚至可以以事物的某个特征代替事物。恰当的借代，可以达到形象突出、特点鲜明、具体生动的效果。

（一）杜甫的《月夜》

今夜鄜州月，闺中只独看。遥怜小儿女，未解忆长安。

香雾云鬟湿，清辉玉臂寒。何时倚虚幌，双照泪痕干。

分析："遥怜小儿女，未解忆长安"中的"小儿女""忆长安"，其实忆的是他们的父亲（杜甫），因当时杜甫在长安，这是以地名代替人物。

宋之问的"但令归有日，不敢恨长沙"中的"长沙"也是这种情况，"长沙"代指汉代的贾谊，他曾在长沙做过官。

杜甫的"朱门酒肉臭，路有冻死骨"中的"朱门"也是借代，过去只有富贵人家才把大门漆成红色，所以，"朱门"就成了"富贵之家"的代名词。

（二）龚自珍的《己亥杂诗》

浩荡离愁白日斜，吟鞭东指即天涯。落红不是无情物，化作春泥更护花。

分析："落红不是无情物"中的"红"，指的是花，"红"只是它的颜色，这是以特征代替该事物。李清照《如梦令》词中的"知否知否，应是绿肥红瘦"中的"绿"和"红"也是这种情况。

五、互文

所谓互文，就是一句之中或相邻句子之间的词语互相补充，结合起来共同表达一个完整的意思，又称"互文见义"。互文手法用得好，可以达到结构紧凑、表意丰富的效果。

（一）王昌龄的《出塞》

秦时明月汉时关，万里长征人未还。但使龙城飞将在，不教胡马度阴山。

分析："秦时明月汉时关"句，意思不是"秦时的明月照着汉时的边关"，而是"秦汉时的明月，秦汉时的边关"。这是一个句子之中的互文。

（二）《木兰诗》（片段）

东市买骏马，西市买鞍鞯，南市买辔头，北市买长鞭。……当窗理云鬓，对镜贴花黄。出门看火伴，火伴皆惊忙：同行十二年，不知木兰是女郎。

分析："当窗理云鬓，对镜贴花黄"，意思不是"当窗只理云鬓，对镜只贴花黄",而是"当窗"取光亮,"对镜"来整容,(木兰)是对着窗户照着镜子"理云鬓、贴花黄"的。"东市买骏马,西市买鞍鞯,南市买辔头,北市买长鞭"句,也不是指在东市只买骏马,在西市只买鞍鞯,在南市只买辔头,在北市只买长鞭,也不是只买这四样东西,而是说木兰到市场上购买出征时的所需物品。这是相邻句子之间的互文。《木兰诗》还有一句"将军百战死,壮士十年归"也是互文。

六、用典

所谓用典,就是诗文中引用过去的人、事、物之史实或语言文字,以增加词句之含蓄、典雅,即"据事以类义,援古以证今"(刘勰《文心雕龙》)。

(一)崔郊的《赠婢》

公子王孙逐后尘,绿珠垂泪滴罗巾。侯门一入深似海,从此萧郎是路人。

分析:"绿珠""萧郎"都是用典,"绿珠"是人名,她是晋代石崇的爱婢,泛指年轻漂亮还有才的女子;"萧郎"本是对南朝梁武帝萧衍的称呼,后泛指女子爱恋的情郎。

(二)杜牧的《泊秦淮》

烟笼寒水月笼沙,夜泊秦淮近酒家。商女不知亡国恨,隔江犹唱后庭花。

分析:"后庭花"是用典,"后庭花"的全称是《玉树后庭花》,是南朝亡国之君陈叔宝作的一首乐曲名,后人多认为是不祥之音。作者用这个典故讽刺那些不从中吸取教训的醉生梦死的晚唐统治者。

七、通感

所谓通感,就是用形象的语言将人的听觉、视觉、味觉、嗅觉、触觉等不同感官互相沟通、交错,彼此挪移转换,使意象更为活泼、新奇。简单地说,就是用表示甲感觉的词语表示乙感觉。

(一)姜夔的《扬州慢》(片段)

二十四桥仍在,波心荡、冷月无声。念桥边红药,年年知为谁生?

分析:"冷月无声"句,"月",我们只能用眼看,是视觉的事情;可"冷"却是触觉的事情;"无声"又是听觉的事情。短短四字,就用了两种通感。

(二)李白的《黄鹤楼闻笛》

一为迁客去长沙,西望长安不见家。黄鹤楼中吹玉笛,江城五月落梅花。

分析:"江城五月落梅花"句,五月的江城是没有梅花的,这是哪里来的?这"梅花"不是梅花,是一首叫《梅花落》的古曲;梅花本来只能"看",是视觉,但根据前文,这是作者听到的笛子演奏的曲子,只能是听觉。所以,这里使用了通感,用视觉来表达听觉。

八、设疑(设问、反问)

设疑分设问和反问两种情况:先提出问题,再回答问题,这是设问;提出问题,但不作回答,不过答案已在问句中,这是反问。这种手法可使文脉清晰、结构紧凑,便于突出问题,容易引起读者的阅读兴趣。

(一)杜甫的《望岳》

岱宗夫如何?齐鲁青未了。造化钟神秀,阴阳割昏晓。

荡胸生曾云,决眦入归鸟。会当凌绝顶,一览众山小。

分析:首联就是设问,"岱宗夫如何?"是提出问题;"齐鲁青未了"是回答问题。一问一答,既交代了泰山之地形特点,又使结构紧凑,引起读者的阅读兴趣。

(二)清代赵翼的《诗论》

只眼须凭自主张,纷纷艺苑漫雌黄。矮人看戏何曾见?都是随人说短长。

分析:三、四句是设问,"矮人看戏何曾见?"先用一个比喻提出问题,说看到了什么呢?"都是随人说短长",人云亦云罢了,什么也没看到,一问一答,凸显了作者批评人们"随俗从众"的用意。

(三)唐代王翰的《凉州词》

葡萄美酒夜光杯,欲饮琵琶马上催。醉卧沙场君莫笑,古来征战几人回?

分析:第四句"古来征战几人回?"是反问,虽然后面没有回答,但读者能从反问的语气中得到答案,即"古来征战无人回",这比直接回答更加震撼人心。

(四)曹植的《七步诗》

煮豆持作羹,漉菽以为汁。萁在釜下燃,豆在釜中泣。本自同根生,相煎何太急?

分析:最后一句"相煎何太急?"也是反问。意思是,作为亲兄弟不要这么着急杀我。文字上虽然没有表示,但答案已在问句中,这就是反问。

类似的反问句还有:

田横五百人安在,难道归来尽列侯?——(清)龚自珍《咏史》

此曲只应天上有,人间能得几回闻?——(唐)杜甫《赠花卿》

日出江花红胜火,春来江水绿如蓝,能不忆江南?——(唐)白居易《忆江南》

九、双关

所谓双关,是利用词的多义和同音,有意使语句具有双重或多重意义,以达到言在此而意在彼的修辞效果。

(一) 刘禹锡的《竹枝词》

杨柳青青江水平,闻郎江上唱歌声。东边日出西边雨,道是无晴却有晴。

分析:"道是无晴却有晴",表面是"无晴""有晴",实际上是以"晴"写"情",谐音双关,表现的是年轻女子那种含羞不露的内在感情。

(二) 李商隐的《无题》

相见时难别亦难,东风无力百花残。春蚕到死丝方尽,蜡炬成灰泪始干。
晓镜但愁云鬓改,夜吟应觉月光寒。蓬山此去无多路,青鸟殷勤为探看。

分析:颔联"丝方尽","丝""思",谐音双关,实际是"思"方尽,比喻那种情深意长、至死不渝的爱情。明代文学家程敏政的"因荷而得藕,有杏不须梅"(因何而得偶,有幸不须媒),也是双关的范例。

十、列锦

所谓列锦,就是将几个名词或名词性短语排列起来构成句子的一种修辞手法。句子中虽然没有动词,却能多角度地描绘事物并表达复杂的思想感情。

(一) 马致远的《天净沙·秋思》

枯藤老树昏鸦,小桥流水人家,古道西风瘦马。夕阳西下,断肠人在天涯。

分析:本曲的前三句就是"枯藤、小桥、古道"等九个名词组成,没有动词,但极具画面感,把天涯游子的愁苦彷徨心境和盘托出,妙不可言。

(二) 陆游的《书愤》

早岁那知世事艰,中原北望气如山。楼船夜雪瓜洲渡,铁马秋风大散关。
塞上长城空自许,镜中衰鬓已先斑。出师一表真名世,千载谁堪伯仲间。

分析:颔联由"楼船、夜雪、瓜洲渡、铁马、秋风、大散关"六个名词组成,但并没有影响意思的完整表达,读者完全可以感受到这样的情景:在大雪纷飞的夜里,乘船来到瓜州;在秋风瑟瑟的大散关,骑马挥刀与敌军厮杀。

另外,温庭筠的"鸡声茅店月,人迹板桥霜",柳永的"杨柳岸晓风残月",贺铸的"若问闲情都几许?一川烟草,满城风絮,梅子黄时雨"等都是列锦的范例。

诗词中常见的表达方式

在古典诗词中，常用的表达方式有记叙、描写、抒情、议论。

所谓记叙，就是叙述人物经历、事件发生和情景转换；描写，是生动、具体、形象地再现某一对象的状貌和情态；抒情，则是抒发和表现诗人的感情；议论，是对景物、事件及相关人物的命运的评价和态度。在实际作品中，记叙和描写，抒情和议论，往往放在一起使用，有时甚至是四种方式同时使用。

下面分别举例介绍一下。

一、记叙

（一）范成大的《四时田园杂兴》（其三十一）

昼出耘田夜绩麻，村庄儿女各当家。童孙未解供耕织，也傍桑阴学种瓜。

分析：全诗基本都在叙述农村的劳作情况，如写大人的"昼出耘田夜绩麻"，童孙的"也傍桑阴学种瓜"。

（二）卢纶的《塞下曲》

林暗草惊风，将军夜引弓。平明寻白羽，没在石棱中。

分析：全诗记录了一次"打猎"的过程：夜里草动—将军拉弓—找寻猎物—箭没石中，虽然没有议论和抒情，读者也能感受到这是在赞美将军膂力过人。

二、描写

（一）描写分类

描写的种类很多，分类标准也不一样，一般情况分为动作、语言、外貌、神态与心理描写等。比如：

动作描写：旧时王谢堂前燕，飞入寻常百姓家。

语言描写：只在此山中，云深不知处。

外貌描写：满面尘灰烟火色，两鬓苍苍十指黑。

神态描写：却看妻子愁何在，漫卷诗书喜欲狂。

心理描写：可怜身上衣正单，心忧炭贱愿天寒。

（二）细节描写

它和动作、语言等描写不是并列关系，而是交叉关系，上述几种描写中都会有细节描写。

1. 李端的《听筝》

鸣筝金粟柱，素手玉房前。欲得周郎顾，时时误拂弦。

分析："时时误拂弦"就是细节描写，一位弹筝的女子因为"欲得周郎顾"，分心了，所以"时时误拂弦"。这个细节把这位女子对知音思念之切的心情生动地表现出来了。

2. 张仲素的《春闺思》

袅袅城边的垂柳，青青路旁的柔桑。提篮忘了把桑采，凝思昨夜梦渔阳。

分析："提篮忘了把桑采"和"时时误拂弦"意思差不多，女子因思"渔阳"竟然忘了采桑，其思念之情该有多深啊。

3. 张籍的《秋思》

洛阳城里见秋风，欲作家书意万重。复恐匆匆说不尽，行人临发又开封。

分析："行人临发又开封"的"又开封"是细节描写，本来已经封好信，就要送走了，又再一次打开。这一细节把那种"万重""意"给传神地表达出来了。

（三）正面描写和侧面描写

所谓正面描写，就是直接对人物、事物进行描绘；侧面描写，就是通过对其他人物、事物的描写来表现所要描绘的人物、事物的特点。如：

1. 李白的《蜀道难》（片段）

上有六龙回日之高标，下有冲波逆折之回川。黄鹤之飞尚不得过，猿猱欲度愁攀援。青泥何盘盘，百步九折萦岩峦。

分析："上有六龙回日之高标，下有冲波逆折之回川""青泥何盘盘，百步九折萦岩峦"，是直接描写蜀道的高和险；"黄鹤之飞尚不得过，猿猱欲度愁攀援"，连黄鹤都飞不过去，连猿猴攀援时都发愁，侧面描写这山的高与险。

2. 汉乐府《陌上桑》（片段）

头上倭堕髻，耳中明月珠。缃绮为下裙，紫绮为上襦。

行者见罗敷，下担捋髭须。少年见罗敷，脱帽著帩头。

耕者忘其犁，锄者忘其锄。来归相怨怒，但坐观罗敷。

分析："头上倭堕髻，耳中明月珠。缃绮为下裙，紫绮为上襦"，是正面描写罗敷的穿戴；"行者见罗敷，下担捋髭须。少年见罗敷，脱帽著帩头。耕者忘其犁，锄者忘其锄。来归相怨怒，但坐观罗敷"，作者通过"行者、少年、耕者、锄者"的异常表现侧面描写罗敷的美丽。

（四）白描

所谓白描，就是用最简练的笔墨，不用任何修饰、任何技巧来表情达意的一种描写方法。

1. 李白的《丁都护歌》（片段）

云阳上征去，两岸饶商贾。吴牛喘月时，拖船一何苦。水浊不可饮，壶浆半成土。

分析："壶浆半成土"就是白描，作者只是把船工们喝的水纯客观地放在读者面前，没有表态。但一半都是土的水，足以让读者明白他们的生活是多么糟糕，足以让读者明白作者对他们的遭遇是多么同情。

2. 温庭筠的《商山早行》

晨起动征铎，客行悲故乡。鸡声茅店月，人迹板桥霜。

槲叶落山路，枳花明驿墙。因思杜陵梦，凫雁满回塘。

分析：其中的"鸡声茅店月，人迹板桥霜"句就是白描，它只将"鸡声、茅店、月亮、人迹、板桥、秋霜"这六种事物组合，没有任何修饰加工，就把商山的"早"景准确地表现出来了。

三、抒情

（一）直接抒情

直接抒情，也叫直抒胸臆，就是作者在诗中直接表达自己的感情。

1. 李白的《梦游天姥吟留别》（片段）

海客谈瀛洲，烟涛微茫信难求；

世间行乐亦如此，古来万事东流水。

别君去兮何时还？且放白鹿青崖间。须行即骑访名山。

安能摧眉折腰事权贵，使我不得开心颜！

分析："安能摧眉折腰事权贵，使我不得开心颜"句直接表达了自己的态度：绝不会向权贵低头。没有任何掩饰，一点也不含蓄，属于直抒胸臆。

2. 陈子昂的《登幽州台歌》

前不见古人，后不见来者。念天地之悠悠，独怆然而涕下！

分析：这首诗没有借助任何他物，也无任何具体描述的笔墨，而是直接把自己"怆然而涕下"的原因（在悠悠天地之间，前不见古人，后不见来者）写了出来，这就是直抒胸臆。

另外，曹操的《龟虽寿》中的"烈士暮年，壮心不已"，王维的《九月九日忆山东兄弟》中的"每逢佳节倍思亲"等，也是直接抒情。

(二) 间接抒情

间接抒情,就是含蓄地表达自己的感情,大多是借助他人或他景、他物等。其中,"借景抒情"是最常见的一种,分为"以哀景抒哀情""以乐景抒乐情"以及"以乐景写哀情"三种情况。

1. 马致远的《天净沙·秋思》

枯藤老树昏鸦,小桥流水人家,古道西风瘦马。夕阳西下,断肠人在天涯。

分析:全曲前三句,只是列举了九种景物,没有一个表情达意的字,可是思乡之情十足,为什么呢?作者是把他的感情藏在这几种景物中了,只是没有直接说出来,这就是间接抒情中的借景抒情,这属于以哀景抒哀情。

2. 杜甫的《江畔独步寻花》

黄四娘家花满蹊,千朵万朵压枝低。留连戏蝶时时舞,自在娇莺恰恰啼。

分析:这首诗写了花、蝶、莺等几种事物,也没有任何表示作者感情的文字,但读者却能从诗中感受到作者对春天的喜爱之情。为什么呢?因为那"千朵万朵"的花,"时时舞"的"留连戏蝶"与"恰恰啼"的"自在娇莺",没有好的心情,怎么可能有这样的好景致呢?这属于以乐景抒乐情。

3. 杜甫的《蜀相》

丞相祠堂何处寻,锦官城外柏森森。映阶碧草自春色,隔叶黄鹂空好音。
三顾频烦天下计,两朝开济老臣心。出师未捷身先死,长使英雄泪满襟。

分析:颔联"映阶碧草自春色",是说春天来了,丞相祠堂长满青草,绿色映照在台阶上;"隔叶黄鹂空好音",黄鹂鸟在茂密的树枝间婉转的歌唱。表面上是赞美大好春光,实际上是说,现在已经很少有人来瞻仰诸葛亮了,整个祠堂是长满杂草,荒芜一片。这是以乐景写哀情。

4. 杜甫的《月夜》

今夜鄜州月,闺中只独看。遥怜小儿女,未解忆长安。
香雾云鬟湿,清辉玉臂寒。何时倚虚幌,双照泪痕干。

分析:首联"今夜鄜州月,闺中只独看",写的是杜甫远在鄜州的妻子正独自一人在闺中看月,看月一般就是思念亲人的意思,也就是说,作者"知道"他妻子此时正在想他、盼他。其实他妻子当时有没有想他也未必,但作者一定是在想妻子。这是站在对方角度写,其实表达的正是自己的感情,只不过多拐了一个弯,这也是间接抒情。

5. 朱庆馀的《近试上张水部》

洞房昨夜停红烛,待晓堂前拜舅姑。妆罢低声问夫婿,画眉深浅入时无。

分析:这是一首很特别的诗,乍一看,以为是写一位新娘子第一次见公婆的情况，而作者实际上要写的意思是，作为考生，自己要问问张水部，他的文章合不合主考官的喜好。想问又不直接说，借"新娘子"来表情达意，这也是间接抒情。

和这种类似的还有张籍所作的《节妇吟》：
君知妾有夫，赠妾双明珠。
感君缠绵意，系在红罗襦。
妾家高楼连苑起，良人执戟明光里。
知君用心如日月，事夫誓拟同生死。
还君明珠双泪垂，恨不相逢未嫁时。
诗中作者借拒绝他人赠明珠来谢绝李师道对他的拉拢。

四、议论

议论，就是表达自己的看法，一般起画龙点睛、卒章显志、突出主旨的作用。

（一）清代黄景仁的《别老母》
搴帷拜母河梁去，白发愁看泪眼枯。惨惨柴门风雪夜，此时有子不如无。

分析：黄景仁幼年丧父，全靠母亲把他抚养成人，可他却常年奔波在外，很少有时间回来看看母亲。"此时有子不如无"，这是当他在一个"风雪夜"的"柴门"看到自己的"白发泪眼枯"的母亲时对自己的评价，直截了当，全盘否定了自己。

（二）清代赵翼的《诗论》
李杜诗篇万口传，至今已觉不新鲜。江山代有人才出，各领风骚数百年。

分析：全诗以议论为主，作者直接告诉人们，不要总是满足于吟诵、宣扬和称颂李白、杜甫等大家的诗，再好的诗都有不新鲜的时候，每个时代都要有"才人"出现，每个时代都要有佳作问世。这是对当时文坛的因循守旧的一种批判。

五、综合运用

诗人创作一首诗，很少只单独使用一种表达方式，常常是几种表达方式同时使用，尤其在句子比较多的律诗、古风和词中。

（一）王维的《积雨辋川庄作》
积雨空林烟火迟，蒸藜炊黍饷东菑。漠漠水田飞白鹭，阴阴夏木啭黄鹂。
山中习静观朝槿，松下清斋折露葵。野老与人争席罢，海鸥何事更相疑。

分析：这首诗首联"蒸藜炊黍饷东菑"，是说做什么饭送到哪里去，是记叙；颔联"漠漠水田飞白鹭，阴阴夏木啭黄鹂"，描绘了美丽的田园风光，是描写；颈联"山中习静观朝槿，松下清斋折露葵"，是说自己在山中都见了什么、吃了什么，是记叙；尾联"野老与人争席罢，海鸥何事更相疑"，是说自己已经决意退出官场，那些人怎么还是对我不放心呢？是议论和抒情。一首诗，用到了记叙、描写、议论、抒情四种表达方式，不可谓不丰富。

（二）秦观的《鹊桥仙》

纤云弄巧，飞星传恨，银汉迢迢暗度。金风玉露一相逢，便胜却人间无数。

柔情似水，佳期如梦，忍顾鹊桥归路！两情若是久长时，又岂在朝朝暮暮。

分析："纤云弄巧，飞星传恨，银汉迢迢暗度"，主要是记叙，也有描写；"金风玉露一相逢，便胜却人间无数"，记叙加议论；"柔情似水，佳期如梦，忍顾鹊桥归路"，描写加抒情；"两情若是久长时，又岂在朝朝暮暮"，议论加抒情。此词也是记叙、描写、议论、抒情四种表达方式全用上了。

诗词中常见的表现手法

诗词中和表现手法有关的术语有"虚和实""动与静""抑和扬""点和面"以及托物言志、以小见大、对比、象征等，这些术语都是我们在诗词鉴赏和诗词写作时经常遇到的，需要理解、掌握并运用。

下面一一举例介绍。

一、虚和实

所谓虚，一般有几种情况：以前的人和事，将来的人和事，梦中或想象中的人和事，异地的人和事及神话传说等；所谓实，就是眼前的实际情况。虚和实有时单独使用，有时联合使用，联合使用的情况又分：虚实结合、以实写虚（化虚为实）、以虚写实等。现分别举例介绍。

（一）虚实结合

李白的《望庐山瀑布》

日照香炉生紫烟，遥看瀑布挂前川。飞流直下三千尺，疑是银河落九天。

分析：此诗前三句是实写作者看到的情景，"生紫烟"的"香炉"峰，"直下三千尺"的瀑布；而第四句"银河落九天"则是作者的想象，是虚写。这样，虚实结合,共同表现庐山瀑布的雄伟气势。

(二)以实写虚

柳宗元的《与浩初上人同看山寄京华亲故》

海畔尖山似剑铓,秋来处处割愁肠。若为化得身千亿,散上峰头望故乡。

分析:"思乡"是"虚",看不见、摸不着,不好写。此诗却别出心裁,想象自己分身千亿,分别站在山头望故乡,从而化虚为实,表现了作者浓郁的思乡之情。其他如李煜的"问君能有几多愁,恰似一江春水向东流",贺铸的"若问闲情都几许。一川烟草,满城风絮,梅子黄时雨"等都是这方面的范例。

(三)以虚写实

朱熹的《观书有感》

半亩方塘一鉴开,天光云影共徘徊。问渠那得清如许?为有源头活水来。

分析:初看本诗,一般会认为是写景诗,但看看题目,才明白作者写的是读书的感受。所有的内容全是比喻,其中"半亩方塘"是作者的想象,是虚的;书及读书的好处,是实实在在的。这就是以虚写实。

二、动和静

所谓动和静,不难理解,也是常用的手法,一般分动静结合、以动衬静两种情况。

(一)动静结合

刘禹锡的《乌衣巷》

朱雀桥边野草花,乌衣巷口夕阳斜。旧时王谢堂前燕,飞入寻常百姓家。

分析:"野草花""夕阳斜"等都是静态的事物,"燕飞入"则是动态的,动静结合,形象地揭示了"权势不足恃才、富贵不可骄"的社会发展规律。

(二)以动衬静

王籍的《如若耶溪》

艅艎何泛泛,空水共悠悠。阴霞生远岫,阳景逐回流。

蝉噪林逾静,鸟鸣山更幽。此地动归念,长年悲倦游。

分析:颈联"蝉噪林逾静,鸟鸣山更幽",用噪响的蝉、鸣叫的鸟来表现山林的幽静,这就是以动衬静;有的也叫以声衬静,比直接写"静"的效果更好,显得生动形象。王维的"人闲桂花落,夜静春山空。月出惊山鸟,时鸣春涧中"属于这种情况。

三、抑和扬

所谓"抑",就是压、贬;所谓"扬"就是抬、褒。抑和扬既可以单独使用,也可以结合起来运用。两者结合,一般有先抑后扬(欲扬先抑)和先扬后抑(欲抑先扬)两种情况。

(一)先抑后扬

李商隐的《宿骆氏亭寄怀崔雍崔衮》

竹坞无尘水槛清,相思迢递隔重城。秋阴不散霜飞晚,留得枯荷听雨声。

分析:第三句写一天到晚"秋阴不散",还飞起了"霜",说明天气很糟糕,再加上后面的"枯荷",这"景"够"抑"了;后边的"听雨声"又扬起,在糟糕的天气里,在枯萎的荷叶边,却听到了美妙的雨声,真乃天籁之音。这就是欲扬先抑,其效果会比直接"扬"要好得多。

(二)先扬后抑

王昌龄的《闺怨》

闺中少妇不知愁,春日凝妆上翠楼。忽见陌头杨柳色,悔教夫婿觅封侯。

分析:前两句写"少妇不知愁,凝妆上翠楼",春来了,满心欢喜,这是"扬";后两句写少妇"见杨柳"而"悔",这就是"抑"。这样欲抑先扬,比直接的"抑"效果要好得多。李商隐的"夕阳无限好,只是近黄昏"也是这种手法。

四、点和面

所谓"点",指的是最能显示人事景物的形象状态特征的详细描写;所谓"面",指的是对人事景物的概括性描写。"点",突出重点,体现深度;"面",顾及全局,体现广度。两者结合,才能既全面又深刻地表现思想、抒发感情。

下面举例分析。

(一)柳宗元的《江雪》

千山鸟飞绝,万径人踪灭。孤舟蓑笠翁,独钓寒江雪。

分析:前两句"千山鸟飞绝,万径人踪灭"写天地之间茫茫一片,这是从"面"上写江雪;后两句的"孤舟"上的"蓑笠翁""独钓寒江",则是其中的一个"点"。如果只有一个"面",就会显得很虚空;如果只有一个"点",则显得很单薄。不管怎样,只写一个方面,都不会给人留下什么太深的印象。只有点面结合起来,"面"为后面的"翁"提供了一个舞台,"翁"也只有在这个舞台上才能活起来,所谓人物"坚韧不拔、卓然而立"的品格才有了依据。

(二) 杨万里的《小池》

泉眼无声惜细流,树荫照水爱晴柔。小荷才露尖尖角,早有蜻蜓立上头。

分析:前两句是"无声""晴柔"的"面",后两句"尖尖角""蜻蜓"是"点"。点面结合,共同表达了作者对小池美景的喜爱之情。

(三) 杨万里的《晓出净慈寺送林子方》

毕竟西湖六月中,风光不与四时同。接天莲叶无穷碧,映日荷花别样红。

分析:前两句写西湖"不与四时同"的"六月风光",这是"面";"别样红"的荷花是"点",点面结合,共同表现了六月西湖的美丽风光。

(四) 范成大的《四时田园杂兴》(其三十一)

昼出耘田夜绩麻,村庄儿女各当家。童孙未解供耕织,也傍桑阴学种瓜。

分析:前两句"昼出耘田夜绩麻,村庄儿女各当家"写农忙时的情景,是"面";后两句"童孙未解供耕织,也傍桑阴学种瓜",是"点"。点面结合,共同表现了农村的劳作生活。

(五) 王维的《观猎》

风劲角弓鸣,将军猎渭城。草枯鹰眼疾,雪尽马蹄轻。

忽过新丰市,还归细柳营。回看射雕处,千里暮云平。

分析:此诗的"风劲""猎渭城""千里暮云平"等都是"面",渲染了打猎前后的天气环境特点;"鹰眼疾、马蹄轻"则是其中的一个"点",一个打猎过程中最紧张、最精彩的那个"点"。两者结合起来,有力地塑造了将军打猎过程之精彩、打猎经验之丰富。

五、托物言志

所谓托物言志,就是借助其他事物来表达自己的观点、态度、志向等,相对于直抒胸臆,它显得含蓄而深沉。

(一) 郑燮的《竹石》

咬定青山不放松,立根原在破岩中。千磨万击还坚劲,任尔东西南北风。

分析:这是托物言志,借竹子表达自己不怕任何打击的态度。

(二) 于谦的《石灰吟》

千锤万凿出深山,烈火焚烧若等闲。粉骨碎身浑不怕,要留清白在人间。

分析:这也是托物言志,借石灰表达自己坚强而清白的品格。

(三) 杜荀鹤的《小松》

自小刺头深草里,而今渐觉出蓬蒿。时人不识凌云木,直待凌云始道高。

分析:这也是托物言志,作者借小松表达自己的看法(讽刺那些没有发展眼光的人）。

六、以小见大
所谓以小见大，就是诗中写的是很小的事物，但反映出的却是大道理、大社会，类同成语"管中窥豹""一叶知秋"的意思。

（一）杜牧的《过华清宫》

长安回望绣成堆，山顶千门次第开。一骑红尘妃子笑，无人知是荔枝来。

分析：本诗写一个妃子吃荔枝的事，的确是小事，可她吃的荔枝却是从南方千辛万苦运回来的，不知耗费了多少人力、物力。从这一件小事上，读者就会想，一件小事就这样兴师动众，可见这个妃子是多么奢侈、多么有面子。进一步想，她后边的皇上又是多么荒唐。这就是以小见大。

（二）刘禹锡的《乌衣巷》

朱雀桥边野草花，乌衣巷口夕阳斜。旧时王谢堂前燕，飞入寻常百姓家。

分析：诗人通过桥边"野草花"、乌衣巷口"夕阳斜"，还有"堂前燕"这样的平常小景、小物，解释时代变迁、人生多变，抒发自己对盛衰兴败的深沉感慨。这就是以小见大。

七、对比
对比，一般是把两种或两种以上的事物放在一起写，达到一种使"黑得更黑，白得更白"的艺术效果。

（一）杜甫的《自京赴奉先县咏怀五百字》（节选）

杜陵有布衣，老大意转拙。……
穷年忧黎元，叹息肠内热。……
朱门酒肉臭，路有冻死骨。
荣枯咫尺异，惆怅难再述。……

分析："朱门酒肉臭，路有冻死骨"句，一方是富贵之家的生活"酒肉臭"，一方是穷苦人的日子"冻死骨"，放在一起对比，就表现了当时的贫富差距之大。

（二）白居易的《轻肥》（节选）

意气骄满路，鞍马光照尘。借问何为者，人称是内臣。
朱绂皆大夫，紫绶或将军。夸赴军中宴，走马去如云。……
是岁江南旱，衢州人食人。

分析：这也是对比：前边的"意气骄满路，鞍马光照尘。借问何为者，人称是内臣。朱绂皆大夫,紫绶或将军。夸赴军中宴,走马去如云"等描写的是宦官们富足得意的生活;"是岁江南旱,衢州人食人"则是写百姓的生活已经是"人食人"了,两者对比,表现的是当时社会贫富对立之严重。

(三)卢钺的《雪梅》

梅雪争春未肯降,骚人阁笔费评章。梅须逊雪三分白,雪却输梅一段香。

分析:后两句是对比,分别写出了梅和雪的各自优势,即梅香雪白。

(四)蒋捷的《虞美人》

少年听雨歌楼上。红烛昏罗帐。壮年听雨客舟中。江阔云低、断雁叫西风。而今听雨僧庐下。鬓已星星也。悲欢离合总无情。一任阶前、点滴到天明。

分析:这也是对比,只不过是把"少年""壮年""而今(老年)"三种情况放在一起对比,这样便于读者区分各自特点,加深读者对各个阶段的印象,最终有助于读者更好地体会这首词的思想内容。

八、象征

所谓象征,是根据事物之间的某种联系,借助某人某物的具体形象(象征体),以表现某种抽象的概念、思想和情感。它可以使文章立意高远,含蓄深刻。恰当地运用象征手法,可以将某些比较抽象的精神品质化为具体的可以感知的形象,从而给读者留下深刻的印象。

(一)《诗经·魏风·硕鼠》(片段)

硕鼠硕鼠,无食我黍!三岁贯女,莫我肯顾。

逝将去女,适彼乐土。乐土乐土,爰得我所。

分析:此诗写劳动者咒骂剥削他们的人,此诗中的"硕鼠"指的是剥削者,它不是某句诗中的比喻,而是整首诗都在以它为喻,这就是象征。

(二)李清照的《鹧鸪天·桂花》

暗淡轻黄体性柔,情疏迹远只香留。何须浅碧深红色,自是花中第一流。

梅定妒,菊应羞,画阑开处冠中秋。骚人可煞无情思,何事当年不见收。

分析:这是象征手法。这首词通篇都在写桂花,但读者感受到的却是"人"的形象,即词中的桂花其实就是作者自己。

在古典诗词漫长的发展过程中,有些事物已逐渐形成了自己特有的含义,本身就象征某种人的品质,比如,青松代表着正直、月亮代表着高洁、菊花代表着坚强、杜鹃代表着哀伤、鸿雁代表着思乡等,大家要多留意。

写作手法中的孪生兄弟

在诗词鉴赏和诗词写作中,表达方式、修辞手法、表现手法等都是绕不开的问题,大家必须弄明白它们的基本内涵和特征。不过对中学生而言,要想一清二楚,也不是很简单的事,尤其遇到一些长得很像的概念(如对偶与对仗、借喻和借代、对比与衬托等)时。我们就把这些"长得很像"的概念叫作写作手法中的孪生兄弟吧。

一、对偶和对仗

对偶,是用字数相等、结构相同、意义对称的一对短语或句子来表达两个相对应或相近或相同的意思的修辞方式。特征:语言凝练,句式整齐,音韵和谐,富有节奏感和音乐美,使两方面的意思互相补充和映衬,加强语言的感人效果。

对仗运用于诗词与对联创作,要求在对偶的基础上,使上下句的对应词语达到"词性一致、平仄相对"的效果;对偶是一种修辞格,目的是达到表达形式上的整齐和谐与内容上的相互映衬。对仗与对偶运用于不同的文体中,对偶多用于散文和诗歌,不讲究平仄相对;对仗一般只用于律诗或对联中,对仗的上下联还必须平仄相对。

也就是说,对仗句一定是对偶句,但对偶句不一定是对仗句。对仗的写作要求更高一些。

(一)诸葛亮的《诫子书》(节选)

1. 夫君子之行,静以修身,俭以养德。
2. 非淡泊无以明志,非宁静无以致远。

分析:"静以修身,俭以养德"句,前后句相对应的词性、结构完全一样;"非淡泊无以明志,非宁静无以致远"句,其前后句相对应的词性、结构也完全一样,但它们是不是对仗呢?可以说它们都是对偶句,但不是对仗句。这可以从平仄上去判断,第一句"身",平声,"德"仄声;第二句"志",仄声,"远",仄声。都不符合对仗句最后一个字必须"上仄下平"的规定。另外,对仗中的前句和后句一般不重复用字,而这两句中都有重字。

(二)王湾的《次北固山下》

客路青山外,行舟绿水前。潮平两岸阔,风正一帆悬。

海日生残夜，江春入旧年。乡书何处达？归雁洛阳边。
分析：

1. 颔联"潮平两岸阔，风正一帆悬"中，"潮"和"帆"都是名词，"平"和"正"都是形容词，"两"和"一"都是数词，"岸"和"帆"都是名词，"阔"和"悬"，形容词对动词；合起来，"潮平""风正"是主谓结构，"两岸阔""一帆悬"是主谓结构，结构也一样。首先判定这是对偶句。再看平仄，"潮平两岸阔"，平平仄仄仄；"风正一帆悬"，平仄仄平平，根据平仄规定，上下句的第二、四字及尾字处要平仄相反，所以此联平仄符合要求。

2. 颈联"海日生残夜，江春入旧年"中，"海日"和"江春"都是名词，都是偏正结构；"生"和"入"都是动词；"残夜"和"旧年"都是名词，也都是偏正结构。总体上，"海日生残夜"和"江春入旧年"都是主谓结构，符合对偶句的特征。平仄方面，"海日生残夜"，仄仄平平仄，"江春入旧年"，平平仄仄平，平仄完全相反，符合平仄规定。

根据以上分析，此诗颔联、颈联既是对偶句，又是对仗句。

（三）小结

判定是对偶还是对仗，分三步：

先看每个词的词性，再看句子结构，最后看平仄。前两个达到要求的，是对偶句；三个都达到要求的，是对仗句。一般来说，对偶句大多出现在散文中，而对仗句一般出现在格律诗词（特别是律诗的颔联和颈联）和对联中。

二、象征和比喻

所谓象征，就是根据事物之间的某种联系，借助某人某物的具体形象（象征体），以表现某种抽象的概念、思想和情感。它可以使文章立意高远，含蓄深刻。恰当地运用象征手法，可以将某些比较抽象的精神品质化为具体的可以感知的形象，从而给读者留下深刻的印象。

所谓比喻，就是打比方，指用一种事物来比另一种和其有相似之处的而性质又不同的事物的手法。恰当的比喻，可以化平淡为生动，化深奥为浅显，化抽象为具体。

两者不同的地方在于：象征的象征体与本体之间要求"神似"，比喻的喻体和本体之间则要求"形似"；象征是以物示义，即不把意思直接说出，而让读者去理解；比喻是以物比物，比喻的对象一般要让人看得见；两者范围大小不同，象征一般就整首诗而言，比喻一般局限于一两个句子中。

(一)《诗经·魏风·硕鼠》(片段)

硕鼠硕鼠,无食我黍!三岁贯女,莫我肯顾。

逝将去女,适彼乐土。乐土乐土,爱得我所。

分析:此诗写劳动者咒骂剥削他们的人,此诗中的"硕鼠"指的是剥削者,它不是某句诗中的比喻,而是整首诗都在以它为喻,这就是象征。

(二)李清照的《鹧鸪天·桂花》

暗淡轻黄体性柔,情疏迹远只香留。何须浅碧深红色,自是花中第一流。

梅定妒,菊应羞,画阑开处冠中秋。骚人可煞无情思,何事当年不见收。

分析:这是象征手法。这首词通篇都在写桂花,但读者感受到的却是"人"的形象,即词中的桂花其实象征着作者自己,这不是形似,而是神似,所以不是比喻。

(三)李贺的《马诗》

大漠沙如雪,燕山月似钩。何当金络脑,快走踏清秋。

分析:"沙如雪,月似钩",以"雪"喻"沙",以"钩"喻"月",两者之间有相似处;另外,它只负责本句,所以这是比喻。

(四)白居易的《暮江吟》

一道残阳铺水中,半江瑟瑟半江红。可怜九月初三夜,露似真珠月似弓。

分析:"露似真珠月似弓",以"真珠"喻"露",以"弓"喻"月",准确而形象;它也只是一句中的手法,所以也是比喻。

三、借喻和借代

所谓借喻,是比喻的一种,就是那种不出现本体和比喻词,只出现喻体的比喻。

所谓借代,就是用相关的事物来代替所要表达的事物的一种修辞手法,可以用部分代替整体,以官职、籍贯、履职地等代替人物,甚至可以以事物的某个特征代替事物。比如,"有几个红领巾从那边过来了",句子中的"红领巾"指少先队员,因红领巾是少先队员身上的一部分,这是以部分代替整体,属于借代。为什么不是比喻呢?我们把它用明喻格式套一下,就成了"红领巾像少先队员",显然,这个比喻句是不成立的,因两者没有相似之处。

借喻,强调的是两者之间要有相似之处,不能是同一类事物;借代,强调的是两者之间有关联,一般是相关事物。一个着重相似性,一个着重相关性,这就是它们的本质区别。

(一) 杜甫的《月夜》

今夜鄜州月，闺中只独看。遥怜小儿女，未解忆长安。

香雾云鬟湿，清辉玉臂寒。何时倚虚幌，双照泪痕干。

分析："遥怜小儿女，未解忆长安"中的"小儿女""忆长安"，其实忆的是他们的父亲（杜甫），因当时杜甫在长安，这是以地名代替人物。

宋之问的"但令归有日，不敢恨长沙"中的"长沙"也是这种情况，"长沙"代指汉代的贾谊，因他曾在长沙做过官。

杜甫的"朱门酒肉臭，路有冻死骨"中的"朱门"也是借代，过去只有富贵人家才把大门漆成红色，所以"朱门"就成了"富贵之家"的代名词。

(二) 岑参的《白雪歌送武判官归京》（片段）

北风卷地白草折，胡天八月即飞雪。忽如一夜春风来，千树万树梨花开。

分析："忽如一夜春风来，千树万树梨花开"句，这里的"梨花"指的是"白雪""梨花像白雪"，两者的颜色都很白，有相似之处，比喻恰当、贴切。因句子中没出现本体（白雪）和比喻词（像），只有喻体"梨花"，所以是借喻。

(三) 龚自珍的《己亥杂诗》

浩荡离愁白日斜，吟鞭东指即天涯。落红不是无情物，化作春泥更护花。

分析："落红不是无情物"中的"红"是借代，"红"，指代的是花，"红"只是它的颜色，这是以特征代替该事物。李清照《如梦令》词中的"知否知否，应是绿肥红瘦"中的"绿"和"红"也是这种情况。

(四) 孟郊的《游子吟》

慈母手中线，游子身上衣。临行密密缝，意恐迟迟归。谁言寸草心，报得三春晖。

分析："谁言寸草心"句，"寸草"即小草，指外出儿子的心，含有微不足道的意思，这是说儿子的心就像小草一样微不足道，只出现了喻体"寸草"，所以是借喻；"报得三春晖"句，"三春晖"即春天的阳光，这是说母亲的恩泽就像春天的阳光，只有喻体，没出现本体和比喻词，所以，也是借喻。

四、对比与衬托

对比，一般是把两种或两种以上的事物放在一起写，达到一种使"黑得更黑，白得更白"的艺术效果。

衬托，一般也是把两种或两种以上的事物放在一起写，不过其中一方只起一个陪衬作用，它的出现只是为了突出另一方。经常说的"绿叶"衬"红花"，要突出的是"红花","绿叶"只是陪衬。衬托又分正衬和反衬两种情况。

下面举例说明一下它们的区别。

(一) 杜甫的《自京赴奉先县咏怀五百字》

杜陵有布衣,老大意转拙。……

穷年忧黎元,叹息肠内热。……

朱门酒肉臭,路有冻死骨。荣枯咫尺异,惆怅难再述。

分析:这是对比,一方是富贵之家的生活,一方是穷苦人的日子,放在一起,共同表现当时社会贫富差距之大。

(二) 白居易的《轻肥》

意气骄满路,鞍马光照尘。借问何为者,人称是内臣。

朱绂皆大夫,紫绶或将军。夸赴军中宴,走马去如云。……

是岁江南旱,衢州人食人。

分析:这也是对比:前边的"意气骄满路,鞍马光照尘。借问何为者,人称是内臣。朱绂皆大夫,紫绶或将军。夸赴军中宴,走马去如云"等描写的是宦官们的富足得意的生活;"是岁江南旱,衢州人食人"则是写百姓的生活已经是"人食人"了,两者对比,表现的是当时社会贫富对立之严重。

(三) 卢钺的《雪梅》

梅雪争春未肯降,骚人阁笔费评章。梅须逊雪三分白,雪却输梅一段香。

分析:后两句是对比,分别写出了梅和雪的各自优势,即梅香雪白。

(四) 蒋捷的《虞美人》

少年听雨歌楼上。红烛昏罗帐。壮年听雨客舟中。江阔云低、断雁叫西风。

而今听雨僧庐下。鬓已星星也。悲欢离合总无情。一任阶前、点滴到天明。

分析:这也是对比,只不过是把"少年""壮年""而今(老年)"三种情况放在一起写,这样便于读者区分各自特点,加深读者对各个阶段的印象,最终有助于读者更好地体会这首词的思想内容。

(五) 晏几道的《临江仙》

梦后楼台高锁,酒醒帘幕低垂。去年春恨却来时。落花人独立,微雨燕双飞。

记得小蘋初见,两重心字罗衣。琵琶弦上说相思。当时明月在,曾照彩云归。

分析:"落花人独立,微雨燕双飞"是衬托,这里有两种情况:一是"人独立",二是"燕双飞"。不过两者的地位不一样,作者的目的是写"人"的孤独,"双燕"的出现只是为了突出"独立"的人。这是衬托中的反衬。

(六) 李白的《赠汪伦》

李白乘舟将欲行,忽闻岸上踏歌声。桃花潭水深千尺,不及汪伦送我情。

分析：第三句"深千尺"的"潭水"和"汪伦送我"的"情"放在一起写,"不及"虽是对比的意思,但这里确是衬托手法,作者用前者衬托后者,就是为了突出"我"和汪伦的深厚友情。这是衬托中的正衬。

五、托物言志与借物喻人

"托物言志"与"借物喻人"之所以让人分不清,是因为它们"同"的地方太多：首先,它们都是"托物"表意,间接表达;其次,作者真正的表现对象都是人,或者说表面是"物",实际是"人"。它们的不同之处在于："托物言志"侧重"志",所谓"志",指的是思想、观念、看法、态度等;"借物喻人"则侧重人的形象,所写"物"的形象其实就是"人"的形象。

(一) 郑燮的《竹石》

咬定青山不放松,立根原在破岩中。千磨万击还坚劲,任尔东西南北风。

分析：这是托物言志,借竹子表达自己不怕任何打击的态度。

(二) 于谦的《石灰吟》

千锤万凿出深山,烈火焚烧若等闲。粉骨碎身浑不怕,要留清白在人间。

分析：这是托物言志,借石灰表达自己坚强而清白的品格。

(三) 杜荀鹤的《小松》

自小刺头深草里,而今渐觉出蓬蒿。时人不识凌云木,直待凌云始道高。

分析：这是托物言志,作者借小松表达自己的看法(讽刺那些没有发展眼光的人)。

(四) 罗隐的《蜂》

不论平地与山尖,无限风光尽被占。采得百花成蜜后,为谁辛苦为谁甜。

分析：这是借物喻人,借蜜蜂赞美为他人奉献一生的劳动者。

(五) 李纲的《病牛》

耕犁千亩实千箱,力尽筋疲谁复伤？但得众生皆得饱,不辞羸病卧残阳。

分析：这是借物喻人,借"病牛"赞美那些为国家辛勤付出而自己却伤痕累累的人,也包括作者自己。

乱花渐欲迷人眼

——几个易混知识点解析

在近两年的各级语文试卷中，发现不少错谬之处，尤其是出题人在一些常用知识点上的模糊不清，已到了令人担忧的地步。现列举并解析如下：

一、关于拟人

大家先看这样一道语文期中考试试题：

Ade，我的蟋蟀们、我的覆盆子和木莲们。《从百草园到三味书屋》

问：此句运用了什么修辞？有什么作用？

参考答案：

运用了拟人的修辞方法。表现出"我"把百草园的生灵们当作朋友来热爱的真挚感情，流露出对于离开百草园的感叹及惜别的不舍之情。

（一）提出疑问

对此参考答案，我有两点疑问：

1. 这是"拟人"的修辞手法吗？

2. "惜别的不舍之情"，有没有语病？

（二）质疑理由

1. 所谓拟人，就是把物人格化，或使"非人的东西"发出人的动作、表情，或使抽象的事物具体化。如韩愈作品《晚春》一诗：

草树知春不久归，百般红紫斗芳菲。杨花榆荚无才思，惟解漫天作雪飞。

分析：草木本是无情物，不是人，这里却可以发出"知、斗、解"等人的动作，还像人一样"无才思"，这就是拟人。这样既描绘了晚春之景，又增添了情趣，给人以深刻印象。

再看这个例句：我的蟋蟀们、我的覆盆子和木莲们。

这里"蟋蟀们、覆盆子和木莲们"就是"非人"的东西，在这个语境中，它们既没有发出人的动作，也没有发出人的表情，发出动作、表情的还是作者，还是人。既然还是人，怎么会是"拟人"的修辞手法呢？

本文段真正的拟人句应该是这一句：

单是周围的短短的泥墙根一带，就有无限的趣味。油蛉在这里低唱，蟋蟀在这里弹琴。

这个句子中,"油蛉"有了人的行为——低唱,"蟋蟀"有了人的行为——弹琴,这才是拟人。

附:知识链接(运用拟人手法的诗句)

(1) 我寄愁心与明月,随君直到夜郎西。——李白《闻王昌龄左迁龙标遥有此寄》

(2) 仍怜故乡水,万里送行舟。——李白《渡荆门送别》

(3) 羌笛何须怨杨柳,春风不度玉门关。——王之涣《凉州词》

(4) 感时花溅泪,恨别鸟惊心。——杜甫《春望》

(5) 咬定青山不放松,立根原在破岩中。——郑燮《竹石》

2. "惜别的不舍之情",有没有语病?

解析:

"惜别"(舍不得分别)和"不舍",语义重复。该句是个病句。

附:知识链接(语义重复病句举例)

(1) 我对这个参考答案提出质疑。

(2) 希特勒是杀人的刽子手。

(3) 这是无声的潜台词。

(4) 商场免费赠送每位顾客一个利是包。

(5) 这些都是不合格的伪劣产品。

(6) 我班破天荒第一次期中考试全级总分第一名。

二、对偶和对仗

先看这样一道试题:

天上风筝渐渐多了,地上孩子也多了。城里乡下,家家户户,老老小小,他们也赶趟儿似的,一个个都出来了。舒活舒活筋骨,抖擞抖擞精神,各做各的一份事去。"一年之计在于春",刚起头儿,有的是工夫,有的是希望。(朱自清《春》片段)

问:该文段的句式有什么特点?请简要分析。

参考答案:

句式整齐,对仗工整,富有节奏感。

(一) 提出疑问

参考答案中说此段话"对仗工整",这是对仗吗?

(二) 质疑理由

所谓对偶,就是用字数相等、结构相同的一对短语或句子来表达两个相对应意思的修辞方式。特征：语言凝练，句式整齐，音韵和谐，富有节奏感和音乐美。而对仗，则是在对偶的基础上，还要达到"词性一致、平仄相对"的要求。

对仗与对偶运用于不同的文体中，对偶多用于散文和诗歌，不讲究平仄相对；对仗一般用于律诗或对联，有严格的平仄要求。

对偶和对仗还有一个区别：对偶的上下句允许有个别的重复用字，而对仗则不允许。

也就是说，对仗句一定是对偶句，但对偶句不一定是对仗句。对仗的写作要求更高一些。

所以，上题朱自清《春》中的：

家家户户，老老小小。

舒活舒活筋骨，抖擞抖擞精神。

有的是工夫，有的是希望。

这几句都是对偶句，但不是对仗句。

（三）关于对偶和对仗，再举例分析一下

1. 杜牧的《阿房宫赋》（片段）

六王毕，四海一。蜀山兀，阿房出。

分析："六王毕，四海一"句："六"和"四"都是数词。"王"和"海"都是名词。"毕"，结束；一，统一，都是动词。两句结构也一样，都是主谓结构。首先判定这是对偶句。但是不是对仗句呢？不是。因为两句的尾字"毕"和"一"都是仄声，不符合平仄规定。

"蜀山兀，阿房出"句："蜀山"和"阿房"都是名词；"兀"和"出"，（变成）光秃、建起，都是动词；两句结构也一样，都是主谓结构。首先判定这也是对偶句。但是不是对仗呢？不是。因为两句的尾字"兀"和"出"都是仄声，不符合平仄规定。

2. 王湾的《次北固山下》

客路青山外，行舟绿水前。潮平两岸阔，风正一帆悬。

海日生残夜，江春入旧年。乡书何处达？归雁洛阳边。

分析：关于本诗的对仗方面的分析已在前文《写作手法中的孪生兄弟》中出现过，此处略。

（四）小结

判定是对偶还是对仗，分三步：

先看每个词的词性，再看句子结构，最后看平仄。前两个达到要求的，是对偶句；三个都达到要求的，才是对仗句。一般来说，对偶句大多出现在散文中，而对仗句一般出现在格律诗词（特别是律诗的颔联和颈联）和对联中。

三、对联的平仄要求

还是先看一道对联试题：

请你运用下列词语组成一副对联，来表达对读书方式的看法。

走进去　百态人生自可阅尽　大千世界　方能悟透　出得来

参考答案：

走进去自可阅尽大千世界；出得来方能悟透百态人生。

（一）提出疑问

对联对平仄的要求是很严格的，此题参考答案的对联符合平仄要求吗？

（二）质疑理由

这是一副较长的对联，上下句各有三个分句组成，具体为：

走进去/自可阅尽/大千世界；

出得来/方能悟透/百态人生。

与七言对联相比，长联的平仄要求没那么严，我们不好按七言句的平仄来套，但它也有基本的要求：

1. 上下联的最后一字必须上仄下平；

2. 上下联句子节奏点上的平仄一定是相反的，即上仄则下平，上平则下仄。

而在这个对联中：

（1）上联：走进去/自可阅尽/大千世界

节奏点上的"去、尽、界"三个字都是仄声。

（2）下联：出得来/方能悟透/百态人生

节奏点上的"来、透、生"三个字的平仄是"平、仄、平"，

（3）上联的"仄、仄、仄"对下联的"平、仄、平"，显然不符合平仄要求。

（4）如果要修改，最好把上联的"尽"字处换成一个平声字，如"完"。

（三）相关病例

这是一道 2020 年某地中考招生试题：

请根据上联写下联。

上联：异域同天，守望相助，抗疫留佳话；

下联：_____

参考答案：举国一心，防控互联，驱瘟赞英才。

1. 提出疑问

此题参考答案中的下联符合平仄要求吗？

2. 质疑理由

（1）分析题目

对初三学生来说，这道题的难度还是蛮大的，因为它不是组合题，不是填空题，也不是选择题，而是直接写下联，并且是三分句的对联。应该是近年来我所看到的难度最大的一道中考对联题了，和高考的难度不相上下。

怎样解答呢？除了要熟悉对联的几个基本要求外，这里强调一下"内容相关"，为什么要强调这个要求呢？因为本题前面有一段这样的话"新冠肺炎疫情肆虐全球……谱写了一曲抗疫之歌"，这就要求下联不但要符合一般的对联要求，内容上还必须与新冠抗疫有关。

（2）分析参考答案

举国一心，防控互联，驱瘟赞英才。

①句数、字数和上联一样，都是三分句，13（4+4+5）个字。

②词性，如"举国"对"异域"，名词对名词；"防控"对"守望"，"留"对"赞"等，都是动词对动词。

③分句内部的结构一致，如"抗疫留佳话"和"驱瘟赞英才"都是主谓宾结构；细分的话，"抗疫"和"驱瘟"都是动宾结构，"佳话"和"英才"都是偏正结构。

④平仄：先按较严格的要求来分析一下，首先看上下联的最后一个字"话"，仄声，"才"平声，上仄下平，符合要求。然后看最后一句，"抗疫留佳话"，仄仄平平仄，"驱瘟赞英才"，平平仄平平，"英"字是平声，严格来说这个位置（第四个字）应该是仄声才对；"举国"对"异域"的平仄也有些问题，因"国"属古仄声，"域"也是仄声，也不符合规定；"同天"和"一心"也有问题，"天"和"心"都是平声，应该把"心"换成一个仄声字。

⑤如果按长联的较宽松的要求来看：

异域同天，守望相助，抗疫留佳话；

举国一心，防控互联，驱瘟赞英才。

上联：节奏点上的"天、助、话"的平仄为"平、仄、仄"；

下联：节奏点上的"心、联、才"的平仄为"平、平、平"。

上联的"平、仄、仄"对下联的"平、平、平"，也是不符合要求的。

⑥内容上，下联"举国一心，防控互联，驱瘟赞英才"，讲的也是防疫之事，内容相关，没有问题。

看来，参考答案总体不错，但遗憾的是平仄出了些问题。这是省级试卷，是不应该的。

⑦建议把答案改写成：

异域同天，守望相助，抗疫留佳话；

初心使命，防控互联，驱魔赞杏林。

绝句中常用的写作手法

——以习作《疫情》为例总结

一、习作点评

（一）题目

1. 诗题：疫情

2. 诗格：任选

3. 诗韵：平水韵（任选）

（二）作品点评

1. 总评

本次是在全国遭遇新冠肺炎疫情的特殊时期布置的作业，共收到20多份习作。学生的作品虽然水平还不是很高，但已经有些模样了，大部分同学都能遵照相关规则进行创作。作品的内容也不错，能从不同角度反映人们与新冠肺炎疫情殊死斗争的情况，并热情讴歌了白衣战士可贵的牺牲精神。

2. 个案点评

（1）毒疫袭江汉，南山挡雨飞。

　　　今朝红日现，战士凯旋归。

点评：这首诗属仄起仄收式，韵脚"飞、归"，属"五微"韵。首句"毒疫袭江汉"写了这次疫情最严重的地方；第二句"南山挡雨飞"则用比喻高度赞美了钟南山院士在这次抗击新冠肺炎疫情活动中的重要作用；后两句"今朝红日现，战士凯旋归"也是比喻，生动形象地表现了在大家的共同努力下取得重大胜利时的自豪欣喜之情。短短二十个字，选材恰当、善用修辞、平仄有致、音韵合口，是一首不错的五绝。

（2）新年魔疫起，寂寞樱花开。

　　　　但愿国无恙，春风吹又回。

点评：这首诗属平起仄收式，韵脚"开、回"，属"十佳"韵。首句"新年魔疫起"，写了这次新冠肺炎疫情发生的时间正好是人们欢度春节之时，一个"魔"字准确形象地表现了新冠肺炎疫情之可怕；第二句"寂寞樱花开"则用拟人手法，表现了新冠肺炎疫情给武汉人民带来的巨大影响，"樱花"是武汉的名片，每年都有一大批游人到武汉去欣赏，可今年因为新冠肺炎疫情封城，武汉也就成了一座寂寞的城，樱花就成了无人欣赏的花；后两句"但愿国无恙，春风吹又回"前句直抒胸臆，后句运用比喻，都是希望国家无恙，顺利渡过难关。尤其后句以景语结束，既生动形象，又意味深长。不过"寂寞樱花开"属出律句，多少有些遗憾。

（3）家家门闭合，路路寂无人。
　　　偶见独行者，居然罩面君。

点评：这首诗属平起仄收式，韵脚"人、君"，属"十二文"韵。前两句"家家门闭合，路路寂无人"，"家家""路路"两个叠词准确形象地交代了这次新冠肺炎疫情的发生给人们的日常生活带来的巨大影响；"闭、寂"两字也很有概括性，简单明了。如果说前两句是"面"的话，那后两句"偶见独行者，居然罩面君"就是"点"了，作者选取了一个特写镜头，一个戴着口罩的行人，还是偶尔遇到的，这就能和前面的概括相互印证了。全诗选材恰当、点面结合，多少有些柳宗元《江雪》一诗的味道。

（4）己亥疫情始，传人疾似风。
　　　警钟敲世界，华夏立神功。

点评：这首诗属仄起仄收式，韵脚"风、功"，属"一东"韵。首句"己亥疫情始"交代了这次新冠肺炎疫情发生的时间；第二句"传人疾似风"则用比喻的修辞手法，表现了新冠肺炎疫情传播的速度之快；后两句"警钟敲世界，华夏立神功"的"警钟"也是比喻，一个"敲"字很生动，让人感觉到新冠肺炎疫情会给世界带来巨大危害，提醒每个国家一定要高度重视；"华夏立神功"，则直抒胸臆，直接表现了中国在这次新冠肺炎疫情中的积极表现和巨大成果，民族自豪感洋溢其中。

（5）阴云天欲坠，国士锁双眸。
　　　誓斩瘟魔首，樱花枝满头。

点评：这首诗属平起仄收式，韵脚"眸、头"，属"十一尤"韵。首句"阴云天欲坠"运用了比喻的修辞手法，形象地表现了新冠肺炎疫情的危害之大，一个"坠"字，准确形象，很有表现力；次句"国士锁双眸"则是直接描写，刻画了钟南山院士为解国难的形象，一个"锁"字精练准确形象，画面感强；第三句"誓斩瘟魔首"中的"瘟魔"也是比喻，表现了病毒的厉害，"斩"字用得不错，把钟南山院士坚决打败病毒的决心给形象地表现出来了；末句"樱花枝满头"是典型的以景语作结的诗，以樱花代称武汉，就是说人们最终战胜了新冠肺炎疫情，武汉已是一片春光的情景。整首诗直接描写与间接描写相结合，用词准确生动，练字功夫不错。

(6) 除夕风高月，武昌飞雪先。

亲人心泣血，泪眼问苍天。

点评：这首诗属仄起平收式，韵脚"先、天"，属"一先"韵。首句"除夕风高月"点出了新冠肺炎疫情肆虐的时间，并运用了比喻的修辞手法，形象地表现了新冠肺炎疫情的危害之大；次句"武昌飞雪先"交代了新冠肺炎疫情的发生地，也是用比喻的修辞手法，渲染了新冠肺炎疫情肆虐时的恐怖之态，就像一场大雪降临了武汉；后两句"亲人心泣血，泪眼问苍天"，前句直抒胸臆，表现的是新冠肺炎疫情夺取亲人生命后的痛苦之状，"泣血、泪眼"生动形象，痛苦、无望之情表露无遗，足以触动读者那一根柔软的心弦。

二、《疫情》中的写作手法

（一）比喻

1. 所谓比喻，就是用跟甲事物有相似之点的乙事物来描述或说明甲事物，这样可以把抽象的事物变得具体，深奥的道理变得浅显。七年级课本中李益的《夜上受降城闻笛》中的"回乐烽前沙似雪，受降城外月如霜"句，就是典型的比喻，用"雪"比"沙"，突出沙的颜色之白；用"霜"比"月"，形容月之冰冷。两个比喻句合在一起，渲染了边塞的清寂与单调。

2. 学生习作中的"南山挡雨飞，传人疾似风"也是比喻，"雨"是喻体，它的本体是新冠肺炎疫情，两者的相似之处就是都会对人们造成很大伤害；"风"也是个喻体，它的本体也是新冠肺炎疫情，这两者的相似之处是"移动"的速度都很快。两个喻体形象生动，让人明白易懂。

（二）拟人

1. 所谓拟人，就是把事物人格化的一种修辞手法，把本来不具备人的一些动作和感情的事物变成和人一样的有感情、有语言、有动作。在诗词创作中，赋予物以人的行为特点，能够生动形象地表达出诗者的思想感情。七年级课本中谭嗣同的《潼关》"河流大野犹嫌束，山入潼关不解平"就是典型的拟人手法，前句把黄河写得像人一样有脾气，嫌大野束缚了它，不让它尽情流淌；后句写秦岭山脉入潼关之态势，不说其巍峨险峻，而说它像人一样桀骜不驯，再也不知何谓平坦。这里用了拟人手法，就写活了山水，读来有冲击力，能让人强烈感受到诗人渴望冲决罗网、勇往直前、追求个性解放的少年意气。

2. 学生习作中的"寂寞樱花开"一句就是拟人，它把樱花人格化了，有了人的感情，会寂寞。其实所表现的是在新冠肺炎疫情的影响下，无人欣赏盛开的樱花的情景。不直接说新冠肺炎疫情的危害，这样间接地说，既生动形象，又含蓄蕴藉，更有文学性。

（三）炼字

1. 所谓炼字，就是用字考究，力求一字传神。炼字在很多情况下属于活用、比拟、夸张等，如唐代齐己的《早梅》中的"前村深雪里，昨夜一枝开"中的"一"字，强调梅花之少，暗中突出了一个"早"字。宋人宋祁的《玉楼春》中的"绿杨烟外晓寒轻，红杏枝头春意闹"中的"闹"字，十分传神地把浓郁的春意点染得生动别致，让人进入一种生机勃勃、春意盎然的意境。七年级课本王湾的《次北固山下》"海日生残夜，江春入旧年"中的"生"和"入"字，也是极好的炼字，这两字都是拟人手法，赋予"海日、江春"以人的意志和情趣，海日生于残夜，将驱尽黑暗；江春闯入旧年，将赶走寒冬。整体给人以积极乐观向上的艺术力量。

2. 学生习作中也有不少炼字的诗句，如"国士锁双眸"中的"锁"，"警钟敲世界"中的"敲"与"南山挡雨飞"中的"挡"都是不错的炼字。

（四）寓情于景

1. 这种手法是中国诗词里边最常使用的一种，因为古人表情达意多含蓄，诗人一般不会直接表达感情，而是借助他物来间接表达。七年级课本里马致远的《天净沙·秋思》中的"枯藤老树昏鸦，小桥流水人家，古道西风瘦马"，就是典型的寓情于景。从该诗所列举的意象看，没有一个字是表达作者的感情的，但透过这些意向，读者却能感受到一个游子的羁旅之苦，乡思之切。上文提到的李益的《夜上受降城闻笛》中的"回乐烽前沙似雪，受降城外月如霜"两句，也是这种手法。

2. 本次学生习作中的"除夕风高月""武昌飞雪先""樱花枝满头"等句都是这种手法。第一句说除夕"风月高"，想表达的意思是新冠肺炎疫情给大家带来的凄凉恐怖的气氛；第二句的"飞雪先"与第一句的意思相似；第三句的樱花"枝满头"，想表达的意思是人们战胜新冠肺炎疫情后的喜庆情景。

（五）直抒胸臆

所谓直抒胸臆，就是直接抒发自己的感情，不掩饰，不含蓄。如李白的

《将进酒》中的"天生我材必有用,千金散尽还复来"、《梦游天姥吟留别》中的"安能摧眉折腰事权贵,使我不得开心颜"等都是直接把自己的感情表达出来。这种方法的好处是便于酣畅淋漓地抒发情志;诗意明白,不用读者去费心揣摩。比较适合豪放派诗人使用,陆游的《十一月四日风雨大作》中的"僵卧孤村不自哀,尚思为国戍轮台"句也是直抒胸臆的诗句。

本次学生习作中的"但愿国无恙""誓斩瘟魔首"等句就是这种手法。第一句表达的是希望国家平安无事;第二句表达的是坚决把病毒消灭掉的决心,意思明了。初学写诗的学生,还是比较多地使用这种手法。

(六)细节描写

1. 艺术的特质在于它的艺术性,而鲜明的形象和细节描写是分不开的。一滴水能反映太阳的光辉,一片枯叶能显现肃杀的清秋,窥一斑而知全豹,文学作品中的细节描写,也能达到这种见微知著的效果。唐代诗人张籍的《秋思》中的"复恐匆匆说不尽,行人临发又开封"两句,就是典型的细节描写。送信的人(行人)马上就要出发了,我又想起了几句必须对家人说的话,所以又打开了已经封好的信笺。一个"又开封"就是细节,这个细节将作者对亲人"说不尽"的深厚的感情表露无遗,这就是细节的力量。

唐代诗人胡令能《小儿垂钓》的"路人借问遥招手,怕得鱼惊不应人"两句中,"遥招手""不惊人"也是细节描写。孩子在钓鱼,恰逢有人问路,却怎么也不肯答应,因为怕惊走了正在咬钩的鱼,只得拼命招手。这两个生动入微的细节描写塑造了一个垂钓小孩的形象,可谓形神兼备,趣味十足。

2. 学生习作中的"国士锁双眸"一句中的"锁双眸",就是较好的细节描写。这个细节把钟南山为解民忧、为灭病毒而苦苦思索、不能释怀的形象给呈现出来了;"樱花枝满头"也是一个细节描写,樱花是武汉的名片,甚至是武汉的代称,"樱花枝满头"就是说人们最终战胜了病毒,武汉已是一片春光的情景。

(七)点面结合

万事万物彼此都是相互联系的,每一件都不是孤立的存在,它们总和周围的景物有着千丝万缕的联系。因此,我们写诗时,不能孤立静止地写主体物,还必须写主体物周围的联系物。其实这就是"面"和"点"的问题,点面结合,烘云托月,使主体形象更丰满,更有特色。唐人柳宗元的《江雪》就是典型的点面结合,"千山鸟飞绝,万径人踪灭"是"面"的铺陈,表现的是人物处境的苦寒与孤寂;"孤舟蓑笠翁,独钓寒江雪"则是"点"的描绘,它虽然小,但处在非常显眼的位置,是诗的中心。如果单独看"点"或者"面"都是很一般的诗句，但两者结合起来，就非常有表现力了。一个屡遭贬谪却坚韧不拔、卓然而立的封建士子的形象跃然纸上，令人难忘。有人评价说，在五言诗里面，这是古今写得最好的一首。当然这指的是它的思想内容，不过，"点面结合"这种手法的确为本诗增色不少。

本次习作中的"家家门闭合，路路寂无人。偶见独行者，居然罩面君"一诗，也是点面结合的写法。前两句"家家、路路"是"面"，"独行者、罩面君"是"点"，两者结合，形象而概括地把这次新冠肺炎疫情发生的给人们的日常生活带来的巨大影响表现了出来，很有说服力。

（八）叠词

叠词的作用一般有两种：增强语言的韵律感或起强调作用。如刘禹锡的《竹枝词》中的"杨柳青青江水平，闻郎江上踏歌声"；王安石的《元日》中的"千门万户曈曈日，总把新桃换旧符"；更绝的是李清照的《声声慢》中的"寻寻觅觅，冷冷清清，凄凄惨惨戚戚"一句，连用七组叠词，可谓把叠词的作用发挥到了极致。有些拟声词也是叠词，作用是使诗文更形象生动，使人有身临其境之感。如南唐后主李煜的《浪淘沙》中的"帘外雨潺潺，春意阑珊，罗衾不耐五更寒"，杜甫的《登高》一诗中的"无边落木萧萧下，不尽长江滚滚来"等。

学生习作中的"家家门闭合，路路寂无人"中的"家家、路路"，属于叠词，这两组叠词主要是起了强调作用，强调了新冠肺炎疫情给人们带来的危害的范围很广、强度之大。

三、其他写作手法

以上几种手法只是从习作《疫情》中总结出来的，其实诗词的写作手法还有许多，这里就不一一介绍了。请大家课外认真阅读本书的第三部分《知识与方法》中的三篇文章，即《诗词中常见的修辞手法》《诗词中常见的表达方式》《诗词中常见的表现手法》，内有详细介绍。

选修教材《唐诗宋词元散曲选读》中写作手法

大家在复习古诗词的写作技巧部分知识的时候，总要找一些典型的例句，但这些句子大都分散在每年学过的课本里，很难集中在一起。幸运的是，有一本书上就有很多，几乎包括了这方面的每个知识点，这就是粤教版高中教材选修1《唐诗宋词元散曲选读》。为方便大家学习使用，下面就按"修辞手法、表达方式、表现手法"的顺序给大家介绍一下。

一、修辞手法

常用的修辞手法有比喻、拟人、夸张、对仗、反问、设问、互文、双关、用典、衬托、借代等。具体为：

（一）比喻

1. 东风夜放花千树，更吹落，星如雨。宝马雕车香满路。凤箫声动，玉壶光转，一夜鱼龙舞。

——第61页辛弃疾《青玉案·元夕》

分析：这里的"花"，并不是真正的花，而是"灯"，元宵节的花灯，是借喻；这里的"雨"，也不是真正的雨，而是满天的烟花；后边的"玉壶""鱼龙"，指的也是各种各样的花灯。这一组比喻，表现的元宵节群灯荟萃的热闹场景。

2. 柔情似水，佳期如梦，忍顾鹊桥归路？

——第72页秦观《鹊桥仙》

分析："柔情""佳期"是本体，"似""如"是比喻词，"水""梦"是喻体。前后两种事物有相似点，比喻恰当、贴切，表现的是牛郎织女见面时的美好情景。

3. 水浊不可饮，壶浆半成土。一唱都护歌，心摧泪如雨。

——第8页李白《丁都护歌》

分析："泪如雨"，本体"泪"，喻体"雨"，泪水和雨水有相似之处，比喻恰当，表现的是极度伤心的情况，体现了作者对下层劳动人民的关心和同情。

（二）拟人

1. 暗淡轻黄体性柔。……梅定妒，菊应羞。

——第58页李清照《鹧鸪天·桂花》

分析：此句把"桂花、梅花、菊花"人格化，使"桂花"具有人一样温柔之态，"梅花"会有嫉妒之心，菊花也有羞愧之意。

2. 明月不归沉碧海，白云愁色满苍梧。　　——第8页李白《哭晁卿衡》

分析："白云愁色"就是拟人，"白云"怎么会发愁呢？显然这里作者把它人格化了。此句表现了诗人听到晁衡"去世"后的悲痛心情。

（三）夸张

天姥连天向天横，势拔五岳掩赤城。天台四万八千丈，对此欲倒东南倾。

——第6页李白《梦游天姥吟留别》

分析：一座山不可能有"四万八千丈"高，这和李白的"飞流直下三千尺，疑是银河落九天"如出一辙，都是极言其高。"夸张"，可以说是李白诗歌艺术的特点之一，他留下了许多脍炙人口的夸张名句，如"白发三千丈，缘愁似个长""金樽清酒斗十千，玉盘珍馐直万钱""危楼高百尺，手可摘星辰。不敢高声语，恐惊天上人""燕山雪花大如席，片片吹落轩辕台"等。

（四）对仗

1. 映阶碧草自春色，隔叶黄鹂空好音。　　　　——第13页杜甫《蜀相》
2. 漠漠水田飞白鹭，阴阴夏木啭黄鹂。　——第2页王维《积雨辋川庄作》
3. 草枯鹰眼疾，雪尽马蹄轻。
   忽过新丰市，还归细柳营。　　　　　　　　——第4页王维《观猎》
4. 鸟宿池边树，僧敲月下门。
   过桥分野色，移石动云根。　　　　——第20页贾岛《题李凝幽居》

分析：这几句诗的上下句，都字数相同、词性相同、结构一致，平仄符合要求，语意也相关，是对仗。这样的诗句读起来音韵和谐、朗朗上口。

（五）反问

1. 江东弟子今虽在，肯与君王卷土来？　——第36页王安石《叠题乌江亭》

分析：反问即把答案包含在问句之中。这一句诗告诉我们，江东弟子再也不会跟着一意孤行的项羽"闹革命"了。

2. 人皆嫌命窄，谁不见钱亲？　　　　——第81页元代张可久《无题》

分析："谁不见钱亲？"是反问，它比直接说"谁都喜欢钱"的语气更强烈。

3. 江头宫殿锁千门，细柳新蒲为谁绿？　　　　——第12页杜甫《哀江头》

分析："细柳新蒲为谁绿？"这个问题不用回答，没有谁会来，因"江头宫殿锁千门"，往日的繁华已经不见了，"细柳新蒲"也只能白白地绿了。此诗后边的"人生有情泪沾臆，江水江花岂终极？"也是反问。

（六）设问

1. 飞云冉冉蘅皋暮，彩笔新题断肠句。试问闲愁都几许？一川烟草，满城风絮，梅子黄时雨。　　　　　　　　　　　　　——第73页贺铸《青玉案》

分析：所谓设问，就是有问有答。"试问闲愁都几许？"句是问，然后用"一川烟草，满城风絮，梅子黄时雨"来答。只不过作者的答案很含蓄，是用一连串的比喻来回答的。

2. 布衣中，问英雄，王图霸业成何用？禾黍高低六代宫，楸梧远近千官冢，一场恶梦。　　　　　　　　　　　　——第80页马致远《双调·拨不断》

分析："王图霸业成何用？"，单独看此句，就是反问，意思是"王图霸业没有用"；如果和后文"千官冢，一场恶梦"联系地看，也可以当成设问句，因这"千官冢，一场恶梦"就是前边问句的答案，只不过是一种形象的回答罢了。

3. 明眸皓齿今何在？血污游魂归不得。　　　　——第12页杜甫《哀江头》

分析："明眸皓齿"属借代，指杨贵妃。上句提出问题，当年此处的杨贵妃现在在哪里？下句虽然没直接说在哪里，但意思是死在了外边，再也回不来了。有问有答，这就是设问。

（七）互文

1. 壮岁旌旗拥万夫，锦襜突骑渡江初。
　　燕兵夜娖银胡䩮，汉箭朝飞金仆姑。　　——第62页辛弃疾《鹧鸪天》

分析：双关的诗句中最典型的就是"秦时明月汉时关"句，它的意思不是"秦朝的明月照着汉时的边关"，而是前后词语互用，即"秦汉时的明月、秦汉时的边关"；此词中的"燕兵夜娖银胡䩮，汉箭朝飞金仆姑"句，这里的意思并不是说"燕兵只在夜里娖银胡䩮，汉箭只在早上飞金仆姑"，当然也不是"燕兵只娖银胡䩮，汉箭只飞金仆姑"，这句诗的意思要按互文来理解，即无论是燕兵还是汉兵，也无论是夜里还是早上，都会既"兵娖银胡䩮"，又"箭飞金仆姑"。

2. 羌管弄晴，菱歌泛夜，嬉嬉钓叟莲娃。　　——第53页柳永《望海潮》

分析："羌管弄晴，菱歌泛夜"这两句的字面意思是"（人们）白天奏乐，晚上唱歌"，实际上是"不管白天晚上，人们都在演奏歌唱"。这就是互文，不能机械地分开理解。

（八）双关

1. 料峭春风吹酒醒，微冷，山头斜照却相迎。回首向来萧瑟处，归去，也无风雨也无晴。　　　　　　　　　　　　　——第56页苏轼《定风波》

分析："也无风雨也无晴"，这句一语双关，表达的意思是面对自然，无论是晴天还是雨天；面对人生，无论是顺境还是逆境，他都会从容面对。

2. 忽然浪起，掀舞一叶白头翁。
　　　　　　　　　　——第55页苏轼《水调歌头·黄州快哉亭赠张偓佺》

分析：此句的意思是一位老渔翁驾着小舟在狂风大浪中出没。单从此句看，其中的"浪"指水上的波浪。不过从整首词的内容看，它也指人生的波浪，这里可以把它理解成作者淡定从容的人生态度。这就是双关。

（九）用典

1. 吴牛喘月时，拖船一何苦。　　　　　　——第8页李白《丁都护歌》

分析："吴牛喘月"是个典故，作者用这个典故表现了下层劳动人民的劳作之辛苦。

2. 至今商女，时时犹唱，《后庭》遗曲。

——第69页王安石《桂枝香·金陵怀古》

分析：唐人杜牧的"商女不知亡国恨，隔江犹唱《后庭花》"句的意思被作者用到了这里，其中的《后庭花》就是用典。《后庭花》全名《玉树后庭花》，陈后主所作，后人一般把它当作亡国之音。

3. 分明一觉华胥梦，回首东风泪满衣。

——第65页南宋赵鼎《鹧鸪天·建康上元作》

分析：华胥，即梦。此处用典，语出《列子·黄帝》："（黄帝）昼寝，而梦游于华胥之国。"

（十）衬托

1. 槛菊愁烟兰泣露，罗幕轻寒，燕子双飞去。　——第71页晏殊《蝶恋花》

分析：此句用双飞的燕子来衬托主人公的孤单和寂寞，这比直接写主人公的孤寂要好得多。此句和晏几道的"微雨燕双飞，落花人独立"的用法完全一致。

2. 庭前芍药妖无格，池上芙蕖净少情。唯有牡丹真国色，花开时节动京城。

——第45页刘禹锡《赏牡丹》

分析：这首诗直接写牡丹的是第三句"唯有牡丹真国色"；前两句，"庭前芍药妖无格"是写芍药花格调不高，"池上芙蕖净少情"是写荷花缺少情调。写这些都是为了衬托"牡丹"的光辉。

（十一）借代

1. 明眸皓齿今何在？血污游魂归不得。　　　——第12页杜甫《哀江头》

分析："明眸皓齿"字面意思就是"明亮的眼、洁白的牙齿"，实际是指杨贵妃，因"明眸皓齿"是杨贵妃身体的一部分，是她的一个特征，可以代替她本人。

2. 戎马关山北，凭轩涕泗流。　　　　　　——第15页杜甫《登岳阳楼》

分析：戎马，指用于军事活动中的马，这里指代战争。此联的意思是站在岳阳楼上，想起北方的战事及前文提到的自身遭遇，杜甫禁不住泪流满面。

3. 千骑拥高牙。　　　　　　　　　　　　——第53页柳永《望海潮》

分析："高牙"之牙，本是象牙，因战旗常用它来装饰，所以战旗也叫牙旗。高牙，就是高高飘起的军前大旗，这里也是借代。

二、表达方式

常见的表达方式，主要有记叙、描写、抒情、议论等，在本教材中可以找到很多且很好的例句。

（一）记叙

1. 杨柳渡头行客稀，罟师荡桨向临圻。
 ——第3页王维《送沈子福之江东》
2. 木末芙蓉花，山中发红萼。 ——第3页王维《辛夷坞》
3. 昔闻洞庭水，今上岳阳楼。 ——第15页杜甫《登岳阳楼》
4. 昨夜星辰昨夜风，画楼西畔桂堂东。 ——第37页李商隐《无题》

分析：这几句诗都交代了相关情况，一般是什么时间，什么物，什么人，什么事等，这就是记叙。记叙句多在诗的开头，一般为后文做铺垫用。

（二）描写

本书出现了正面描写和侧面描写，还有白描。

1. 正面描写

（1）熊咆龙吟殷岩泉，栗深林兮惊层巅。云青青兮欲雨，水澹澹兮生烟。
 ——第7页李白《梦游天姥吟留别》

分析：这几句直接描绘了李白在梦境中见到仙人之前的种种奇异表现，属正面描写。

（2）烟柳画桥，风帘翠幕，参差十万人家。云树绕堤沙，怒涛卷霜雪，天堑无涯。市列珠玑，户盈罗绮，竞豪奢。重湖叠巘清嘉。有三秋桂子，十里荷花。
 ——第53页柳永《望海潮》

分析：这些句子都是正面描写钱塘的美丽风光、都市繁华。不过，记叙和描写这两种表达方式常常合在一起，有时很难机械地分开。如"烟柳画桥，风帘翠幕，参差十万人家"句，这里是说钱塘的居民区有很多"柳、桥、帘、幕、人家"，这是记叙；而"烟柳画桥，风帘翠幕，参差十万人家"是给"柳、桥、帘、幕、人家"等事物加上了些形容词，这就是描写了。"有三秋桂子，十里荷花"句的情况和这句也相似。

2. 侧面描写

（1）梅定妒，菊应羞。 ——第58页李清照《鹧鸪天·桂花》

分析：作者写桂花，不是直接写桂花，而是以梅花和菊花这两种名花见到桂花的表现，来说明桂花才是真正的好花。

（2）衣带渐宽终不悔，为伊消得人憔悴。　　——第52页柳永《蝶恋花》

分析："衣带渐宽"是说原来很合身的衣服现在已显得很宽大了，其实就是说他越来越瘦了。这就是侧面描写。

（3）唯有牡丹真国色，花开时节动京城。　　——第45页刘禹锡《赏牡丹》

分析：这两句是正面描写加侧面描写，"唯有牡丹真国色"是正面描写；"花开时节动京城"，这花使整个京城的人都出动了，魅力能不大吗？这就是侧面描写。

3. 白描

（1）水浊不可饮，壶浆半成土。　　　　　　——第8页李白《丁都护歌》

分析：所谓"白"，就是纯客观的、不加任何修饰，如李白这句，描写的是船工的日常饮水，居然是一碗"半成土"的浊水！无任何的议论和抒情，可我们分明深深感受到作者对下层人民的深切同情以及对盘剥百姓的官员们的愤恨之情，这就是白描的力量。

（2）三月无雨旱风起，麦苗不秀多黄死。九月降霜秋早寒，禾穗未熟皆青干。

——第31页白居易《杜陵叟》

分析：此诗中的"无雨""旱风""黄死""青干"等词语就是白描，这些都是纯客观的描写，没有任何修饰和夸张。简单几个词，就把当年严重的旱灾给表现了出来。

（三）抒情

抒情可分为直接抒情和间接抒情两种情况。

1. 直接抒情

（1）安能摧眉折腰事权贵，使我不得开心颜。

——第7页李白《梦游天姥吟留别》

分析：这句是直接表达了作者的思想感情，即绝不向权贵低头。

（2）衣带渐宽终不悔，为伊消得人憔悴。　　——第52页柳永《蝶恋花》

分析："终不悔，为伊消得人憔悴"两句是直接抒情，意思就是为了那个"伊"即便是憔悴不堪也绝不后悔，可谓直截了当。

2. 间接抒情

（1）杨柳渡头行客稀。　　　　　——第3页王维《送沈子福之江东》

分析：间接抒情又叫借景抒情或触景生情，本句就是借助"杨柳""渡头""客人稀少"这三个具有浓厚离别气息的景物或场景，间接表现作者对朋友离去时的依依惜别之情的。

（2）杜宇冤亡积有时，年年啼血动人悲。若教恨魄皆能化，何树何山著子规。

——第44页顾况《子规》

分析：此诗表面是写子规，实际是借子规写历代很多的冤魂，这是曲折地表达作者对当时黑暗社会的不满之情。

（3）漠漠水田飞白鹭，阴阴夏木啭黄鹂。

——第2页王维《积雨辋川庄作》

分析：此联表面上是写辋川庄的雨后风光，实际上表达的是作者对田园风光的喜爱之情。这种情不是直接说出来的，而是通过几种亮丽的景物表现出来的。

（四）议论

1. 两情若是久长时，又岂在朝朝暮暮。　　——第72页秦观《鹊桥仙》
2. 青山遮不住，毕竟东流去。

——第63页辛弃疾《菩萨蛮·书江西造口壁》

3. 自是花中第一流。梅定妒，菊应羞。画阑开处冠中秋。

——第58页李清照《鹧鸪天·桂花》

分析：所谓议论，就是表明作者对人、事、物的看法或评价。

第一句是对爱情的看法，即"只要真心相爱，即使不经常见面也不会影响两人的感情"。

第二句是对社会发展的看法，即"任何人或事物都阻挡不了社会向前发展的步伐"。

第三句是自我评价，即"（我）就是第一流的花，（我）就是中秋时节的花中之王"。

三、表现手法

常见的表现手法，有对比、烘托、象征、虚与实、抑与扬、动与静、点和染、含蓄、化用、以小见大等。现举例如下：

（一）对比

1. 食饱心自若，酒酣气益振。是岁江南旱，衢州人食人。（节选）

——第30页白居易《轻肥》

分析：这是把那些酒足饭饱并扬扬自得的宦官们和因干旱而"人食人"的百姓放在一起做比较，给人以强烈的震撼，表达了作者对统治阶层的无比愤恨和对劳苦百姓的深切同情。其效果恐怕一点都不亚于杜甫的名句"朱门酒肉臭，路有冻死骨"吧。

2. 昭阳殿里第一人，同辇随君侍君侧。辇前才人带弓箭，白马嚼啮黄金勒。翻身向天仰射云，一笑正坠双飞翼。明眸皓齿今何在？血污游魂归不得。清渭东流剑阁深，去住彼此无消息。　　　——第12页杜甫《哀江头》

分析：本段前六句是写杨贵妃当年春风得意时的情况，的确是"昭阳殿里第一人"；后四句则是写杨贵妃在马嵬被赐死后的情景"归不得、无消息"。前后情况形成了鲜明的对比，这样对比着写，作品的讽刺力量会更大。

（二）烘托（渲染）

1. 伫倚危楼风细细。草色烟光残照里。　　　——第52页柳永《蝶恋花》

分析：所谓烘托（渲染），就是用几个意象营造一个和全诗主题相一致的氛围，这两句中作者正是用"危楼""风细细""草色""烟光""残照"这几个意象，营造了一种凄凉哀婉的氛围，这对表现抒情主人公的思想感情是很有帮助的。

2. 烽火城西百尺楼，黄昏独坐海风秋。更吹羌笛关山月，无那金闺万里愁。
　　　　　　　　　　　——第25页王昌龄《从军行》（其一）

分析：这是一首边塞诗，表现的主题就是思乡，为此，作者用"烽火城、百尺楼、黄昏、海风、羌笛、月"等意象，营造了一个苍凉、凄苦的氛围，对思乡主题有极好的烘托作用。

（三）象征

1. 明月不归沉碧海，白云愁色满苍梧。　　　——第8页李白《哭晁卿衡》

分析：可以首先把"明月"看成一个比喻，这里指作者的日本好友晁卿，但同时它也是象征，以月亮的皎洁来象征好友的高洁思想。

2. 长记平山堂上，欹枕江南烟雨，渺渺没孤鸿。
　　　　　　　　——第55页苏轼《水调歌头·黄州快哉亭赠张偓佺》

分析："江南烟雨，渺渺没孤鸿"，这是作者在平山堂看到的景色，其中"孤鸿"的直接意思就是"孤独的大雁"，也就是说作者在这里看到了一只孤独的鸟。但为什么作者看到的不是其他的鸟呢，偏偏是孤鸿呢？苏轼在他的诗词中，不止一次用到"孤鸿"这个意象，如《卜算子》"缺月挂疏桐，漏断人初静。谁见幽人独往来，缥缈孤鸿影。惊起却回头，有恨无人省。拣尽寒枝不肯栖，寂寞沙洲冷"词，魏晋时期的阮籍也有"孤鸿号外野，翔鸟鸣北林"句，唐人张九龄也有"孤鸿海上来，池潢不敢顾"句。一般来说，"鸿"喻指人才，"孤鸿"喻指无人赏识的仕途多蹇的士人，在黑暗的社会中，他们会显得落魄、孤单、凄凉。所以，不论是苏轼，还是阮籍、张九龄，都不是随意写到这种鸟的，这里有某种象征意义。

（四）虚与实

1. 惟有相思似春色，江南江北送君归。

——第 3 页王维《送沈子福之江东》

分析：相思本无形，是虚无的东西，而春色却能看得见；"相思似春色"，即作者把无形的相思化为可以看得见的春色。这就叫化无形为有形，即化虚为实。

2. 今夜鄜州月，闺中只独看。遥怜小儿女，未解忆长安。

香雾云鬟湿，清辉玉臂寒。何时倚虚幌，双照泪痕干。

——第 11 页杜甫《月夜》

分析：全诗八句，若从虚实的角度看，只有第一句"今夜鄜州月"是实写，其他几句都是作者想象的情景，想象他的妻子与孩子都在干什么，想象夫妻见面后的情景等，想象的情景，不是真实的，这就是虚写。全诗主要是以虚写实，以想象的情景来表达自己对家人的无尽思念。

（五）抑与扬

1. 宣室求贤访逐臣，贾生才调更无伦。可怜夜半虚前席，不问苍生问鬼神。

——第 38 页李商隐《贾生》

分析：前两句是说贾生因"贤，才调无伦"被皇帝召回宫中，且"夜半虚前席"，这些是"扬"；后一句"不问苍生问鬼神"陡转，意思是把贾生召回来只是问他鬼神之事，并不是要重用他，这是"抑"。合起来就是欲抑先扬，或先扬后抑。

2. 不知何人奏皇帝，帝心恻隐知人弊；白麻纸上书德音，京畿尽放今年税。昨日里胥方到门，手持敕牒榜乡村。十家租税九家毕，虚受吾君蠲免恩。

——第 31 页白居易《杜陵叟》

分析：白居易的《杜陵叟》中这几句诗，是写皇帝在知道百姓生活凄苦后的所作所为，先是动了恻隐之心，然后是下诏免去了百姓今年的赋税，这是夸皇上，是"扬"；但后文写的却是官员们把皇上免税的恩德通知到百姓家的时候，今年的税务工作已基本完成了，"十家租税九家毕"，这等于说是皇上给百姓们开了一张空头支票，这是"抑"。整段诗的表现手法就叫先扬后抑，或欲抑先扬。

（六）动与静

1. 鸟宿池边树，僧敲月下门。 ——第 20 页贾岛《题李凝幽居》

分析：鸟宿是静，敲门是动，这是动静结合；用深夜的敲门声来衬托夜晚

167

的寂静，这就是以动衬静。

2. 彩舟云淡，星河鹭起，画图难足。

——第69页王安石《桂枝香·金陵怀古》

分析：彩舟、淡云、星河，这都是静态的景物，"鹭起"就是鹭鸟在飞翔，这是动，这种叫动静结合。

3. 东风夜放花千树。更吹落、星如雨。宝马雕车香满路。凤箫声动，玉壶光转，一夜鱼龙舞。蛾儿雪柳黄金缕。笑语盈盈暗香去。众里寻他千百度。蓦然回首，那人却在，灯火阑珊处。　　　　——第61页辛弃疾《青玉案》

分析：这是词中名篇，全词绝大部分都是写元宵节的热闹，属"动"；只在最后以一句"静"（灯火阑珊处）相接。看似以"动"为主，其实这些"动"都是为最后这一句"静"做铺垫的，依然属以动衬静。

（七）点和染

东南形胜，三吴都会，钱塘自古繁华。烟柳画桥，风帘翠幕，参差十万人家。云树绕堤沙，怒涛卷霜雪，天堑无涯。市列珠玑，户盈罗绮，竞豪奢。

重湖叠巘清嘉。有三秋桂子，十里荷花。羌管弄晴，菱歌泛夜，嬉嬉钓叟莲娃。千骑拥高牙。乘醉听箫鼓，吟赏烟霞。异日图将好景，归去凤池夸。

——第53页柳永《望海潮》

分析：清代刘熙载的《艺概》里说"词有点，有染"，何意？这是一种表现手法。"点染"："点"，是抽象的评点；"染"，是具体的描述，类似作文中的"总分"结构。本词中，"东南形胜，三吴都会，钱塘自古繁华"句就是"点"，先一句话概括钱塘的总特点；后边几句都是"染"，即具体描述钱塘的美。"烟柳画桥，风帘翠幕，参差十万人家"是写居民区，"云树绕堤沙，怒涛卷霜雪，天堑无涯"是写钱塘江风景区，"市列珠玑，户盈罗绮，竞豪奢"是写市场，"重湖叠巘清嘉。有三秋桂子，十里荷花。羌管弄晴，菱歌泛夜，嬉嬉钓叟莲娃"是写西湖风景区。

（八）含蓄

1. 木末芙蓉花，山中发红萼。涧户寂无人，纷纷开且落。

——第3页王维《辛夷坞》

分析：作者表面是写山中辛夷花的美丽和寂寞，实际是作者借助辛夷花的处境来表现自己的不幸命运。这就是含蓄。类似的还有第44页韩愈的《葡萄》："新茎未遍半犹枯，高架支离倒复扶。若欲满盘堆马乳，莫辞添竹引龙须。"

2. 洞房昨夜停红烛，待晓堂前拜舅姑；妆罢低声问夫婿，画眉深浅入时无？

——第42页朱庆馀《近试上张籍水部》

分析：从字面意思来看，应该是一幅洞房初晓闺意图，但从作者生平背景所提供的材料来看，这其实是一首拜谒请托的赠诗，也就是请人办事的诗。可能不方便写得太直白吧，就用含蓄委婉的方式表达；张籍也不含糊，竟然也用含蓄的手法回了他一首诗，即《赠朱庆馀》（越女新妆出镜心，自知明艳更沉吟。齐纨未是人间贵，一曲菱歌敌万金）。此乃一段文坛佳话。

3. 君知妾有夫，赠妾双明珠。感君缠绵意，系在红罗襦。妾家高楼连苑起，良人执戟明光里。知君用心如日月，事夫誓拟同生死。还君明珠双泪垂，恨不相逢未嫁时。

——第41页张籍《节妇吟》

分析：清代黄周星的《唐诗快》说："此诗是文昌（张籍）却聘之作，乃假托节妇言之。"意思是不好直接拒绝李师道的邀请，只有借节妇的身份来婉拒了。

（九）化用

1. 衣带渐宽终不悔，为伊消得人憔悴。　　——第52页柳永《蝶恋花》

分析：所谓化用，就是把前人的诗句改造一下为自己所用，也是古代诗词中较常见的表现方法。此句就是从《古诗十九首·行行重行行》的"相去日已远，衣带日已缓"中变化而来的。

2. 不堪盈手赠，还寝梦佳期。　　——第19页张九龄《望月怀远》

分析："不堪盈手赠"的意思是不能掬一把月光赠给远方的亲人，化用了陆机《拟明月何皎皎》中的"照之有余辉，揽之不盈手"句。

3. 至今商女，时时犹唱，《后庭》遗曲。

——第69页王安石《桂枝香·金陵怀古》

分析：很明显，这是作者化用唐人杜牧《泊秦淮》中的"商女不知亡国恨，隔江犹唱《后庭花》"句；《桂枝香·金陵怀古》中的"叹门外楼头，悲恨相续"也是化用，化用的是杜牧的《台城曲》中的"门外韩擒虎，楼头张丽华"句。

（十）以小见大

1. 长安回望绣成堆，山顶千门次第开。一骑红尘妃子笑，无人知是荔枝来。

——第35页杜牧《过华清宫》（其一）

分析：本诗所写的事就是一个妃子吃荔枝的事，的确是小事，可是她吃的荔枝却是从南方千辛万苦运回来的，不知耗费了多少人力、物力。从这一件小事上，读者就会想，吃个荔枝就这样兴师动众，可见这个妃子是多么奢侈、多么有面子，进一步想，她身后的皇上又是多么荒唐。这就是以小见大。

2. 莫听穿林打叶声，何妨吟啸且徐行。竹杖芒鞋轻胜马，谁怕？一蓑烟雨任平生。料峭春风吹酒醒，微冷，山头斜照却相迎。回首向来萧瑟处，归去，也无风雨也无晴。

——第56页苏轼《定风波》

分析： 本文写的是作者在一次途中突遇下雨的应对情况，在其他人急忙躲雨时，苏轼却"吟啸且徐行"，且说"竹杖芒鞋轻胜马，谁怕？一蓑烟雨任平生"，把一次突然的遭遇上升为人生的哲思，这就是以小见大。

最后，我想说的是，高三复习资料，浩如烟海，且良莠不齐，高三学生面对这种情况时，常会显得无所适从。在这种情况下，老师如果引导学生使用由教育部门编定的、正规出版社出版的选修教材，学生就会少一些迷茫，多一点信任；少一次折腾，多一点效率，也就能在有限的时间里达到更好的学习效果。

诗词写作中的一材多用

不少学生写议论文的时候总是抱怨，我的作文素材太少了，写作文时总是显得不够用，其实这些学生肚子里的"料"未必就很少，只是这些学生不会一材多用罢了。每一个作文素材都可以从几个不同角度使用，角度不同，立意也就不同，也就是说，一个素材可以变成几个素材，可以为几个不同的立意服务。如果学生能有从不同角度使用作文素材这样能力的话，就不会总是抱怨作文素材不够了。

每个学生从小到大都学了蛮多的古代诗词，在我们学过的古诗词中，其实也有不少一材多用的例子，比如唐朝唐玄宗和杨贵妃的故事，就被当时以及后人多次使用，其使用角度、立意都有所不同。如果学生能认真体会这些诗人立意之不同，不但可以提高学生鉴赏诗词的能力，也有助于学生从不同角度使用作文素材，从而提高写作水平。

下面就以古代诗人如何使用唐玄宗和杨贵妃的故事为例，具体说明一下。

唐玄宗和杨贵妃的故事是大家耳熟能详的了，为了更好地说明问题，我这里还是简单介绍一下吧。唐玄宗是中国历史上最有为的皇帝之一，在他的治理下，唐朝达到了鼎盛，是中国封建社会发展的最高峰，也是当时世界上的第一大帝国；中年后唐玄宗却奉行享乐主义，尤其是遇见了才貌双全的杨贵妃后就更加荒淫无度了，甚至"君王从此不早朝"，整天在自己的行宫里享乐，最终导致安史之乱的爆发；最后结局是唐玄宗丢了皇位，杨贵妃吊死在马嵬坡，更重要的是大唐王朝从此一蹶不振，以后的一百多年一直都处在风雨飘摇中。

这个故事无论在当时还是在后来都是一件发人深省的事情，也成了文人墨客常用的写作素材之一。这里我只举我们熟悉的几个诗人的诗，来与大家分享。

首先，是和唐玄宗同时代的大诗人杜甫的《哀江头》，这首诗是这样写的：

少陵野老吞声哭，春日潜行曲江曲。江头宫殿锁千门，细柳新蒲为谁绿？
忆昔霓旌下南苑，苑中万物生颜色。昭阳殿里第一人，同辇随君侍君侧。
辇前才人带弓箭，白马嚼啮黄金勒。翻身向天仰射云，一笑正坠双飞翼。
明眸皓齿今何在？血污游魂归不得。清渭东流剑阁深，去住彼此无消息。
人生有情泪沾臆，江水江花岂终极？黄昏胡骑尘满城，欲往城南望城北。

分析：这首诗学生学过，在选修课本《唐诗宋词元散曲》上。不难看出，这首诗的立意是通过写杨贵妃的奢华生活（如"昭阳殿里第一人，同辇随君侍君侧。辇前才人带弓箭，白马嚼啮黄金勒。翻身向天仰射云，一笑正坠双飞翼"句），来表现唐玄宗荒淫误国的。同时，诗人也把自己深受其害的情况（如"少陵野老吞声哭，春日潜行曲江曲。黄昏胡骑尘满城，欲往城南望城北"句）写进去了。

其次，是中唐的大诗人白居易的《长恨歌》，这首诗很长，我们只摘录其中比较精彩的几句：

回眸一笑百媚生，六宫粉黛无颜色。后宫佳丽三千人，三千宠爱于一身。
昭阳殿里恩爱绝，蓬莱宫中日月长。在天愿为比翼鸟，在地愿为连理枝。
天长地久有时尽，此恨绵绵无绝期。

分析：这几句诗先是写杨贵妃无与伦比的美貌（回眸一笑百媚生，六宫粉黛无颜色），再是写唐玄宗对她的宠爱有加（后宫佳丽三千人，三千宠爱于一身），最后写两人生死离别时的心理和愿望（昭阳殿里恩爱绝，蓬莱宫中日月长。在天愿为比翼鸟，在地愿为连理枝）。不难看出，这里的立意是歌颂唐玄宗和杨贵妃忠贞不渝的爱情的。

最后，到了晚唐，又有一位大诗人，人称"小杜甫"的杜牧，他途经当年唐玄宗和杨贵妃享乐的地方华清宫，看到已成断壁残垣的华清宫，顿时感慨，一口气写下了三首绝句：

其一：长安回望绣成堆，山顶千门次第开。一骑红尘妃子笑，无人知是荔枝来。

分析：这首诗的立意也是写杨贵妃的奢华生活的，但和杜甫的《哀江头》的立意略有不同，它是通过写杨贵妃的奢华生活来批判唐玄宗荒淫且荒唐（不恤大量民力而只为贵妃吃几颗荔枝）的行为的，没有说他误国的事，但感觉其讽刺性、批判性更强一些。

这里也顺便把《过华清宫绝句》（其二）给大家介绍一下：

新丰绿树起黄埃，数骑渔阳探使回。霓裳一曲千峰上，舞破中原始下来。

分析：这首诗的立意就和杜甫的《哀江头》基本一样的，也是通过写杨贵妃的奢华生活（霓裳一曲）来表现唐玄宗荒淫误国（舞破中原）的。

为了更好地理解这个问题，我们再举一个妇孺皆知的事例——项羽的故事，这也是文人墨客最常使用的写作素材之一。项羽的故事很多，学生也都学过《鸿门宴》《项羽本纪》等课文，我就不一一赘述了。这里只把项羽的主要特点写出来，项羽有不少优点，如骁勇善战、光明磊落、敢作敢当等；缺点也很多：如自矜功伐、刚愎自用、刻薄寡恩等。总之是有才有勇但无德。对于这样一个人物，也可以从不同的角度立意，下面也举几首相关的诗：

1. 杜牧的《题乌江亭》

胜败兵家事不期，包羞忍耻是男儿。江东子弟多才俊，卷土重来未可知。

分析：这首诗的立意是从积极意义上说的，项羽并未陷入绝境，他只要隐忍一下，还可以重新带着他的江东子弟从头再来，诗人对项羽放弃帝业深表惋惜。

2. 王安石的《叠题乌江亭》

百战疲劳壮士哀，中原一败势难回。江东子弟今虽在，肯与君王卷土来？

分析：这首诗的立意则完全相反，说项羽的失败是由他的好战寡恩的性格造成的，没有人再会为这样一个"自矜功伐、刚愎自用、刻薄寡恩"的人卖命的。

3. 李清照的《夏日绝句》

生当作人杰，死亦为鬼雄。至今思项羽，不肯过江东。

分析：这首诗的立意则又正面肯定项羽，认为项羽才是真正的英雄，并对他放弃帝业深表遗憾。

古诗当中还有不少这样的例子，比如对汉代"一生襟抱未曾开"的才子贾谊，在唐代就有刘长卿、杜牧分别写了《长沙过贾谊宅》《贾生》等诗。当然也有很多诗人不约而同地以某一物为素材进行创作的，他们的写作角度、立意也都各不相同。比如，同样是写柳，唐代就有贺知章的《咏柳》（碧玉妆成一树高，万条垂下绿丝绦。不知细叶谁裁出，二月春风似剪刀）、杨巨源的《杨柳》（水边杨柳曲尘丝，立马烦君折一枝。惟有春风最相惜，殷勤更向手中吹）、李商隐的《柳》（曾逐东风拂舞筵，乐游春苑断肠天。如何肯到清秋日，已带斜阳又带蝉）等诗。

不难看出，同一素材的确是可以从不同的角度来使用、立意的，大家也要研究一下这个问题，这将帮助我们提高诗歌鉴赏能力和作文写作水平。

打好诗词写作的必备基础
——谈谈古诗文的背诵

学生写作格律诗词、对联等，首先要过的关就是押韵和平仄，不过这些都还是属于技术层面即形式方面的问题，只要肯下功夫，两三个月最多一个学期就可以基本掌握。也就是说，学会写诗并不难，难的是写出好诗。要想写出好诗，除了大量的练习外，我想最重要的就是一个人知识储量、文化厚度了，没有这个做支撑，是很难写出好作品的。而知识储量、文化厚度从何来，它不会胎里带，也不会从天而降，而是要多读书、多背书，尤其有关古文化的书。但背诵也不是一件轻松的事，而是学生普遍感到很头疼的事，况且学生常常会拿其作业多、没时间背来逃脱。怎样解决这个问题呢？下面我就根据自己的教学实践来谈谈古诗文的背诵问题。

首先，老师要在克服学生怕背古诗文的心理上下功夫，要想办法树立他们一定能完成任务的决心和信心。先要向学生讲清，大量背诵古诗文，是锻炼记忆力，加强文学修养，尤其是走进古诗文王国的一条捷径；好多文学大师，都有小时候背诵大量古诗文的经历；每年的高考题也肯定有这部分的内容，要想在高考中获得高分，这一部分绝不能放弃！这样就会使学生在思想上重视起来，学生也就有了背诵古诗文的强大动力。

另外，老师的示范背诵也是增强学生背诵古诗文信心的一大法宝。这虽然需要老师投入大量艰辛的劳动，但如果这个行为能使那么多学生受益终身，又何尝不值呢？所以，不管付出多少代价，我都会把大纲要求学生背诵的篇或段坚决地背下来，并当堂表演。还告诉他们：老师年龄大了，记忆力远不如学生，还能背下来，你们有什么可怕的？每当我在课堂上背完一段文章，马上是掌声四起，啧啧声不绝于耳，继而就是书声鼎沸，学生那背书的激情、热情，要多高有多高。这样，背诵效率的提高也就是顺理成章的事了。

上面这个问题还涉及一个背书环境的问题。让学生在课堂上有足够的时间背书，并有一个好的背书环境很重要。有的老师总认为课堂上就是讲课，让学生背书，这时间太可惜了，实际上不必担心，一节课讲一半时间就行了，剩下的时间就让他们背书，并鼓励他们大声背书，不要默读。这样，学生才能沉浸在浓郁的背书氛围之中，促使他们全身心地投入背书中去。相反，课堂气氛死气沉沉，都懒洋洋的，其大脑兴奋点调动不起来，又怎能使学生记住呢？我也不赞成把背书任务留做课下作业的做法，这种做法虽然没浪费课堂时间，但其效率将大打折扣。因为那个环境不行，学生很难自控，到头来恐怕只有极少数学生能完成任务。

上面谈的好比是背书所需要的"硬件"，下面谈谈背书中的"软件"问题，即一些技巧性的东西。

首先，要在理解的基础上背诵。高中生要逐渐从机械记忆中走出来，以理解记忆为主。在理解基础上背诵，并不是说要让学生彻头彻尾，完全理解后才背诵，而是在理解大意的基础上就可以背诵了。比较浅显的古诗文，像《旧园田居》，让学生读一下注释，就可以让他们背了；难度大的，如《离骚》《短歌行》等，老师可以先讲一下大意，或者干脆把译文给学生读1~2遍，学生有个大致印象就可以让他们背了。有的老师可能会担心这样会囫囵吞枣，消化不良，其实，背书的过程常常也是理解的过程，往往一篇文章背下来，其主要思想也就不讲自明了，真有不好理解的，老师再去适当点拨也不迟。

其次，是要善于走一些捷径。最常用的方法是化整为零，将一段文章分成几个层次，一个层次一个层次地背，各个击破，效果会更好。比如曹操的《短歌行》第三段，我们就可以把它先分成四个层次：第一层，从开始到"唯有杜康"；第二层，从"青青子衿"到"鼓瑟吹笙"；第三层，从"明明如月"到"心念旧恩"；其余部分为第四层。这样每一层只有几句，其难度自然就降低了。

另一个常用的方法就是背"字眼"，即把每一个句子中的一个关键字词抽出来，写在纸上，然后由这个字词联想该句内容，实际上这些字词起了一个提示作用。还以《短歌行》为例，我们可以从中抽出"对酒、譬如、慨、何以、青青、但为……"字词，学生只要看到某个字词，自然就能想到该句的内容，照这个提示去背，很快就能背下来；然后逐次减字，一次一半，不用几遍，这段文言文就会拿下，且印象比较深刻。

学生如果觉得背"字眼"还难，就改用"对句"的形式，即给出上句、让学生对下句，或反过来给出下句、让学生背出上句。如《离骚》第二段，可设计如下：

纷吾既有此内美兮，＿＿＿＿＿＿。扈江离与辟芷兮，＿＿＿＿＿＿。
汨余若将不及兮，＿＿＿＿＿＿。朝搴阰之木兰兮，＿＿＿＿＿＿。
日月忽其不淹兮，＿＿＿＿＿＿。惟草木之零落兮，＿＿＿＿＿＿。

＿＿＿＿＿＿＿＿＿＿＿，何不改乎此度？＿＿＿＿＿＿＿＿＿＿＿，来吾道夫先路！

提示者可以是老师，也可以是学生。如果是学生，可以让担当提示任务的和背诵任务的学生交换角色，反复背诵。

最后，就是通过一定的形式来检验和督促背书效果，最常用的方法是课前三分钟提问，这样可以利用学生在课堂上要面子的心理强化记忆。另一个办法就是分小组给组长背，然后老师抽查。最有效的当然是比赛，比赛可分为口试和笔试两种形式，每讲一个单元举行一次，可以在班内进行，也可以在全年级统一举行。去年就在我们年级举行了我校首届诗词大赛，其实这就是一种促进学生背诵的好办法。那次大赛最终取得冠亚军的都是我所教班级的学生，这说明我平时的做法还是有效果的。

附带再谈一点儿，背书是个积累知识的过程，同时也是锻炼记忆力的良法，随着背诵篇目数量增加，你的记忆古诗文的能力也在慢慢提高，开始用一个小时才能拿下的任务，后来也许只用半个小时就够了。这也是我在教学实践中发现的一个规律，这大概也是熟能生巧吧。

总之，背诵古诗文不是什么可怕的事，只要我们有恒心，肯动脑子想办法，就一定能完成教材所规定的背诵任务！当然，如果要达到本文开头所说的有相当的知识储量、文化厚度的高度，就还要增大背诵量。比如，大家可以试着把《唐诗三百首》《古文观止》等这样的文学名著背下来，若能如此，以后不管是写作文，还是写诗词，相信你的作品都会是文不加点且文采飞扬。

三味书屋话对课

鲁迅散文《从百草园到三味书屋》里有这样一段话：

我就只读书，正午习字，晚上对课。先生最初这几天对我很严厉，后来却好起来了，不过给我读的书渐渐加多，对课也渐渐地加上字去，从三到五言，终于到七言了。

这里所谓的对课，其实就是对联写作课，在近些年的语文中考、高考中，对联题是比较常见的语言运用题。如何正确解答对联题呢？根据我的教学经验，一般应从了解对联的基本特征入手，比如平仄规律、对仗特点等，然后再熟悉相关题型，再进行一定量的练习即可。

我们先普及一些文学作品的分类知识，根据作品的语言组成特点，文学作品大致分为散文和韵文两类,散文即不讲究格律的文字,如小说、散文(狭义)、戏剧等;韵文又叫格律文学,这些作品讲究押韵、对仗、平仄等,如诗、词、曲等。对联又叫楹联、对子等,它属于格律文学,其基本特征是讲究平仄、对仗。换句话说,不懂平仄、对仗的人是解决不了对联方面的问题的。

本文从对联的平仄、对仗、内容等方面分析一下对联题的特点及对策。

一、对联中的平仄

(一) 句尾平仄要求

大家先看一副著名的对联:

天增岁月人增寿;春满乾坤福满门。

这是一副以前过年时最常见的春联,意思不难理解,现在我把它重新组合一下,就是把上联变成下联,把下联变成上联:

春满乾坤福满门;天增岁月人增寿。

我的问题是:上下联换了换位置,这样可以吗?为什么?

这肯定是不行的,为什么不行呢?因为对联规则里有规定:对联中上下联的最后一个字必须是上仄下平,即上面读仄声,下面的读平声。本联中最后一字,"寿",是仄声;"门",是平声。所以,不能这样互换位置。

(二) 古今音变

有些同学可能还不清楚什么是平声和仄声,在普通话中,拼音读一声、二声的为平声,读三声、四声为仄声。不过只知道普通话的平仄还不能解决对联中的平仄问题,这是什么原因呢?

我们先看一道中考对联试题:

请用下列词语组成一副对联:

德 积 俭中 从 宽处 福 求 向

这里有两种组合:一副正确;一副错误:

组合1:德向宽处积;福向俭中求。

组合2:福向俭中求;德向宽处积。

哪个正确?为什么?

正确答案是组合1,即德向宽处积;福向俭中求。

错误答案是组合2,即福向俭中求;德向宽处积。

新的问题:本对联最后两个字"积""求",两个字都是平声,组合2怎么就不行呢?这是因为古代的发音和现在不一样,"积"字按古音,是仄声,"求"字古今音都是平声。所以这副对联只能是组合1的样子,才符合"上仄下平"的要求。

下面我们就重点说说古音、今音的变化。

先做个练习吧，请大家按普通话的声调，写出下列这首诗的平仄：

红豆生南国，（平仄平平平）

春来发几枝。（平平仄几平）

愿君多采撷，（仄平平仄平）

此物最相思。（仄仄仄平平）

这些平仄正确吗？如果单独看每一个字，是没有问题的，但连起来看，这些平仄就不符合诗格要求了，如红豆生南国（平仄平平平），结尾三连平，这肯定不可以。这首诗的实际平仄是：

红豆生南国，（平仄平平仄）

春来发几枝。（平平仄仄平）

愿君多采撷，（仄平平仄仄）

此物最相思。（仄仄仄平平）

这里的"国、发、撷"三个字，在古音里都是仄声，即古仄今平。按古音来读，就符合诗格要求。再比如下面这首诗：

功盖三分国，名成八阵图；江流石不转，遗恨失吞吴。

这首诗很短，但却有好几个古仄今平的字，如"国、八、石、失"等字。

要弄清楚古音今音变化的情况，我们先了解一些相关知识吧，古今音的声调具体分为：

古音：平声、上声、去声、入声；

今音：阴平、阳平、上声、去声。

今音的平声一般指"阴平和阳平"，今音的仄声一般指"上声和去声"，比较一下，我们发现古音的"入声"没有出现在今音里面，那古音的"入声"去哪儿了？其实是入声转变为阴平或阳平了，比如，"八、逼、出、吃、接、菊、杀、说、一泊、积、接、哭、夕"等字，古代均为入声，现在都读阴平，即一声；再比如，"白、十、竹、笛、学、独、福、合、国、夺、石、足、烛、急、觉"等字，古代也都是入声，现在都读阳平，即二声。

这是学习写作格律文学的一个难点，一开始大家会很不适应，大家必须耐着性子学习，要能记住常用的"今平古仄"的百十个字，尤其是在北方语言环境长大的人更要下苦功夫。为什么呢？因广东、湖南、福建等地的方言和古音的发声近似，这些地方的人只要用他们的家乡话读一读，一般就能读出古入声的声调来，这算是粤湘闽等地的人们在学习诗词写作方面的一点优势。

大家再看几副名联：

1. 世事洞明皆学问；人情练达即文章。

2. 宝剑锋从磨砺出；梅花香自苦寒来。

3. 黑发不知勤学早；白头方悔读书迟。

联中有不少"今平古仄"的字，如"学、达、出、黑、发、白、读"等，如果大家不明白这点知识的话，是很难明白它的平仄问题的。

（三）句中平仄规律

我们在了解对联中的平仄变化规律前，先看一道中考对联试题：

请用下列词语组成一副对联：

无穷　苦后甜　有味　岁月　忙中乐　诗书

组合1：无穷岁月忙中乐；有味诗书苦后甜。

组合2：岁月无穷忙中乐；诗书有味苦后甜。

哪个正确？为什么？

我们先来看这个错误答案：

岁月无穷忙中乐；诗书有味苦后甜。

分析：联中最后一个字"乐、甜"，声调的确是上仄下平，为什么错了呢？

要弄清楚这个问题，还必须让大家了解一下对联里的平仄规律。对联里的平仄规律和绝句里的差不多，我们以七言为例，它的平仄一般是这样的：

A. 仄仄平平平仄仄；平平仄仄仄平平

B. 平平仄仄平平仄；仄仄平平仄仄平

如果是七言对联，它的平仄规律就是其中之一，这个需要记住。

七言联的平仄规律大致为：

1. 上下联最后一个字：上仄下平。

2. 联中平仄：一般是"二二"或"二三"交替出现。

3. 上下联相同位置的平仄一般相反，尤其偶数位置。（第二、四、六字）

比如，前边那个错误答案，它的第二、四、六字的平仄是这样的：

岁月无穷忙中乐；诗书有味苦后甜。

　　仄　平　平　　　平　仄　仄

它的平仄不是交替出现的，上联是"仄、平、平"，下联是"平、仄、仄"，所以这是错误答案。应调整为：

无穷岁月忙中乐；有味诗书苦后甜。

　　平　仄　平　　　仄　平　仄

此联的平仄为：平平仄仄平平仄；仄仄平平仄仄平。即B。

我们再看一道中考对联试题：

请用下列词语组成一副对联：

学问　精神　到处　深时　文章老　意气平

组合1：学问深时文章老；精神到处意气平。

组合2：精神到处文章老；学问深时意气平。

哪个正确？要知道哪个正确并不难，只要先把它们的平仄标出来，就很好判断。

1. 学问深时文章老；

 仄仄平平平平仄

 精神到处意气平。

 平平仄仄仄仄平

2. 精神到处文章老；

 平平仄仄平平仄

 学问深时意气平。

 仄仄平平仄仄平

答案只能是组合2，只要它符合平仄要求。

（四）巩固练习

1. 根据对联常识，将下面的六个短语组合成一副对联，正确的选项是（　　）

千秋　云山　惊天地　入画图　笔墨　万里

A. 笔墨千秋惊天地；云山万里入画图。

B. 千秋笔墨惊天地；万里云山入画图。

C. 万里云山入画图；千秋笔墨惊天地。

答案：B（平仄依据是：平平仄仄平平仄；仄仄平平仄仄平）

2. 根据对联常识，将下面的六个短语组合成一副对联，正确的选项是（　　）

秋天　雁　雍雍（雁叫声）园中　莺　恰恰　塞外　春日

A. 春日园中莺恰恰；秋天塞外雁雍雍。

B. 秋天塞外雁雍雍；春日园中莺恰恰。

C. 园中春日莺恰恰；塞外秋天雁雍雍。

答案：A（平仄依据是：仄仄平平平仄仄；平平仄仄仄平平）

3. 小结。七言的平仄规律，主要是两种格式：

格式1：仄仄平平平仄仄；平平仄仄仄平平

例：世事洞明皆学问；人情练达即文章。

格式2：平平仄仄平平仄；仄仄平平仄仄平

例：无穷岁月忙中乐；有味诗书苦后甜。

二、对联中的对仗

对仗是格律文学的主要特征，首先来澄清一个概念问题，就是对仗和对偶是不是一回事；如果不是，它们的主要区别是什么？

对仗和对偶意思差不多，但并不是一回事。凡对仗句必是对偶句，但对偶句不一定是对仗句；对仗句首先要求对偶，然后还有平仄的要求，而对偶句并没有平仄方面的要求。如七年级教材的《陈太丘与友期行》一文中的"日中不至，则是无信；对子骂父，则是无礼"一句就属于对偶句，但不能算对仗句。

先举例分析一副对联的对仗情况。

例：斗室乾坤大；寸心天地宽。

其具体对仗情况为：

1. 斗室—寸心（名词）；乾坤—天地（名词）；大—宽（形容词）。

2. 斗室、寸心（偏正结构）；乾坤、天地（并列结构）；乾坤大、天地宽（主谓结构）。

我们发现，上下联一般是名词对名词、动词对动词、动宾结构对动宾结构、主谓结构对主谓结构，即上下联相同位置的一般词性要相同、结构要一致。

我们可以用上面的例句做一次对仗分析练习，比如这几副对联：

（1）世事洞明皆学问；人情练达即文章。

（2）宝剑锋从磨砺出；梅花香自苦寒来。

（3）黑发不知勤学早；白头方悔读书迟。

三、对联的内容

（一）上下联内容须有关联

看这副对联：鸟欲高飞先振翅；人求上进多读书。

首先，上下联分开来讲，"鸟欲高飞先振翅"，是说鸟往高处飞的条件：必须振动翅膀，否则上不了天。下句"人求上进多读书"，是说人取得进步的条件：必须要多读书，否则也不能进步。每个句子都逻辑清晰，意思明了。

然后，我们再把两个句子放在一起分析，上联说的是鸟往高处飞的条件，下联说的是人取得进步的条件，也就是说不管是人或是物，要想成功就必须有所付出。上下联的内涵是一致的，也就是有关联的。不过这一句是个比兴句，即上联以鸟起兴，目的是引出下联的人要读书。

（二）关于合掌

写作对联时，内容有关联是必须的，但关联"过"了也不行。什么意思呢？大家看看这副对联"生意兴隆通四海，财源茂盛达三江"，乍一看，此联没有任何问题，但仔细分析，发现上下两联的意思基本一样，这样就是对联的另一个问题：合掌。所谓合掌，就是上下联的意思基本一样，只是有词语不同罢了。

再比如，"烈士丰功垂万代；英雄伟绩著千秋"，也是明显的合掌对联。

四、小结

（一）平仄：联句要符合平仄规定。

（二）对仗：上下联词性相同，结构一致，平仄相谐。

（三）内容：上下联一定要有关联；不能合掌；要健康向上。

五、巩固练习

看郑板桥的一副对联，请分析此联的平仄、对仗、内容。

删繁就简三秋树；领异标新二月花。

参考答案：

（1）平平仄仄平平仄；仄仄平平仄仄平。

（2）删繁就简、领异标新（并列词组）；三秋、二月（数词+名词）；树、花（名词）。

（3）上联写文章要简明；下联写文章要有新意。上下联都是谈写作方面的要求，即作文语言要简明，思想要有新意，符合内容相关的要求。

六、对联的主要题型

（一）组句型

例：请用下列词语组成一副对联：

千朵　三尺水　半亭风　一弯红莲　明月

这种题型在中考中比较常见，初三的学生可重点训练这一类对联题。

（参考答案：千朵红莲三尺水；一弯明月半亭风。）

（二）补联型

1. 一般是给上联，补下联

例：请根据上联的内容，对一句下联，要求符合平仄对仗要求。

上联：两岸晓烟杨柳绿；

下联：＿＿＿＿＿＿。

（参考答案：一园春雨杏花红）

2. 也有给下联，补上联的

例：请根据下联的内容，补写一句上联，要求符合平仄对仗要求。

上联：＿＿＿＿＿＿；

下联：小荷浮水卷还舒。

（参考答案：落叶舞风高复下）

3. 有题联

例：请根据《端午》一联的上联，补写它的下联，要求符合平仄、对仗要求。

上联：赛龙舟不忘楚风余韵；

下联：＿＿＿＿＿＿＿＿＿。

（参考答案：裹棕叶尚思屈子忠魂）

这种题型一般会在高考中出现，高中生要着重训练此类对联题。当然，不管是哪类题，考的内容无非对联的对仗、平仄等，只要弄明白这节课所涉及的知识技能，是可以从容应答的。

最后，我想说说学习对联的益处：其一，是应试的需要，掌握了写作对联的本领以后，首先可以轻松应对各种形式的对联试题，可以有效提高语文考试分数；其二，是练习对联可以有效提高学生的书面表达能力，在提高作文的文采方面，大有裨益，同时也可以提高学生在中国古典文学方面的鉴赏水平；其三，这也是掌握一种修身养性的技能，将来无论从事什么工作，闲暇之时写副对联，甚至给自家创作一副春联，都是很有文化品位的事情；其四，对联是中华优秀传统文化的一部分，掌握并运用它，其实就是对中国传统文化的最好传承，希望同学们能喜欢并学会欣赏、创作对联。

2020年各地中高考语文对联题解析

下面是三道2020年考试真题：

1. 真题一（宁夏回族自治区2020年中考语文试卷第一大题第4小题）

请你把对联中空缺的一个字补出来。（2分）

上联：立德齐今古；

下联：藏书____子孙。

2. 真题二（广州市 2020 年中考语文第一大题第 5 小题）

阅读下面文字，填入横线处最合适的一项是（　　）（3分）

广福戏台藏身于荔湾区恩宁路的粤剧博物馆，是一座纯木结构建筑。这座古色古香的大戏台依水而建，一年四季都有免费演出，市民可以在水边凭栏赏粤剧。文佳来到广福戏台，有感而发，写下一副对联。

上联：登古台唱新韵演尽喜怒哀乐；

下联：_____。

A. 临碧水着红装遍赏起承转合

B. 入云山对夕阳惯看秋月春花

C. 倚玉栏临碧水赏遍春夏秋冬

D. 戏楼里凭石栏品味唱念做打

3. 真题三（内蒙古自治区包头市 2020 年中考语文第一大题第 6 小题）

根据上联写下联。（3分）

新冠肺炎疫情肆虐全球，照鉴中国以世界大同、天下为公的胸襟和气魄。唯人民和生命为重，中华儿女无畏而坚忍，谱写了一曲抗疫之歌。有对联赞云：

上联：异域同天，守望相助，抗疫留佳话；

下联：_____。

对联又叫楹联、对子等，它属于格律文学，其基本特征是讲究平仄、对仗。换句话说，不懂平仄、对仗的人是解答不了对联方面的试题的。本文试从对联的平仄、对仗、内容三方面，并结合 2020 年的这三道中考真题，具体分析一下对联题的特点及对策。

一、对联中的平仄

我们先看一道中考对联试题：

请用下列词语组成一副对联：

春尽　山气　犹恋石　雨余　花魂　欲吞潮

这里有两种组合，一副正确，一副错误：

组合1：春尽花魂犹恋石；雨余山气欲吞潮。

组合2：雨余山气欲吞潮；春尽花魂犹恋石。

哪个正确？为什么？

正确答案是组合1，即春尽花魂犹恋石；雨余山气欲吞潮。

错误答案是组合2，即雨余山气欲吞潮；春尽花魂犹恋石。

新的问题：本对联最后两个字"石""潮"都是平声，组合2怎么就不行呢？这是因为古代的发音和现在不一样，"石"字按古音，是仄声；"潮"字，古今音都是平声。所以这副对联只能是组合1的样子，才符合"上仄下平"的要求。

我们再了解一下对联中的平仄变化规律，先看一道以前的中考对联试题：

请用下列词语组成一副对联：

半边　藏世界　锅内　米中　煮乾坤　一粒

组合1：一粒米中藏世界；半边锅内煮乾坤。

组合2：米中一粒藏世界；锅内半边煮乾坤。

哪个正确？为什么？

我们来看这个错误答案：

米中一粒藏世界；锅内半边煮乾坤。

联中最后一个字"界、坤"，声调的确是上仄下平，为什么错了呢？

要弄清楚这个问题，还必须让大家了解一下对联里的平仄规律，对联里的平仄规律和绝句里的差不多，我们以五言、七言为例，它的平仄一般是这样的：

五言：①平平平仄仄；仄仄仄平平
　　　②仄仄平平仄；平平仄仄平

七言：①仄仄平平平仄仄；平平仄仄仄平平
　　　②平平仄仄平平仄；仄仄平平仄仄平

分析一下，它的平仄规律大致为：

(1) 上下联最后一个字：上仄下平。

(2) 联中平仄：一般是交替出现。

(3) 上下联相同位置平仄一般相反，尤其偶数位置。（第二、四、六字）

比如前边那个错误答案，它第二、四、六位置的平仄是这样的：

　　　2　4　6　　　2　4　6

米中一粒藏世界，锅内半边煮乾坤。

　　　平　仄　仄　　仄　平　平

它的平仄不是交替出现的，应调整为：

　　　2　4　6　　　2　4　6

一粒米中藏世界，半边锅内煮乾坤。

仄 平 仄　　平 仄 平

根据这些知识，我们来分析第一道中考真题（宁夏卷）：

请你把对联中空缺的一个字补出来。

上联：立德齐今古；

下联：藏书＿＿＿子孙。

分析：要解答此题，就必须懂平仄，首先要把上联的平仄写出来，"立德齐今古"，仄仄平平仄，这是五言的第②种情况；下联的平仄就必须是：平平仄仄平，要填的空必须是一个仄声字，如"教、惠、育、旬、诫"等。如果学生填的字是"传、留"等平声的字，就是不符合要求，是不能给分的。

二、对联中的对仗

先举例分析一副名联的对仗情况。

例：书山有路勤为径；学海无涯苦作舟。

其具体对仗情况为：

书山—学海（名词）；勤—苦（形容词）；为—作（动词）；径—舟（名词）；有路—无涯（动+名，动宾结构）；勤为径；苦作舟（主谓结构）。

我们发现，上下联一般是名词对名词、动词对动词、动宾结构对动宾结构、主谓结构对主谓结构，即上下联相同位置的一般词性要相同，结构要一致。

可以再看一下刚才那道中考真题：

上联：立德齐今古；

下联：藏书＿＿＿子孙。

分析：做对联题，除了平仄的要求外，还要看对仗情况，"立德齐今古"，其中第三字"齐"是动词，下联的第三字（填空处）也必须是动词。结合平仄方面的分析，所填的字必须符合这样的要求：一个仄声的动词，如"教、惠"等。如果学生填的字是"传、留"等平声的动词就是不符合要求的。

再看第二道中考真题（广州卷）：

阅读下面文字，填入横线处最合适的一项是（　　　）

广福戏台藏身于荔湾区恩宁路的粤剧博物馆，是一座纯木结构建筑。这座古色古香的大戏台依水而建，一年四季都有免费演出，市民可以在水边凭栏赏粤剧。文佳来到广福戏台，有感而发，写下一副对联。

上联：登古台唱新韵演尽喜怒哀乐；

下联：＿＿＿＿＿＿＿＿＿＿＿＿＿＿＿。

A. 临碧水着红装遍赏起承转合
B. 入云山对夕阳惯看秋月春花
C. 倚玉栏临碧水赏遍春夏秋冬
D. 戏楼里凭石栏品味唱念做打

（参考答案：C）

分析：本题是根据上联和相关背景选择一个下联，难度不是很大。我们根据对联有关结构、词性、基本要求，采用排除法试试。

首先，B选项的"秋月春花"，是由两个偏正结构组成（秋月+春花）的，和上联的"喜怒哀乐"的结构不一致，首先排除。

其次，是D选项，"戏楼里"是偏正结构，而上联的"登古台"是动宾结构，结构不对，也可以排除。

剩下的A选项和C选项，选哪一个呢？两者结构差不多，不好判断。但如果知道古今音知识的学生也不难选，为什么呢？因"起承转合"的"合"是古仄声，而下联的最后一个字只能是平声字，据此，就可以排除A选项；另外，"遍赏"和上联的"演尽"的结构也不一样，"遍赏"改成"赏遍"才对。

综合以上分析，只有"倚玉栏临碧水遍赏春夏秋冬"句符合要求。其中，"临碧水"符合"戏台依水而建"的背景，"遍赏春夏秋冬"符合"一年四季都有免费演出，市民可以在水边凭栏赏粤剧"的背景。

三、对联的内容

先看这副名联：书山有路勤为径；学海无涯苦作舟。

分析一下，首先是分开看，"书山有路勤为径"，是用比喻的手法来说读书并没有什么捷径，只有勤奋学习，方可成功；下句"学海无涯苦作舟"，也是用比喻的手法说读书是很辛苦的，没有吃苦精神是很难成功的。然后，我们再把两个句子放在一起看，上联强调的是学习一定要勤奋，下联强调的是学习一定要能吃苦。此联写的是学习成功的两个要素——勤奋和刻苦，上下联的内容相关。

再看郑板桥的一副对联：删繁就简三秋树；领异标新二月花。

分析一下，上联"删繁就简三秋树"，是说"作文语言要简明"；下联"领异标新二月花"，是说"作文立意要新"。上下联都谈写作方面的要求，内容是相关的。

还有本人的《题妇女节》一联：

待物以诚，截发惟闻陶侃母；

相夫有道，断机常羡乐羊妻。

分析：上联"截发惟闻陶侃母"是一个典故，陶侃是东晋名将，但出身贫寒，他的成功，得益于他有一位好母亲。据说，有次陶侃的朋友来家里看望他，可家里穷得连招待客人的饭菜都没有，正在他一筹莫展之时，他母亲给他送来了钱。钱从何处而来？原来是母亲把自己的长发剪下来卖掉了。下联"断机常羡乐羊妻"也是一个典故，乐羊是战国时期魏国名将，他的成功则得益于他的妻子。据说，乐羊年轻时出外学习，可没过几天就回来了，说是想家了。他妻子二话没说，拿刀就把自己快要织好的一批布给截断了，乐羊问为什么把好好的布给毁掉了，他妻子说，这就像你做学问一样，不能半途而废。乐羊感妻言，马上外出求学，七年未归，遂成大器。

上联写母亲对儿子的影响，下联写妻子对丈夫的影响，母亲、妻子，身份也都是妇女，这样就紧扣题目，且上下联的内容相互关联。

我们再结合第三道中考真题（包头卷）来分析一下：

根据上联写下联。

上联：异域同天，守望相助，抗疫留佳话；

下联：_____。

（参考答案：举国一心，防控互联，驱瘟赞英才）

分析：对初三学生来说，这道题的难度还是较大的，因为它不是组合题，不是填空题，也不是选择题，而是直接写下联，并且是三分句的对联，应该是近年来所看到的难度最大的中考对联题了。

怎样解答呢？除了熟悉对联的几个基本要求外，这里强调一下"内容相关"，为什么要强调这个要求呢？因为本题前面有一段这样的话"新冠肺炎疫情肆虐全球，……谱写了一曲抗疫之歌"，这就要求下联不但要符合一般的对联要求，内容上还必须与新冠抗疫有关。

分析一下参考答案："举国一心，防控互联，驱瘟赞英才。"

下联"举国一心，防控互联，驱瘟赞英才"，讲的也是防疫之事，内容相关，没有问题。

虽然这个参考答案总体不错，不过遗憾的是平仄出了些小问题（在其他章节有详细解析）。

建议把答案改写成：初心使命，防控互联，驱魔赞杏林。

需要说明的是，这道题的难度已和高考对联题的难度一样了，如果能解答此题，一定也能解答高考题。所以，限于篇幅，这里就不再分析高考对联题了。

对联写作中的平仄、对仗和句式

对联，俗称"对子"，雅称"楹联"，既被文人雅士钟爱，又为普通群众所喜闻乐见。为什么呢？因它脱胎于骈文骊句和格律诗词，句式整齐，音韵铿锵，含义隽永，可谓形美、声美、义美。如果只是欣赏、诵读他人撰写的对联，只要有一定的文字基础就可以了；若要自己撰写对联，就不是一件很简单的事了，它还是有一定门槛的，至少要过三个关，即平仄关、对仗关和句式关。下面就从这三个方面给大家介绍一下。

一、平仄

（一）古音和今音

在说平仄之前，先要说一下古音和今音的问题。因字的读音是逐步变化的，如果用现代的发音去读古诗词，很多地方就读不出那种抑扬顿挫的美感来。换句话说，古代的诗词作品，用古代的发音去读会更有味道。所以我们必须了解古音是怎么回事，要弄明白它和今音的区别在哪里，否则，很难在诗词对联的写作方面立足。

平仄，是读音方面的术语，平，就是平声，包括阴平和阳平，相当于现代汉语的一、二声；仄，就是仄声，上、去、入声，其中上声和去声相当于现代汉语的三、四声。但现代汉语中，只有阴平、阳平、上声、去声四种声调，并没有古代的入声。那入声去哪里了呢？它没有消失，而是分别转到这四种声调里了。转入上声、去声的就不用担心了，可转入阴平、阳平的就很麻烦了。一个字的现代和古代的平仄不同，这就给我们增加了一层困难，比如，"黑、白、国、竹、菊"等字，古音都是仄声，今音却是平声，我们还必须熟悉并记牢，不然，你写出来的作品就会不伦不类，就会贻笑大方。本书第一部分附录里有《古汉语入声字现代汉语读阴平阳平的常用字表》，方便大家查看使用。

如何尽快记住这些常见的古入声字呢？有这么一些方法，大家可参考使用：

1. 多读多记上面的字，当然一次也记不完，可以化整为零，一天记十个八个的，坚持一两个月就差不多了；不过前边记住的还要及时复习，反复巩固。

2. 要多写诗词对联，只有在实践中反复使用，才能记得更牢。

3. 写完后最好在诗词检测网站上检测一下，这样较容易发现错误并及时纠正。

4. 最好有一个错字积累本，把平时用错的字收集起来，这样效率会高很多。

5. 因南方地区的不少方言里还保留着古代的发音，所以会说广东、上海、福建、湖南等地方话的人可以经常用方言读一读自己的作品，也可以较快掌握。

（二）平仄规则

1. 写对联一般要按古音来写，也可以用今音，但不能兼用古今音，即一副对联只能按一个标准去写作。

2. 对联的上联最后一个字，必须是仄声；下联最后一个字，必须是平声。即上仄下平。如：

莫是真心堕尘雾；要将热血洗乾坤。

分析：上联的最后一个字是"雾"，去声，属仄；下联最后一个字是"坤"，阴平，属平，上仄下平。

3. 其他位置字的平仄也有个大致的规定，分短联（11字之内）、长联两种情况：

（1）短联：一般是七字之内的，有四言、五言、七言三种情况，也有十一（4+7式）言的。一般七言联多些，七言联有两种平仄格式，即：

第一种：平平仄仄平平仄；仄仄平平仄仄平

第二种：仄仄平平仄仄；平平仄仄仄平平

这种对联按"一三五不论，二四六分明"的原则处理，即每联的第一、三、五等奇数位置的字可以不管其平仄，但每联第二、四、六等偶数位置的字的平仄就必须明确，该平就平，该仄就仄，不能弄乱了。比如：

世事洞明皆学问；人情练达即文章。

分析：上联"世事洞明皆学问"的平仄为"仄仄仄平平仄仄"，属第二种平仄格式，只有第三字"洞"是该平却仄了，但它处在第三个字的位置，可以不管它。

（2）长联：一般是三个分句以上的对联。这种对联的平仄要求会适当放宽，主要是节奏点的平仄相对应就可以了；每个分句内的平仄，也尽量按规则，真做不到也不算违规。比如清代蒲松龄的一副对联：

有志者事竟成，破釜沉舟，百二秦关终属楚；

苦心人天不负，卧薪尝胆，三千越甲可吞吴。

分析：上下联各由三个分句组成，我们主要看它每个分句的最后一个字。

上联的字为"成、舟、楚",平、平、仄;下联的字为"负、胆、吴",仄、仄、平;"平、平、仄"对"仄、仄、平",节奏点上的平仄都是相反的,符合要求。

但如果看"有志者事竟成"这个分句,它的平仄就是"仄仄仄仄仄平",五连仄,显然是不行的,但因是长联,可以放宽要求。

(3) 马蹄韵

这里的"马蹄",是指马蹄行进规律。马之行步,后蹄总是踏着前蹄蹄印走,每个蹄印都要踏两次。细察马之行进规律,总是左右脚轮流迈进。若以左边(或右边)的马蹄为平,另一边的马蹄为仄,左右轮流行进,那么"平平"之后便是"仄仄""仄仄"之后又是"平平"了。总之,马蹄韵即"平平仄仄"交替变换的联律。马蹄韵也分句脚和句中两种情况,一般以句脚为主,兼顾句中。

①句脚公式

a. 上联

每边一句:仄

每边两句:平,仄

每边三句:平,平,仄

每边四句:仄,平,平,仄

每边五句:仄,仄,平,平,仄

每边六句:平,仄,仄,平,平,仄

每边七句:平,平,仄,仄,平,平,仄

每边八句:仄,平,平,仄,仄,平,平,仄

…………

b. 下联仄与之相反

每边一句:平

每边两句:仄,平

每边三句:仄,仄,平

每边四句:平,仄,仄,平

每边五句:平,平,仄,仄,平

每边六句:仄,平,平,仄,仄,平

每边七句:仄,仄,平,平,仄,仄,平

每边八句:平,仄,仄,平,平,仄,仄,平

…………

②句中平仄

a. 上联

一言句：仄

二言句：仄仄

三言句：平平仄、平仄仄

四言句：平平仄仄

五言句：仄仄平平仄、平平平仄仄

六言句：仄仄平平仄仄

七言句：平平仄仄平平仄、仄仄平平平仄仄

八言以上（含八言）之平仄视节奏而定。

b. 下联仄与之相反。

一言句：平

二言句：平平

三言句：仄仄平、仄平平

四言句：仄仄平平

五言句：平平仄仄平、仄仄仄平平

六言句：平平仄仄平平

七言句：仄仄平平仄仄平、平平仄仄仄平平

八言以上（含八言）之平仄视节奏而定。

如刚才蒲松龄的那副对联：

有志者事竟成，破釜沉舟，百二秦关终属楚；

苦心人天不负，卧薪尝胆，三千越甲可吞吴。

分析：上联的字为"成、舟、楚"，平、平、仄；下联的字为"负、胆、吴"，仄、仄、平；"平平仄"对"仄仄平"，节奏点上的平仄都是相反的。符合马蹄韵的句脚的要求。

但如果看"有志者事竟成"这个分句，它的平仄就是"仄仄仄仄仄平"，显然是不符合马蹄韵的句中平仄要求，但因是分句，可以放宽要求。

这副联的其他分句，如"破釜沉舟，百二秦关终属楚；卧薪尝胆，三千越甲可吞吴"的平仄为"仄仄平平，仄仄平平平仄仄；仄平平仄，平平仄仄仄仄平"，还是符合马蹄韵的句中规则的。

（4）领字的平仄

所谓领字，就是词或对联中的某个单独使用的字或词语，虽然不能构成实意,但必须带动下文才能组成完整的意义。如毛泽东《沁园春·雪》中的"望长城内外,惟余莽莽;大河上下,顿失滔滔。山舞银蛇,原驰蜡象,欲与天公试比高"的"望"字,就是个领字,它和下片的"惜秦皇汉武,略输文采;唐宗宋祖,稍逊风骚。一代天骄,成吉思汗,只识弯弓射大雕"的"惜"这个领字相对应。对于领字的平仄对联中没有严格的规定,可平可仄,不管是和句中的其他句子还是和对句的相应词语,不必顾及是平是仄。如清代曾国藩给自己的乳母写的挽联:

一饭尚铭恩,况保抱提携,只少怀胎十月;

千金难报德,论人情天理,亦当泣血三年。

分析:上联的"况",下联的"论"都是领字。虽然两个字都是仄声,而且上联"况"和后边的"抱"也都是仄声,但根据规则都是允许的。

二、对仗

所谓对仗,又称队仗、排偶,它是把同类或对立概念的词语放在相对应的位置上,使之出现相互映衬的状态,使语句更具韵味,增加词语表现力。对仗有如公府仪仗,两两相对所以叫对仗。它和"对偶"类似,但要求高于对偶。

根据《联律通则》,对仗要符合六条基本原则,即字句对等、词性对品、结构对应、节律对拍、平仄对立、形对意联等。

下面就按照这个顺序逐一讲解。

(一)字句对等

这个好理解,如果是单句联,它的上下句的字数是相等的,且以奇数句居多;如果是多句联,每一个相对应的分句的字数也是相等的。

1. 单句联。如:

至乐无声唯孝弟;太羹有味是读书。(鲁迅题三味书屋)

2. 多句联。如:

秋色满东南,自赤壁以来,与客泛舟无此乐;

大江流日夜,问青莲而后,举杯邀月更何人。(清代李振钧题安庆大观楼)

3. 凡事都有特殊,民国时期出现了一副这样的上下联字数不等的对联:

袁世凯千古;

中华民国万岁。

分析:上联5个字,下联6个字,不对等。但这副严重违规的对联却得到了大家的认可,原来此联上下联字数不对等却另有含义:"袁世凯"这三个字对不齐（起）的"中华民国"这四个字，"齐""起"谐音，是说袁世凯对不起"中华民国"，此联极具讽刺力量。当然，这是很特殊的情况，初学者一般不要模仿。

（二）词性对品

所谓品，就是类。要求在上下联中处于相同位置的词，其词类属性相同；词性对品，是指上下联相同位置的文字词性必须相同，即名词对名词，形容词对形容词，动词对动词，数量词对数量词等。

汉字总体上分为实词、虚词两大类，实词包括：名、动、形、数、量、代词；虚词包括：副、介、连、助、叹、拟声词。如下联：

千年古树为衣架；万里长江作浴盆。

分析："千年"和"万里"是数量词对数量词，"古树"和"长江"是名词对名词，"为"和"作"是动词对动词，"衣架"和"浴盆"是名词对名词。

在这里还有必要说明一点，由于古代汉语与现代汉语间的差异，词性对品这一要求可以适当放宽，这就是所谓的"宽对"，如"形容词"可以对"动词（特别是不及物动词）"。

如清代王文治的一副对联：

人间岁月闲难得；天下知交老更亲。

分析：上联的末字"得"是动词，"得到"之意；下联的末字"亲"是形容词，"亲密"之意。动词对形容词，这是允许的。

还有清代孙星衍的一副对联：

莫放春秋佳日过；最难风雨故人来。

分析：上联的"莫放"意思是，动词词组；下联"最难"意思是副词加形容词。其中关键字"放"和"难"的词性不对，但动词对形容词，这是允许的。

（三）结构对应

结构对应，是指上下联词语的构成、词义的配合、词序的排列、虚词的使用、修辞的运用，彼此对应平衡。

词的结构分为：主谓结构、偏正结构、动宾结构、并列结构。

从语法结构角度讲，就是句型要一致。即主谓结构对主谓结构，偏正结构对偏正结构，并列结构对并列结构，动宾结构对动宾结构。如果是上联是主谓宾结构，而下联是主谓补结构，就没有对好。例如，郭沫若题天一阁藏书楼联：

好事流芳千古；良书播惠九州。

分析：上下联都是主谓补结构，结构相对。

还有清代郑板桥对联：

虚心竹有低头叶；傲骨梅无仰面花。

分析：上联的"虚心竹""低头叶"与下联的"傲骨梅""仰面花"都是偏正结构。上下两联又都构成主谓宾结构。对仗特别工整。

对于初学楹联者，宜撰单句短联。因为楹联的字、句数越多，句子结构就越复杂，结构变化就越大，对技巧要求就越高。

（四）节律对拍

所谓节律对拍，是指上下联句中语流节奏要一致。节律也就是节奏，即有规律的重复；所谓节律对拍，是指上下联停顿的地方必须一致。如：

（1）王维诗句

海日/生/残夜；江春/入/旧年。

分析：上下联均为二、一、二（212）节奏。

（2）民国时期小凤仙挽蔡锷的对联

不幸/周郎/竟/短命；早知/李靖/是/英雄。

分析：上下联均为二、二、一、二（2212）节奏。这就是节奏对拍。

（五）平仄对立

这个问题在前文已详细讲解过，此不再赘述。

（六）形对意联

对联不仅要求形式对举，而且要求意义关联。

1. 形式对举

在形式上表现为上下联的"对举"，也称为对偶，相对举出，互相衬托。这种对举包括对应字词的类别一致以及平仄的对立。

2. 意义关联

意义关联，就是上下联犹如一篇文章的两个段落，都要为文章主题服务。所以上下联在意义上一定要相互关联。如下面这副名联：

（1）书山有路勤为径；学海无涯苦作舟。

分析：首先是分开看，"书山有路勤为径"，是用比喻的手法来说读书并没有什么捷径，只有勤奋学习，方可成功；下句"学海无涯苦作舟"，也是有比喻的手法俩说读书是很辛苦的，没有吃苦精神是很难成功的；两个句子放在一起看，上联强调的是学习一定要勤奋，下联强调的是学习一定要能吃苦。此联写的是学习成功的两个要素，勤奋和刻苦，上下联的内容相关。

再看郑板桥的一副对联：

（2）删繁就简三秋树；领异标新二月花。

分析：上下联都是谈写作方面的要求，上联说作文语言要简明，下联说思想要有新意，两个内容是相关的。

我们再来看这样一副联：

（3）新年台上演戏；暑假水边钓鱼。

分析：此联在平仄、对仗等方面都没有问题，但是上下联之间语意、内容却互不关联，风马牛不相及，形对而意不联。所以说它不是一副对联。又如：

（4）三星白兰地；五月黄梅天。

分析：这副联的上下联之间没有任何联系，也没有一个主题，这也不是一副对联。

3. 无情对：所谓无情对，即对而不联，而且上下联的意思越远越好；相反，近了还不合要求。如：

（1）天做棋盘星做子，谁人敢下；地作琵琶路作弦，哪个能弹。

（2）张之洞；陶然亭。

（3）庭前花始放；阁下李先生。

（4）资治通鉴；物理透镜。

分析：这几副对联，对仗很工稳，可上下联并未相互作用来表达一个中心意思，本来不算对联，但由于这一类对联属于游戏、消遣、斗巧的，故也约定成俗，归入对联园地之中。

（七）关于对仗，还有一些情况，也需介绍一下

1. 自对：所谓自对，是指在上联或下联内部自行对仗，而上下联间相对应处可以不对仗。这里就有两种情况：

（1）句内自对

句内自对就是单句联或多句联的某个分句中有词语对仗，如王维《汉江临眺》的颔联：江流天地外；山色有无中。

分析：上联的"天"和"地"相对，下联的"有"和"无"相对，但"天地"并不能和"有无"对。这就是句内自对。上海豫园有一副对联：

游目骋怀，此地有崇山峻岭；

仰观俯察，是日也天朗气清。

分析：上联的"游目骋怀"和下联的"仰观俯察"并不对仗，"崇山峻岭"和"天朗气清"也不对仗，但"游目"和"骋怀"自对，"仰观"和"俯察"

自对,"崇山"和"峻岭""天朗"和"气清"自对。这些也都是句内自对。

(2) 句间自对

句间自对就是在有分句的联中,上联或下联的分句与分句的对仗。如北京颐和园的一副对联:芝砌春光,兰池夏气;菊含秋馥,桂映冬荣。

分析:上联的"砌"和"池"都是名词,下联的"含"和"映"都是动词。所以上下联是不对仗的。但上联中的"芝砌春光"和"兰池夏气"是对仗的,下联的"菊含秋馥"和"桂映冬荣"也是对仗的,这就是句间自对。

还有一副岳阳楼的名联:

一楼何奇?杜少陵五言绝唱,范希文两字关情,滕子京百废俱兴,吕纯阳三过必醉。诗耶?儒耶?吏耶?仙耶?前不见古人,使我怆然涕下;

诸君试看:洞庭湖南极潇湘,扬子江北通巫峡,巴陵山西来爽气,岳州城东道岩疆。渚者,流者,峙者,镇者,此中有真意,问谁领会得来。

分析:此联中的上联第二、三、四、五分句:"杜少陵五言绝唱,范希文两字关情,滕子京百废俱兴,吕纯阳三过必醉"就是自对手法;后面的第六、七、八、九等四个分句:"诗耶?儒耶?吏耶?仙耶?"也是句间自对。同样,下联的第、二、三、四、五这四个分句:"洞庭湖南极潇湘,扬子江北通巫峡,巴陵山西来爽气,岳州城东道岩疆"及第六、七、八、九等四个分句:"渚者,流者,峙者,镇者"都属句中自对。

(3) 为什么要自对

一是为了避开上下联对仗比较难处理的情况,这样既有助于对联创作者扩展思路,而又保持了对联独有的对称的美感;

二是在某种情况下采用自对的形式可以有助于对联的表意和联语的灵动。

2. 句中重复用字

对联的上下联一般是不允许重复用字的,但上下联内部却可以重复用字,不过一般是有规律的重复。现举例如下:

(1) 有规律的重复

如民初讽袁世凯挽联:

总统府,新华宫,生于是,死于是;拥戴书,劝进表,民意耶?帝意耶?

分析:此联"生于是,死于是"和"民意耶?帝意耶?"均为自对,而且有规则的重字。河南南阳卧龙岗武侯草庐对联:

心在朝廷,原无论先主后主;名高天下,何必辨襄阳南阳。

分析:此联的上下联两个分句构成自对,有规律重字,上下联重字位置一样。

江苏泰州光孝寺有一副对联：

十年河东，十年河西，切莫放年华虚度；

一脚门里，一脚门外，可晓得脚步留神。

分析：此联的上下联两个分句构成自对，有规律重字，上下联重字位置一样。

（2）无规律的重复用字

如王澄川题岳武穆联：

为臣死忠，为子死孝，大丈夫当如此矣；

南人归南，北人归北，小朝廷岂求活耶。

分析：此联中，上联"为臣死忠，为子死孝"和下联"南人归南，北人归北"分别用了自对；上联重复"为、死"，下联重复"人、归"。但上下联的重字并不规则。

类似的还有一副题武昌黄鹤楼联：

一枝笔挺起江汉间，到最上层，放开肚皮，直吞将八百里洞庭，九百里云梦；

千年事幻在沧桑里，是真才子，自有眼界，那管他去早了黄鹤，来迟了青莲。

分析：此联中，上联"八百里洞庭，九百里云梦"和下联"去早了黄鹤，来迟了青莲"分别用了自对；但是上联重复"百里"，下联重复"了"。从上下联看重字并无规则。

3. 合掌

该知识点已在前文讲过，此略。

为了加强对合掌的认识，大家可读读王妄君的《合掌对两串》，摘录如下：

其一

瞧对看，听对闻，上路对启程。后娘对继母，亡父对先君。醪五两，酒半斤，扫墓对上坟。乞援双瞎子，求助二盲人。岳父有因才枉驾，丈人无故不光临。十分容颜，五分造化五分打扮；两倾姿色，一半生就一半妆成。

其二

行对走，跑对奔，早晚对晨昏。侏儒对矮子，傻子对愚人。观浪起，看波兴，闭户对关门。神州千载秀，赤县万年春。国士无双双国士，忠臣不二二忠臣。大德似天高，天高加一丈；恩深如地厚，地厚减千分。

三、句式

（一）什么是律句

所谓律句，就是律诗的句式。律诗的句子都有比较固定的要求，比如它们的平仄格式，五言的有：仄仄平平仄，平平平仄仄；七言的有：平平仄仄平平仄，仄仄平平平仄仄等。它们的句子节奏，如五言的"2/1/2"结构（海日生残夜），五言的"2/2/1"结构（欲穷千里目）；七言"2/2/2/1"结构（三顾频烦天下计），七言的"2/2/1/2"结构（映阶碧草自春色）等。

（二）什么是散句

所谓散句，顾名思义，就是散文中的句子。之所以这么叫，是为了与律句有所区分。与律句的规整不同，散句的句读节奏都相对比较散，这要根据句子的意思来找节奏。比如《出师表》中的句子"此/先汉/所以/兴隆/也；受任/于/败军/之际，奉命/于/危难/之间"，这样的读起来比较"散"的句子，就是散句。对联中也有不少用散句的，如河北邯郸黄粱梦村吕仙祠的一副对联：

睡至二三更时，凡功名都成幻境；

想到一百年后，无少长俱是古人。

还有台湾高雄郑成功祠的一副对联：

由秀才而封王，主持半壁旧江山，为天下读书人顿增颜色；

驱外夷以出境，自辟千秋新事业，愿今日有志者再鼓雄风。

不过，对联中，有纯粹使用律句的，但极少纯用散句的。一般，短联使用纯律句的多些，长联使用律句加散句的多些。

（三）常见句式

所谓句式，是指对联中组成联句的方式。很多人的对联写得不错，但读起来总有种气息不爽的感觉。这种"不爽"，有时是过于油腻，有时是过于纠结，其实这些可能是句式的问题。下面就介绍几种常见的对联句式。

1. 七言单句

单句联是短联，四、五、七言比较多，尤以七言为多。网上很多对联群的对联练习也多用七言句，因七言句读起来比较有节奏，也爽口。练好七言句，是写好双句联、多句联的基础，因这些联几乎都包含着一个或多个七言句。

如曹雪芹的几副七言对联：

世事洞明皆学问；人情练达即文章。

假作真时真亦假；无为有处有还无。

春恨秋悲皆自惹；花容月貌为谁妍。

分析：这是《红楼梦》中的几副七言对联，都写某种人情世态。每一副的意思都不复杂，主题单一明确。七言联是对联之主流句式，大家一定多加练习。

2.11（4+7）言双句式

在双句式中，前边一个四言句，后边加上一个七言句，即（4+7）句式，这是使用最多也是最流行的双句句式。

如明代解缙的一副对联：

墙上芦苇，头重脚轻根底浅；山间竹笋，嘴尖皮厚腹中空。

河南南阳卧龙岗武侯草庐对联：

心在朝廷，原无论先主后主；名高天下，何必辨襄阳南阳。

清代朱彝尊题浙江嘉兴山晓阁联：

不设樊篱，恐风月被他拘束；大开户牖，放江山入我襟怀。

分析：这种句式的特点是，先给一个四言句，提出一个问题或一种事物、现象，再用一个七言联解读或解释。如第一副，先说"墙上芦苇"这种事物，再说它的特点"头重脚轻根底浅"，两个分句共同表达一个完整的意思。下联亦然。再如第三副，前一个分句说一种"不设樊篱"的情况，为什么不设呢？后边再用一个七言联解释"恐风月被他拘束"，前果后因。下联亦然。这种句式总体感觉比较工稳，读起来也顺口，有节奏感。大家也要多加练习。

3.5+5+7句式

一般来说，三个分句以上的对联就是长联了，而长联中以三个分句的为最多。有（4+4+7）、（5+4+7）、（5+5+7）、（7+4+7）等几种句式。先说（5+5+7）句式，第一分句用五言律句，第二分句用（1+4）结构，如果后四个字是并列或自对，那么第一个字一般用领字，第三分句一般用七言律句。你会发现，使用这种句式的对联，骨肉匀称，各分句之间没有强弱悬殊导致的力量不均。平仄方面，上联第一、第二分句的句脚用平声，第三分句的句脚用仄声；下联相反，既有节奏感又富于变化。如江峰青题扬州二十四桥一联：

胜地据淮南，看云影当空，与水平分秋一色；

扁舟过桥下，闻箫声何处，有人吹到月三更。

再有清代李振钧题安庆大观楼一联：

秋色满东南，自赤壁以来，与客泛舟无此乐；

大江流日夜，问青莲而后，举杯邀月更何人。

还有清代曾国藩给自己的乳母写的挽联：

一饭尚铭恩，况保抱提携，只少怀胎十月；
千金难报德，论人情天理，亦当泣血三年。

分析：这几副对联都是名联，它的基本套数是：第一分句先提出一种情况，算是铺垫，第二个分句再设定一个条件，最后一句把自己最想说的话列出来。如安庆大观楼联，第一分句"秋色满东南"先交代一个状况；第二分句设定一个时间是"赤壁以来"；第三分句是推出"与客泛舟无此乐"，没有前边两分句打前阵，这个结论就有些不知所云了。下联亦然，其他几副亦然。

这种句式是三分句对联的经典句式，对于联语气脉拿捏不定的人，这种不长不短的最合适，既不会因为字数少而要求每个字都精益求精，也不会因为字数多又造成详略不当的臃肿现象。之所以称为经典，还由于它是许多句式的"本源"，掌握了这种句式，只要文字还过得去，联语就不会太纠结，并且可以以此为基础，变化出大量其他句式。

4.5+4+7 句式

这种句式与经典的（5+5+7）句式类似，只是第二分句少了一个领字，所带来的变化就是第二分句分量上会弱一些，所以第二分句的四个字一定要好好斟酌，力求言简意赅撑起全联。第二分句有两种写法，一种是过渡性的四个字承上启下，另一种是用四言自对；前者要注重承接的自然，既不宜太流滑，又不可前后不挨，后者则以描写为主，让文字血肉俱丰。

如清代郑烨题浙江杭州西湖湖心亭一联：
台榭漫芳堂，柳浪莲房，曲曲层层皆入画；
烟霞笼别墅，莺歌蛙鼓，晴晴雨雨总宜人。

再有清代康熙皇帝挽郑成功一联：
四镇多贰心，两岛屯师，敢向东南争半壁；
诸王无寸土，一隅抗志，方知海外有孤忠。

还有云南巍山元觉寺有一副对联：
一水抱孤城，烟渺有无，挂杖僧归苍茫外；
群峰朝叠阁，雨晴浓淡，依栏人在画图中。

分析：这种句式一般是第一个分句先说一种情况，第二个分句一般是再强调一下，最后一句是结论。如第一副下联第一分句"烟霞笼别墅"，先说湖心亭的建筑物如何，烟霞笼罩着；再用"莺歌蛙鼓"补充它的环境特点；最后推出"晴晴雨雨总宜人"的结论，就是说不管什么天气，这里都有风景，都适合人来观赏，赞美之情不落空泛。上联也一样，另外两联也差不多。

5. 4+4+7 句式

这种句式和（5+4+7）句式接近，只是把第一个分句变成四字句，这样，它的前两个分句字数一样，容易形成自对，内容上也好形成并列或承接关系，便于为最后一个分析蓄势。

如四川青城山王小波李顺纪念馆的一副对联：
揭竿斩木，威震西川，江山犹凛英雄气；
发粟散财，碑传万口，黎庶长倾葵藿花。

再有孙中山巧对张之洞的对联：
持三字帖，见一品官，儒生妄敢称兄弟；
行千里路，读万卷书，布衣亦可傲王侯。

还有江苏泰州光孝寺有一副对联：
十年河东，十年河西，切莫放年华虚度；
一脚门里，一脚门外，可晓得脚步留神。

分析：这种句式一般是前两个分句是并列关系，交代一下情况，一般是为最后一句做铺垫的；最后一句得出一个结论，或赞美或批判。比如孙中山对张之洞那一联"行千里路，读万卷书，布衣亦可傲王侯"，前两个分句"行千里路，读万卷书"是并列关系，它们共同为最后一句服务，是最后一句所说行为"布衣傲王侯"的必要条件。前后有逻辑关系。上联情况也大致如此，其他联差不多也是这样。

以上几种是常见的句式，尤其是初学者，要反复揣摩练习，并熟练掌握。

对联和绝句、律诗相比，在句式方面的优势其实非常明显，也没有说写对联时必须按照这几种格式，只要能把自己的立意较好地呈现出来，什么句式都可以。比如（7+4+7）句式、（7+5+7）句式、（7+7+7）句式、（7+7+4+7）句式、（7+6+7+4句式）等，这里不再一一举例。

对联的常见分类

关于对联的分类，目前尚没有一个权威的分法，清代吴恭亨的《对联话》把对联分为：题署联、庆贺联、哀挽联、杂缀联、谐谑联。谷向阳主编的《中国对联大典》则用不同的标准分类：按用途分：春联，行业联，婚联，寿联，挽联，胜迹联，居室联，题赠联，谐趣联，杂题联；按内容分：写景状物联，叙事述史联,抒怀勉志联,格言哲理联,讽刺谐谑联;按联文长短分:短联,中联,长联;按创作方式分:创作联,改制联,集引联,征募联等。王永江在《问花学堂》里把对联分为实用性对联和文学性对联两大类,其中实用性对联包括:题署联、贺寿联、挽联、赠联、春联、行业联、宣传联等;文学性对联包括:游记联、感怀联、人物联、咏物联、议论联、自题联等。本文根据几位专家的分类,结合目前网络楹联界的习惯以及中学生的特点,做如下分类讲解。

一、题署联

所谓题署联,又称风景联,多见于纪念古人的庙、堂、亭、阁、宫、祠、馆、园、楼、台、廊、寺等以及墓、坟、碑、碣之类的名胜古迹中。在这些地方,既可以饱览风光,又可以感受历代名人的道德情操和精神境界。这里大致按山水园林、亭台楼阁、堂馆居室、寺庙祠墓等四个方面逐一介绍。

(一) 山水园林

1. 清代彭玉麟题山东泰山联

我本楚狂人,五岳寻仙不辞远;
地犹邹氏邑,万方多难此登临。

2. 黄齐生题四川青城山联

事在人为,休言万般皆是命;
境由心造,退后一步自然宽。

3. 广东韶关宋贻珍题丹霞山僧帽峰联

闲向丹霞寻古迹,倚石听韶,及眸山水通灵性;
遥看胜境隐高僧,拥云打坐,戴日峨冠悯众生。

4. 广东韶关李阳才题张九龄纪念公园大门联

为相尽忠贤,一世荣名,曲江风度归桑梓;
于诗持雅正,千秋绝咏,明月天涯共古今。

5. 广东韶关林建题丹霞山西南大门联

前行四十里,赤壁三巡,丹山锦水飞龙象;
纵览五千年,箫韶九奏,舜日尧天展凤凰。

(二) 亭台楼阁

1. 清代宋荦题黄鹤楼联

何时黄鹤重来?且自把金樽,看洲渚千年芳草;
今日白云尚在?问谁吹玉笛,落江城五月梅花。

2. 清代彭玉麟题西湖平湖秋月亭联

凭楼看云影波光，最好是红蓼花疏、白蘋秋老；

把酒对琼楼玉宇，莫辜负天心月到、水面风来。

3. 清代江峰青题扬州廿四桥联

胜地驻淮南，看云影当空，与水平分秋一色；

扁舟过桥下，问箫声何处，有人吹到月三更。

4. 清代陶澍题上海豫园得月楼联

楼高但任鸟飞过；池小能将月送来。

5. 孤山放鹤亭（广东韶关卓悦灵）

仙羽已随孤士隐；暗香犹共翠螺浮。

6. 本人题未来湖诗社联

排闼凭栏，三面荷花先乱眼；

闻香踏步，几分诗意总关怀。

（三）堂馆居室

1. 清代郑板桥题江苏兴化故居联

室雅何须大；花香不在多。

2. 清代沈寿榕题四川成都杜甫草堂联

诗有千秋，南来寻丞相祠堂，一样大名垂宇宙；

桥通万里，东去问襄阳耆旧，几人相忆在江楼。

3. 清代袁岘冈、张中阶题岳麓书院联

惟楚有才；于斯为盛。

4. 郭沫若题蒲松龄故居联

写鬼写妖，高人一等；

刺贪刺虐，入骨三分。

5. 本人题北中书院联

独占山巅，敢移岳麓于斯盛；

多栽桃李，更借春风在此芳。

（四）寺庙祠墓

1. 河南洛阳白马寺联

大肚能容，容天下难容之事；

慈悲常笑，笑世间可笑之人。

2. 邹福保题江苏苏州寒山寺联

尘劫历一千余年，重复旧观，幸有名贤来作主；

诗人题二十八字，长留胜迹，可知佳句不须多。

3. 北京关帝庙

兄玄德，弟翼德，德兄德弟；

师卧龙，友子龙，龙师龙友。

4. 清代吴培芳题河南汤阴岳飞庙联

千秋冤狱莫须有；百战忠魂归去来。

5. 本人题云门山祥云楼联

文偃怀仁，乘一叶祥云，巧落名山修庙宇；

苍生行世，历千般风雨，且凭紫气洗尘心。

二、贺联

所谓贺联，指向人表示庆贺而写的对联。如贺婚、贺寿、贺得子、贺开张等。

(一) 贺婚联

1. 清咸丰己未，吴柳堂题其女出阁联

婿如羲之献之可耳；女为周南召南矣乎。

清代吴恭亨著《对联话》评：属对天成，绝去蹊径。

2. 某李姓男纳罗姓女婚联：

郎君本谪仙才，赋就催妆，应同李白偏怜妇；

之子如秦女好，锵鸣杂珮，信是罗敷自有夫。

清代吴恭亨著《对联话》评：扫尽贺婚一切门面语，典裔堂皇，只绝一时矣。

(二) 贺寿联

(此联在寿联一节已讲解，此略)

(三) 贺得子联

1. 清人贺刘西沧夏历十二月生子联

数九九梅花刚结子；四万万华族又添丁。

2. 《对联中国》主持人王永江贺人喜得千金联

斯乡承柳子厚声名，千古流传，雏凤今欣乘瑞气；

乃父具韦苏州文采，一门继起，明珠且待焕光华。

(四) 贺新居联

1. 清人子章贺张某成室联

成室当共和立宪之年，国万岁，家万岁；

登堂赋孔硕斯干而祝，雅一章，颂一章。

清代吴恭亨著《对联话》评：出幅用习见腐语，妙能以家与国相关合也。

2. 子章撰某人成室举子联语，上下幅俱按切李姓，不露斧凿痕迹，亦佳。

大厦落成，吉梦叶长庚，知太白诞生有自；

神州多事，幽栖入盘谷，问昌黎作序何如。

（五）贺开张联（现代通用对联）

1. 文明经商门庭若市春满店；礼貌待客宾至如家暖人心。

2. 春光无限江山不老；壮志有位事业常新。

3. 生意兴隆通四海；财源茂盛达三江。（此联有合掌之嫌）

（六）贺周年联

1. 《对联中国》主持人王永江贺河南灵宝诗词楹联协会年会联

地灵人杰，斯之谓也，初心鉴道德五千言，鲲鹏三万里；

除旧迎新，于此计今，放眼观东风吹满地，春色启中州。

2. 广东韶关隋云（李阳才）贺翁源书堂诗社年会

雅韵传承，诗意翁山涵凤翩；

惠风和畅，兰香翰墨润书堂。

3. 忘忧哥的湖南省郴州市第二中学70周年校庆联

历七十年筚路之艰，务实求真，一例名庠传道远；

揽八百里郴江之秀，培桃育李，三湘学子占春多。

4. 卓悦灵贺韶关市楹联与诗词学会成立五周年

白鹰历五载而翔，采南水波、丹霞色、兰乡韵、梅岭风，都分与平仄两行、诗章一阕；

绿蚁盈千觞共贺，喜春正好、羽渐丰、藻愈清、怀更逸，再来抒高情雅意，远梦新声。

5. 本人贺韶关市楹联与诗词学会成立五周年

亲翁水赏丹霞，采兰拾珏，词柳诗梅，渐尝出宋唐味道；

从丙申到庚子，寻阁品楹，炼今萃古，正秉承清代遗风。

（七）贺考学联

1. 清人贺人入武学联云

投笔自雄才，可笑吾曹，毛锥子竟安所用；

立功期马上，抗论先世，飞将军抑又何人。

清代吴恭亨著《对联话》评：气象发皇，词亦典贵。

2. 清人贺人入学联

早说惠连才,天下文章已无我;
差同郗鉴识,座中子弟独奇君。
清代吴恭亨著《对联话》评:使典恰肖,扫尽一切谀颂门面语,故称佳制。
3. 本人贺广东北江中学高考获佳绩联
赏未来湖风景,莫错过夏日红荷,仲秋金鲤;
问龙虎榜头名,不如看北江西岸,九秩名黉。

三、寿联

所谓寿联,是专为过寿的人祝寿的对联,是一种交际性的对联。其内容一般是赞颂过寿人的功德和才能,祝愿他(她)增福添寿,幸福美满。其感情色彩热烈而庄重,并怀敬意,多以山、水、松、菊、椿、萱、龟、鹤等作比,行文典雅。寿联中还有一种特殊情况,就是自己给自己祝寿,叫自寿联。

(一)明末清初的李渔贺张半庵夫妇双寿联:

月圆人共圆,看双影今宵,清光并照;

客满樽亦满,羡齐眉此日,秋色平分。

(二)贺巴金百岁华诞

一管凌云笔;百年赤子心。

(三)乾隆皇帝七十岁自寿联

七旬天子古六帝;五代曾孙余一人。

(四)郑板桥六十岁自寿联

常如作客,何问康宁,但使囊有余钱,瓮有余酿,釜有余粮,取数叶赏心旧纸,放浪吟哦,兴要阔,皮要顽,五官灵动胜千官,过到六旬犹少;

定欲成仙,空生烦恼,只令耳无俗声,眼无俗物,胸无俗事,将几枝随意新花,纵横穿插,睡得迟,起得早,一日清闲似两日,算来百岁已多。

(五)本人贺父母高寿联

世路同行,高堂已贮两仓米;

天伦共享,吴第再添一担茶。

(米寿88岁,茶寿108岁)

(六)下面几副现代通用寿联,供大家参考学习

1. 天地同寿;日月齐辉。

2. 名高北斗;寿比南山。

3. 松高显劲节;梅老更精神。

4. 花好月圆庚星耀彩;兰馨桂馥甲第增辉。

5. 山明水秀八节四时颜不老；风和日丽千年万古景长春。

四、挽联

所谓挽联，就是哀悼死者、治丧祭祀时专用的对联。其主要作用是哀悼逝去之人，表达对逝去之人的一种敬意与怀念等。它一般抓住最能概括死者生前业绩、风貌、人品等方面的本质特征，或赞美死者，或抒发作者与死者的情谊。其行文情调多悲伤、哀婉。

不过，也有讽刺死者的，主要是对一些反面人物，如慈禧、袁世凯等。挽联中还有两种特殊情况，一是自己给自己挽，叫自挽联；二是给还没死的人写的，叫生挽。

1. 苏轼挽朝云联

不合时宜，唯有朝云能识我；

独弹古调，每逢暮雨便思卿。

2. 小凤仙挽蔡锷联

不幸周郎竟短命；早知李靖是英雄。

3. 清代康熙皇帝挽郑成功一联

四镇多贰心，两岛屯师，敢向东南争半壁；

诸王无寸土，一隅抗志，方知海外有孤忠。

4. 金锐生挽怀抱昆仑联

燕赵其风绝矣，裂石竟喑鸣，谁复作慷慨悲歌思猛士；

江湖之水潸然，吊君同魍魉，我徒生凄怆浊泪泣高秋。

5. 清代叶璧华自挽联

我别良人去矣！大丈夫何患无妻。他年续弦房中，休向生妻谈死妇；

自依严父悲哉！小孩子终当有母。异日承欢膝下，须将继母作亲娘。

6. 讽刺性挽联：挽袁世凯

（1）起病六君子；送名二陈汤。

（2）袁世凯千古；中华民国万岁。

7. 本人挽周梦华老师

忆诗社去年，雅至贤来，女史紫毫辉四壁；

叹韶城今夕，香消红谢，长天冷雨泣三江。

8. 通用挽联

（1）挽祖辈

曾随慈母归来，昔日良言犹在耳；

痛悉外公逝去，当年德泽永难忘。

（2）挽父辈

音容莫睹，伤心难禁千行泪；

亲恩未报，哀痛不觉九回肠。

（3）挽老师

想见音容云千里；思听教诲月三更。

（4）挽同辈

人去楼空，剩粉零脂皆是恨；

珠沉玉碎，高山流水少知音。（挽夫）

他生未卜此生休，我本多情，卿何薄命；

去日苦多来日少，眼中流血，心内成灰。（挽妻）

（5）挽晚辈

我儿是何愚，生路不行行死路；

天意诚难测，黄梅未落落青梅。（挽儿）

弄玉结仙缘，神女应归天上有；

掌珠遭物忌，奇珍未许世间留。（挽女）

五、行业联

所谓行业联，是用于社会各部门、行业装潢门面或志喜的对联，多张贴、镌刻或悬挂在单位部门或行业店面的门口。它既表示喜庆，又能介绍各行各业的性质、特色。行业联出现的较早，清末民国创作较多。

（一）机关联

处世立身须有一腔正气；秉公尽职应无半点私心。

（二）学校联

陶行知题江苏晓庄师范联

四体不勤，五谷不分，孰为夫子；

小疑必问，大事必闻，才算学生。

（三）书城

一楼春风书页舞；半城明月墨花香。

（四）眼镜店

胸中存灼见；眼中辨秋毫。

（五）茶馆：题北京老舍茶馆

满座老舍客；客舍老座满。

（六）理发店：清代石达开撰联

磨砺以须，问天下头颅几许；

及锋而试，看老夫手段如何。

（七）药店

当归方寸地，牵牛子耕遍生地熟地；

独活世间人，白头翁采尽金花银花。

（八）本人两副行业联

1. 米酒坊

解忧愁活经络，不须西凤杜康，来斯即可；

出高雅领风骚，想必张颠太白，缺此难成。

2. 题农贸市场

荤素千般，任囊地走天飞，水生土长；

口舌百味，尽括南甜北辣，东淡西咸。

六、节令联

所谓节令联，一般分为节日联和节令联，前者是庆祝诸如春节、国庆节等节日的对联，后者写对诸如春分、立秋等节令感受的对联，其中最主要的也是大家最熟悉的就是春联。下面按春联、节日联、节令联三部分介绍。

（一）春联

1. 后蜀孟昶春联（最早的春联）

新年纳余庆；嘉节号长春。

2. 《对联中国》主持人王永江辛丑春联

江山百炼人犹健；雨露千调岁不虚。

3. 广东韶关隋云（李阳才）辛丑春联

鼠藏洞穴疫情少；牛踏春风气象新。

4. 本人庚子春联

庚星送豕西游去；子鼠迎春东道来。

（二）节日联

1. 题端午节联

划龙舟鼓声阵阵传四海；插艾草清香缕缕飘九州。

2. 题七夕节联

天河迢迢鹊桥在；织女脉脉牛郎来。

3. 题中秋节联

中天皓月明世界；遍地笙歌乐团圆。

4. 题重阳节联

步步登高开视野；年年重阳胜春光。

5. 本人题妇女节联

待物以诚，截发惟闻陶侃母；

相夫有道，断机常美乐羊妻。

（三）节令联

1. 题清明联

流水夕阳千古恨；春风落日万人思。

2. 题冬至联

岸容待腊将舒柳；驿使探春为赠梅。

3. 本人题惊蛰联

阵阵春雷惊睡客；天天桃李唤龙蛇。

4. 本人题秋分联

恰秋野飘香，南稻北粮将入廪；

值江山易色，东原西岭正铺金。

七、人物联

所谓人物联，是对人物进行描述、评论或借人物表达自己的思考、情怀的对联，它是对联在当代发展起来的一个题材类型。大致归纳为两种类型：一针对历史或社会上的某个人物的评价，二是赠送给自己的亲人或师友。

（一）写历史或社会人物的对联

1. 金锐题霍去病联

奋雷霆之势直捣王庭，吁嗟旌旆满悬，一夜黄沙胡马泪；

尚邦国之忧何言妻室，太息英雄不寿，万军素缟汉家营。

2. 陆天泓题王昭君联

骚情何必多，比大漠中原，小女子自知冷暖；

颂论直须少，使高居远定，上将军岂让琵琶。

3. 宋自雪题张爱玲联

无归宁怨，有咏絮才，翻凭爱恨情仇，尽洗铅华诠色戒；

以零丁身，描浮世绘，不到空灵澹泊，肯将椽笔伴香沉。

4. 本人题林则徐联

功是虎门,过亦虎门,敢问是非谁去定?

抗英为国,取经为国,每关利弊自来权。

5. 本人题屠呦呦联

采一把青蒿,为国争光,为民除病;

凭几间斗室,不须读博,不必留洋。

(二)赠送给亲人或师友的对联

1. 蔡锷赠小凤仙联

不信美人终薄命;古来女侠出风尘.

2. 鲁迅赠瞿秋白联

人生得一知己足矣;斯世当以同怀视之。

3. 于右任赠蒋经国联

计利当计天下利;求名应求万世名。

4. 毛泽东赠叶剑英联

诸葛一生唯谨慎;吕端大事不糊涂。

5. 广东韶关隋云(李阳才)赠宋贻珍联

贻燕传承,惟山惟水,联每抒情,诗常言志;

珍珠面貌,曰善曰慈,身心粤北,梦寐湘西。

6. 本人赠妻联

当垆卖酒三生幸;猜典泼茶一世依。

八、述怀联

所谓述怀联,是抒发志趣、情怀的对联,这类联往往直抒胸臆,言志书怀,富有哲理。一般分自题抒怀和读书自勉两大类。

(一)自题抒怀联

1. 清代唐仲冕自题联

克己最严,须从难处去克;

为善必果,无以小而不为。

2. 清代孙星衍自题联

莫放春秋佳日过;最难风雨故人来。

3. 清代郑板桥自题联

虚心竹又低头叶;傲骨梅无仰面花。

4. 清代林则徐自勉联

苟利国家生死以；岂因祸福避趋之。

(二) 读书自勉联

1. 宋代苏轼自勉联

发奋识尽天下字；立志读尽人间书。

2. 明清之际的郑成功自题联

养心莫若寡欲；至乐无如读书。

3. 清代郑板桥自题联

多读古书开眼界；少管闲事养精神。

4. 历史学家范文澜自勉联

板凳要坐十年冷；文章不写一句空。

九、咏物联

所谓咏物联，是题写事物的对联，一般包括植物联、动物联、器物联、景物联四大类。因古人写联，少有咏物，故下面所选对联均为当代人作品。

(一) 咏植物

1. 郑州市楹联学会副会长莫非咏梅联

孤成此影偏宜月；瘦到无花只有香。

2. 咏枫联

经过春风夏雨，只作平常绿；

飞来冷露严霜，方生炽烈红。

3. 清时有味的咏苦瓜联

谁说年少无愁，看它一脸皱纹，十分清苦；

莫笑老来扮俏，怀此数颗红豆，几许甘甜。

4. 郭群的咏春草联

绿鬓渐成非，问年年履齿来无，千里相思谁复种？

青山原不老，念去去王孙归未，一塘春草又新生。

5. 郭群的咏木棉联

初识在舒婷笔下，凭空想红英硕硕，翠萼萋萋，未知底事成牵挂；

乍逢于南国街头，径直疑假象真真，世情幻幻，不觉无名起相思。

(二) 咏动物

今年（辛丑）恰逢牛年，就选几副咏牛的对联吧。

1. 白国成咏牛联

大雅忍云亡,厌听世上琴音乱;

苍生皆得饱,老卧田间日影斜。

2. 马瑞新咏牛联

头低黄土,背拱苍天,坎坷任犁平,负重无言如父老;

渴饮村河,饥餐垄草,沧桑都嚼尽,反刍有味是乡愁。

3. 刘新才咏牛联

沃土情怀千载共;春风事业一犁开。

4. 《对联中国》主持人王永江咏牛联

长凭砥砺风兼雨;不辍耕耘春复秋。

(三)咏器物

1. 咏镜子

长恨身归无处觅;不知影入此中来。

2. 咏青花瓷联

一抹青花烟雨色;千年釉彩水云间。

3. 郭群的咏拐杖联

此生不负痴心,天地访奇观,丽日多情寻翠色;

孤干自怜高节,云霞凭俯视,青山有路隔红尘。

4. 郭群的咏鼎联

非巅峰莫问,非豪杰莫争,血泪兑江山,可烹来百味;

或民意能扛,或天心能托,尘埃视王霸,忽邈矣千秋。

5. 咏磨刀石联

但取心中正;无愁眼下迟。

(四)咏景物

1. 怀抱昆仑的咏雪联

始于纷乱;终作清白。

2. 无穷江月的咏桥联

才几步难明深浅事;未回头已是过来人。

3. 何妨且逍遥的咏水联

我独净,何如天下净?

不自拘,由是莫能拘。

4. 落霞孤鹜的咏溪水联

只平凡心，依山依石，弯曲皆随意；

无铿锵调，或仄或平，吟哦总自如。

5. 草草大王的咏草联

原上枯荣空寄梦；山中生长不知年。

分类说明：

前边九种联是按内容归类的，因对联内容太多太杂，很难从逻辑上把它们完全区分开，内里还会有些许交叉的地方，比如：贺联中的寿联，因内容较多又很常用，所以一般让它单独成类；还有春联，它本属节令联，因内容较多又很常用，也单独成类；再有咏物联的咏景物联和题署联中的山水联，也不好截然分开。特此说明。

十、其他

还有一些对联，如嵌字联、集句联、机关联、无情对等，权且叫"另类"对联吧。这些虽不是对联的主力军，但因比较有意味，也受到不少文学爱好者的喜欢。现特把它单列出来，供大家参考学习。

（一）嵌字联

所谓嵌字联，就是以嵌字为主要特点的对联。所谓嵌字，是将选定的字通过与其他字词的搭配组合而专门嵌在联中合适的位置上，因能发生意变，故给人一种新的艺术享受。嵌字组句时必须符合上下联句式相同、字数相等、音韵和谐、对仗工整、意义相关或相对等基本要求，意味嵌好字的作品，在形式上必须是一副完整的对联，大多是将人名、地名、寺庙景物、公司行号等名号字眼嵌入联句中，铺设润饰成对联。常见的有鹤顶格、凤尾格、魁斗格、鸢肩格等。

1. 鹤顶格：即嵌在上下联的第一个字。

（1）雅丽书院

雅言诗，雅言书，雅言执礼；

丽乎天，丽乎地，丽乎人文。

分析：上下联的第一个字连起来即"雅丽"，也就是被题书院的名字。

（2）本人赠王金枝校长联

金桂有怀，香浸武江岸序；

枝柯尚劲，气凌南岭柏松。

分析：上下联的第一个字连起来即"金枝"，也就是被赠者的名字。

2. 凤尾格：也叫雁足格，即嵌在上下联的最后一个字。

（1）有人讽刺清将李元度联

士不忘丧其元；公胡为改其度。

分析：上下联的最后一个字连起来即"元度"。李元度系曾国藩的部将，屡为太平军所击败，衢州一役，李军伤亡惨重，有人将其名嵌于联尾，作此联以嘲讽之。

（2）题花木兰

巾帼拔群称秀木；春风润世沐青兰。

分析：这是一副嵌花木兰名字的嵌名联，"木兰"二字分嵌于上下联的最后一字。

3. 魁斗格：即嵌在上联第一字与下联最后一字。

（1）赠小红

小楼一夜听春雨；姐妹花开月月红。

分析：此联既暗隐人名"小红"于联中，又描绘了春天多雨、百花繁茂的景象，颇具情趣。

（2）题演员舒淇

舒怀演艺震台港；快意影视撼岸淇。

分析：此联暗隐人名"舒淇"于联中，联的内容也紧扣人物身份。（舒淇出生于台湾，后到香港发展，主演许多电影，曾获得香港电影金像奖最佳女配角和最佳新人的奖项。2001年登上美国《时代周刊》杂志封面）

（3）广东韶关莲花山望韶亭（韶关李阳才）

望远兴怀开境界；坐幽悦耳即箫韶。

（二）集句联

所谓集句联，是从古今文人的诗词、赋文、碑帖中分别选取两个有关联的句子，按照对联中的声律、对仗、平仄等要求组成联句。它既要保留原文的词句；又要语言浑成，另出新意，给人一种"青出于蓝而胜于蓝"的艺术感染力；还可使人联想到所集的原作，无形中给人提供了一个广阔的艺术空间。这对陶冶情操，交流心灵，大有裨益。

集句联可集同一作者的不同诗文，也可以集不同作者的诗文；既可以集同代作者的诗文，也可以集异代作者的诗文。

1. 清代瑞方的镇江焦山夕阳楼联

夕阳无限好；高处不胜寒。

分析：此联是集李商隐、苏轼两人的诗词句。

2. 南京莫愁湖联

水如碧玉山如黛；云想衣裳花想容。

分析：此联是集韩愈、李白的诗句。

3. 武则天庙联

六宫粉黛无颜色；万国衣冠拜冕旒。

分析：此联是集白居易、王维的诗句。

4. 集散文句子联

好学近乎知，力行近乎仁，知耻近乎勇；

富贵不能淫，贫贱不能移，威武不能屈。

分析：此联是集《中庸》《孟子》等四书中的句子。

5. 胡遂先生集句联

守株待兔；缘木求鱼。

分析：这是集成语联。

6. 集格言句联

性格决定命运——乔冠华；

距离就是权威——戴高乐。

分析：这是集摘古今中外名人名言成联。

（三）机关联

机关联即机巧联，也有叫谐趣联或技巧联的，它的联语中或明或暗地很巧妙的含有一定难度的关卡。上面讲到的嵌字联属于机关联之一，另外还有谐音联、隐字联、偏旁联、析字联、数字联、隐字联、复字联、双关联等。它集古今中外之历史典故、人物名称和事迹、动植物和药材名称、天文地理专有名词、时事政治、成语、俗语及文字游戏等为一体，内容涵盖面之深度和广度非一般对联所能及。比之一般律联，机巧联对格律及平仄的要求少了几分苛刻，而在趣味性和知识面上又多了一些特点。下面举例介绍：

1. 谐音联

（1）明代程敏政对李贤联

因荷而得藕；有杏不须梅。

分析：因荷（何）而得藕（偶）；有杏（幸）不须梅（媒）。这是利用语言文字同音不同义的特点（点），使一句话涉及两件事情或两种内容。

（2）孔子对农夫联

一担重泥拦子路；两个夫子笑颜回。

分析："重泥"和孔子的字"仲尼"谐音，"两个夫子"指孔夫子和农夫。

2. 同偏旁部首联

（1）《对联大全》中的联

荷花茎藕蓬莲苔；芙蓉芍药蕊芬芳。

分析：上联部首是草字头，下联部首都是草字头，这是用偏旁、部首相同的汉字组成的对联。

（2）明代陈子升的《中洲草堂遗集》中联

烟锁池塘柳；炮镇海城楼。

分析：上联偏旁分别是"火、金、水、土、木"，下联偏旁都是"火、金、水、土、木"。

3. 析字合字联

（1）清代文学家李调元对牧童联

踏破磊桥三块石；分开出路两重山。

分析：上联拆"磊"字，下联拆"出"字，从而把一个字拆成几个字，或把几个字合成一个字，构成字面上的对偶。

（2）秀才对樵夫联

此木是柴山山出；因火生烟夕夕多。

分析："此"和"木"两字合起来为"柴"，"山""山"两字合起来为"出"；"因"和"火"两字合起来为"烟"，"夕""夕"两字合起来为"多"。

4. 数字联

（1）《千古绝对》上有一联

童子看橡，一二三四五六七八九十；

先生讲命，甲乙丙丁戊己庚辛壬癸。

分析：这是用数字巧对。

（2）李时珍对郝知府联

玫瑰花小，香闻七八九里；

梧桐籽大，日服五六十九。

分析：这也是用数字巧对。

5. 隐字联

（1）清代蒲松龄讽刺王半朝联

一二三四五六七；孝悌忠信礼义廉。

分析：上联隐"八"，忘八，意"王八"；下联隐"耻"，意无耻。这是在联中有意将某些字略掉，含蓄巧妙地表达某种意思。

（2）郑板桥巧识蔡家对联

二三四五；六七八九。

分析：要明白此联含义，须补充一下，即"（一）二三四五；六七八九（十）"，上联缺个一，下联缺个十，即"缺衣少食"的意思。此联既是隐字联，也是谐音联。

6. 复字联

（1）李白对杨国忠联

天上月半，人间月圆，月月月圆逢月半；

今夕年尾，明朝年头，年年年尾接年头。

分析：此联上联用了六个"月"字，下联用了六个"年"字，多次重复用字。

（2）唐伯虎对祝枝山联

水车车水，水随车，车停水止；

风扇扇风，风出扇，扇动出风。

分析：此联上联"车"字出现四次；"水"字出现四次，下联"风"字出现四次，"扇"字出现四次。

7. 双关联

（1）明代陈白阳对唐伯虎对联

眼前一簇园林，谁是庄子？

壁上两行文字，哪个汉书。

分析：上联的"庄子"，明里指一个村庄，暗指战国时期庄周写的《庄子》；下联的"汉书"既指这是哪个汉子书写的，又指汉朝班固写的《汉书》。都是一语双关。

（2）明朝的杨慎对武状元联

两舟并行，橹速不及帆快；

八音齐奏，笛清怎比箫和。

分析：上联的"橹速不及帆快"，既指实际的"橹"和"帆"，也暗指三国东吴名臣鲁肃和西汉名将樊哙；下联的"笛清怎比箫和"，既指实际的"笛"和"箫"，也暗指北宋大将狄青和西汉名相萧何。都是一语双关，当然，这个也属谐音联。

（四）无情对

在对联家族中，有一种"无情对"。这种对联十分别致，上下联内容可谓风马牛不相及，两边对的内容越隔得远越好。但细读起来，则又字字相对，十分工整巧妙。品赏这类对联，最能使人领略汉字的无穷妙趣。

举例如下：

1. 上联：色难；

   下联：容易。

解读："色难"一语，出自《论语·为政》："子夏问孝，子曰：'色难。'"意思是子女侍奉父母，要经常保持和颜悦色，是件很难的事；"容易"，见于西汉东方朔《非有先生论》："於戏！可乎哉？可乎哉？谈何容易！……今则不然，反以为诽谤君之行，无人臣之礼，果纷然伤于身，蒙不幸之名，戮及先人，为天下笑，故曰谈何容易！"意思是在君王面前指陈得失，不可轻易从事。此联巧借"容"为容貌之意，与"色"（脸色）恰成对，"易"与"难"则是一反义词对，极为工巧。

2. 上联：青稞；

   下联：丹麦。

解读：上联为一植物名，下联为一国名，原不相干；但"青"和"丹"都是表颜色的形容词，"稞"和"麦"都是植物名称，又都可以对上。

3. 上联：汉子；

   下联：唐寅。

解读：上联的"汉子"和下联大明才子唐伯虎之名字也没啥关系，但"汉"和"唐"都是朝代名，"子"和"寅"又都是干支名，也都对得上。

4. 上联：推拿；

   下联：拖把。

解读："推拿"是中医治疗方法，"拖把"是一种劳动工具，毫不相干；但"推"与"拖""拿"与"把"均动词相对。

5. 上联：唐三彩；

   下联：清一色。

解读：上联为古工艺，下联为麻将番目，没任何关系；但"唐"对"清"是朝代名相对，"三"和"一"都是数词，"彩"和"色"也是一类词，上下三个字都是一一相对。

6. 上联：乔国老；

下联：石家庄。

解读：此联中的上联为三国人物，下联为一地名；老对庄是以老子对庄子。

浅谈绝句、律诗、对联的语言张力

本文主要就如何使语言更有张力展开论述，首先在表达意思时，用字用词要尽量准确地找出最恰当的一个；其次是语言要适当变形：或倒装或省略；最后是要善于运用通感、夸张、比拟等修辞手法。文中的举例，以现行的初、高中语文课本中的文言文、诗词为主，深入浅出，通俗易懂。

张力，是一个物理名词，就是弹性物体拉长时产生的应力。在谈论古典诗词的语言时，也常常说"语言张力"如何如何，那什么是语言的张力呢？我想就是指作品中字和字、词和词之间如何选择、如何搭配的问题。搭配得好，语言的含义更丰富，也就更有表现力，更有力道，更有嚼头。

先举大家熟悉的例子，王安石的"春风又绿江南岸"中的"绿"字就是个很有张力的字。本来王安石一开始并不是用的这个字，而是先后用了"来、到、回、吹"等字，但对比一下，都不如"绿"字好。为什么呢？一个"绿"字，既有"来、到、回、吹"等字的意思，同时又把春风的力量表现了出来，春风不但来了到了，还带来了勃勃生机。这不就是更有表现力吗？一个字能有更多的意思，就是它有张力的表现。有张力的语言也会使作品的生命更长久，这也就是"春风又绿江南岸"成为千古名句、《泊船瓜洲》成为千古名诗的原因吧。

如何才能使语言更有张力呢？一般有以下几种方法。

一、用字用词要尽量准确，找出最好的一个

关于这一点，上文"春风又绿江南岸"就是一个范例，下面我们再举一个例子分析一下。宋代诗人宋祁，有个雅号叫"红杏尚书"。怎么会有这样一个称号呢？原来他写了一首这样的词，"东城渐觉风光好，縠皱波纹迎客棹。绿杨烟外晓寒轻，红杏枝头春意闹。浮生长恨欢娱少。肯爱千金轻一笑。为君持酒劝斜阳，且向花间留晚照"，其中"绿杨烟外晓寒轻，红杏枝头春意闹"是千古名句，主要因为其语言有张力，特别是其中的"轻"和"闹"，也是炼字的典范。比如"闹"字处如果用"在、有"等字也不是不可以，但味道就少了很多。一个"闹"字,除了有"在、有"的意思外,还有"繁"的意思,还有"争"的意思,这就把春天到来时那种百花争春、斗艳的情景给很好地表现出来了。这就是有张力的字,有张力的诗。

有人说,一个意思,真正能够表现它的词、句子只有一个,这唯一的"一个"就是最准确的那一个。有时候就因用对了一个动词或形容词,全句及全诗都"活"了起来,上面的"绿、闹"就是很好的说明。法国作家福楼拜曾说过,你必须把这唯一的句子、唯一的动词、唯一的形容词找出来,这个"唯一"其实就是既能准确描绘事物,又能鲜明表达意思的词句,也就是最有张力的词语。

古典诗词里这样的例子太多了,王维的"大漠孤烟直,长河落日圆"中的"直"字和"圆"字、"江碧鸟愈白,山青花欲燃"中的"燃"字、细雨鱼儿出,微风燕子斜的"斜"字等都是炼字的典范,也都是语言有张力的典范。

在对联中也有不少例子,越是短联越如此。有这样一副对联,

雪(怀抱昆仑)

始于纷乱;

终作清白。(新韵)

此对联很短,上下联只有八个字,读起来却很有味道,为什么呢?我觉得就是作者抓住了"雪"的两个最本质的特征:一是下雪的时候纷纷扬扬,作者用以"乱"字表述,既简单又准确;二是雪的颜色,"白",这就是它的颜色,简单明了。当然这副联把"纷乱"和"清白"放在一起对比着写,其实又把它拟人化了,这样读者可以由"雪"而思考人生,思考社会,思考历史,从而使作品的内涵扩大了许多,这就是用词准确而体现出的语言张力。

二、语言要适当变形:或倒装或省略

(一)使用倒装句

所谓倒装句,就是把通常的"主谓宾"顺序打乱,以得到更好的表达效果。文言文中经常有这样的情况,比如"甚矣,汝之不惠(主谓倒装,突出谓语)""何患之有?(宾语前置,突出宾语)"等情况;在诗词、对联中,为了得到更好的表达效果,也有必要使用一下倒装形式。当然,在诗词对联中,有时候的倒装只是因为要押韵,要平仄一致。不过这不是我们讨论的重点。

1. 古诗中的倒装

(1)泉声咽危石,日色冷青松。(王维《过香积寺》)

分析：这句诗的意思是：清泉受到高而险的石头的阻拦，发出低沉的声音；深山松林葱郁，使照在青松上的阳光给人以寒冷的感觉。本来的顺序为"危石泉声咽；青松日色冷"，这是主语（危石、日色）和谓语（泉声、青松）的倒装，突出了"咽、冷"两字，达到了极好的表现效果，也使这两句诗成了炼字的典范。倒装一下，力道就不一样了，这就是语言的张力。

（2）碧玉妆成一树高。（贺知章《咏柳》）

分析："一树高"，"高"是定语，一般在中心词"树"的前边，起修饰作用，现在放在了最后，就成了定语后置。这样做的目的，除了押韵，就是为了突出柳树之高。

2. 对联中的倒装

（1）删繁就简三秋树；领异标新二月花。（清·郑板桥）

分析：这副对联的意思，是说我们写文章既要简明又要出新。不过他通过手法，将正常顺序的"（写文章要像）三秋树删繁就简；二月花领异标新"，主谓倒装，以强调"简明和出新"的意思。这样处理后，语言就显得很有张力了。

（2）同是肚皮，饱者不知饥者苦；

　　一般面目，得时休笑失时人。（清·朱彝尊）

分析：这副对联的意思，是"饱肚皮者"不知道"饥肚皮者"苦，"得时的人"不要笑"失时的人"，意在讽世刺时。但作者为了达到更好的讽刺效果，把关键词"肚皮和面目"放在前边，这样就比一般顺序的讽刺力度更大，语言的张力也就出来了。

（二）使用省略句

所谓省略句，就是省略了某些句子成分的意思，我们在做文言文翻译的时候，常常会遇到这种情况，一般需补出文中省略的成分。因为格律的原因，在诗词或对联中，这种情况会更多。现举例分析一下：

1. 古诗中的省略

（1）路人借问遥招手，怕得鱼惊不应人。（唐·胡令能《小儿垂钓》）

分析：这是省略主语的句子，诗句的主语不是"路人"而是"小儿"；主语在"遥招手"的前边，应该是"路人借问（小儿）遥招手，怕得鱼惊（小儿）不应人"。这种省略，不仅不影响句子的意思，还使句子更加凝练，言简意丰。这就是语言的张力。

（2）东风不与周郎便，铜雀春深锁二乔。（唐·杜牧《赤壁》）

分析：这是省略了连词。这句诗的意思是（如果）东风不与周郎方便，（那么）深春时连二乔也要被锁在铜雀台了，省略了"如果、那么"的假设关系。翻译时如果不把这个假设的意思翻译出来，诗的意思就解释不通了；省略后，句子的意思没有改变，感觉句子更加凝练，对比的意味更强，对历史的感叹意味也更足。

2. 对联中的省略

夜眠人静后；早起鸟鸣先。（宋·张载）

分析：这副联的意思是说求学的人晚上应该在他人睡下后读书，早上要在鸟开始鸣叫之前起来读书，其实就是叫人抓紧时间学习。联中主语（求学的人）既没有出现，也没有影响我们对句子的理解，反而使句子更加凝练，意思更加集中了，其实就是语言更有张力了。

（三）善于运用通感、夸张等修辞手法

1. 善用通感

所谓通感，就是通过联想把听觉、视觉、嗅觉、味觉、触觉等两种或两种以上的感觉沟通起来的一种修辞手法。它可以是色彩有温度，声音有形象，冷暖有重量，气味有锋芒；能创造出更加鲜明的形象，抒发独特的感受，增强艺术表现力和感染力，也就是使语言更有张力。中学生应该很熟悉朱自清《荷塘月色》中的句子，"（月色）如梵婀玲（小提琴）上奏着的名曲"，一般月色是"视觉"的任务，这里却用"听觉"来表现，这就是用了通感。通感给人以丰富的想象，比直接用视觉写，效果要好得多。宋代姜夔《扬州慢》中的"波心荡，冷月无声"，"月"是用来看的，是视觉，这里"冷"是触觉，"无声"又是"听觉"。把视觉的事物通过触觉听觉来表现，很新颖，很独特，也就很有张力了。这也是此句成为千古名句的原因吧。

看一首绝句中的通感。

听邻家吹笛（唐·郎士元）

凤吹声如隔彩霞，不知墙外是谁家。

重门深锁无寻处，疑有碧桃千树花。

分析：诗句中"隔彩霞"，是把"笛声"说成是"彩霞"，就是把听觉转化成了视觉，给读者的感觉更生动具体；第四句"碧桃千树花"更是把"笛声"转化成了"桃花"，以花的形象描写音乐，多么奇妙，多么有想象力啊！让人顿时感觉到了笛声的明媚、热烈、欢快，这就是通感这种修辞手法的魅力，也是语言的张力。

对联中也会用到通感，看梁启超赠王力的一副对联：

人在画桥西，冷香飞上诗句；酒醒明月下，梦魂欲渡苍茫。

分析： 上联的"冷香飞上诗句""香"归嗅觉，而"冷"是触觉，用触觉修饰嗅觉，这就是通感。加上"飞上"这个拟人手法，"冷香飞上诗句"这句联就显得空灵而文艺味十足。通感和拟人放在一起，就使它更有张力了。

2. 善用夸张

所谓夸张，是故意夸大或缩小表达对象的形象、特征、作用、程度或品格，以增强语言的表现力。夸张用得好，可以引发人们的联想和想象，有利于揭示事物的本质。大诗人李白是这方面的高手，创造了好多经典的夸张，"白发三千丈""疑是银河落九天""燕山雪花大如席"等，都给人以深刻的印象。

再看李白的一首小诗。

危楼高百尺，手可摘星辰。不敢高声语，恐惊天上人。（《夜宿山寺》）

分析： 第二句"手可摘星辰"，一般来说，手怎么能摘到星辰呢？这其实就是夸张，以"危楼"之高，极言"山寺"之高。这就是"夸张"的力量，顿时就把该表达的东西表达出来了，这比直接描写要省掉多少笔墨啊，而实际效果也比直接描写好得多。夸张使语言更有张力了。

对联中也有这样的例子，有一副贺寿联的下联是这样的，"酒至狂时呼月驾，吴越而游，瀛洲而访，三千杯块垒始堪消"，这里就是使用了夸张手法，"呼月""三千杯"等夸张的词语把一个醉人的特点表现得淋漓尽致，和李白的"白发三千丈"有几分相似，估计作者也是想用这种手法来表现所赠人的性格特点吧。

除了使用通感和夸张这两种修辞手法外，比喻、拟人、互文等修辞手法也可以使语言更有张力，这里不再一一展开了。

总之，在语言表达时，要尽量找到最好的那个字那个词，要适当地使用一些不合常规的语句，还有适当地运用一些修辞手法。久而久之，你的语言就会越来越精彩，越来越有味道，越有可能成为富有张力的好诗好联好文。

打开写作殿堂的金钥匙：联想和想象

本文首先介绍了联想和想象的概念和异同，然后重点介绍了提高学生联想和想象能力的几种方法：通过某物联想与之相关的它物、它事；给名著续写情节；做一些诸如"飞花令""诗词接龙""故事接龙"之类的游戏；写一写诗词等。最后是运用联想和想象时应注意的几个问题。

> 远远的街灯明了，好像闪着无数的明星。
> 天上的明星现了，好像点着无数的街灯。
> 我想那缥缈的空中，定然有美丽的街市。
> 街市上陈列的一些物品，定然是世上没有的珍奇。
> 你看，那浅浅的天河，定然是不甚宽广。
> 那隔河的牛郎织女，定能够骑着牛儿来往。
> 我想他们此刻，定然在天街闲游。
> 不信，请看那朵流星，是他们提着灯笼在走。
>
> 郭沫若《天上的街市》（七年级上册教材）

对于《天上的街市》这首诗，我想无论是作者写还是读者读，恐怕都离不开人类的特有思维能力——联想和想象。作者需要通过联想和想象去塑造艺术形象，读者需要联想和想象去理解、去丰富甚至去创造"艺术形象"。比如莎士比亚用自己的联想和想象能力塑造了哈姆雷特的形象，读者也要用自己的联想和想象去"塑造"一个自己的哈姆雷特，而且不同的读者心中的哈姆雷特还不一样，即所谓"有一千个读者就有一千多个哈姆雷特"。这就是联想和想象的力量，它是人们打开写作这个艺术殿堂的金钥匙。

我们分几步来阐述一下联想和想象的问题。

一、联想和想象的概念和异同

所谓联想，是由一事物想到与之相关的另一事物，比如，由"绿水青山"想到"金山银山"，由"猴子"想到"孙悟空"，由"远远的街灯"想到"天上的明星"等；所谓想象，则是在头脑中创造出未曾有的新的形象，如天上的"牛郎织女、鹊桥"以及"嫦娥、吴刚、天蓬元帅"等。联想和想象有同有异，同的是它们都是"想"的结果，也就是说都是虚的东西，眼前或现实中看不到；异的是联想侧重于"联"，联即关联，就是两种事物之间必须有某种逻辑关系，比如"远远的街灯"和"天上的明星"，它们都是在黑夜能发光发亮的事物。而想象的侧重点在"想"，即想出来的"物象"，在现实生活中是没有的，如《伊索寓言》里的宙斯、赫尔墨斯，《女娲造人》里的女娲等。

二、提高联想和想象能力的几种方法

（一）方法一：通过某物想象与之相关的它物、它事

练习题：由"伞"可以联想到什么呢？比如：

1. 能想到挡雨和遮阳，这是想到了伞的实用功能；

2. 能想到有些女性用来装饰自己，这是想到了伞的美化功能；

3. 能想到"保护伞"一词，这是想到了伞的延伸含义（为某种邪恶势力提供保护的人或团体）；

4. 能想到美女们用它当武器对付色狼，这是对伞的用途的延伸，但并不是伞的本义；

5. 能想到降落伞，这是伞的意思的形象化，形状如伞，但也不是伞的本义。

6. 能想到了"伞状病毒、伞状花序"，这是伞的意思的外化，只是说这些东西形状如伞，也不是伞的本义；

7. 能想到了人们预防新冠病毒的一种方法，即某国家规定，疫情期间，人们出行必须拿一把打开的伞，从而拉开了人们之间距离，使人们能保持一个安全的社交距离，大大减少了病毒传染的机会。这也是伞的功能的延伸。

8. 能想到了与伞相关的词语、诗句，如"雨后送伞""收旗卷伞""破屋常撑伞"（苏轼《次韵朱光庭喜雨》）、"偏作行人滴伞声"（杨万里《发孔镇晨炊漆桥道中》）等，这也是伞的意思的外化。

9. 还能想到把孙悟空的金箍棒改制成一把带伞的巨棒，打开时不但可以挡风雨，还可以挡妖魔鬼怪，挡刀枪剑戟，挡海浪山火。这是赋予了伞某种神奇的力量。如果说前边的大都是联想的话，这个就纯属想象了。

以上这些既有联想，也有想象，或者是两者的结合。其实，也不必让孩子们一定要区分出联想和想象，关键是要让他们"想"，而且能想出来、用得上。学生有了丰富的联想和想象能力，就不愁作文没什么可写了，就像课本中所说的那样，写作时善于运用联想和想象，就好比长了"千里眼"和"顺风耳"，可以思接千载，视通万里，有助于打开思路，激发灵感，写出内容丰富、形象生动的文章。（七年级语文课本第128页）

（二）方法二：给名著续写情节

本单元《皇帝的新装》《女娲造人》《伊索寓言》等课文，都是作者联想和想象的结果。不妨让孩子们学习一下这些作者，锻炼一下自己联想和想象的能力。

练习题：给《皇帝的新装》续写一个结尾，注意续写时人物的语言和动作、故事的情节等必须与原著相符。

可以先给孩子们几分钟构思时间，然后让几个孩子口头叙述一下自己的"结尾"。根据课堂学生回答的实际情况，我觉得孩子们的想象力还有限，一时打不开思路。于是我提供给孩子们几个"情节"思路：

1. 皇帝知道真相以后，无比愤怒，决心严惩骗子；

2. 皇帝继续自欺欺人，甚至让他身边的人都穿上他那根本不存在的"新装"；

3. 皇帝知错能改，重新做人，成了一个好皇帝。

下面是两篇学生习作，仅供参考。

续写《皇帝的新装》（1）

皇帝还装作穿着新装的样子，继续巡游。回到皇宫后，他就问大臣们："我的身上真有衣服吗？"大臣们因小孩那句话，终于说出了真相。皇帝说："天啊，我怎么会上他们的当呢？真是愚蠢之极。"大臣们面面相觑，不知如何是好。皇帝继续说："既然我们知道受骗了，就不能再继续犯错误了，我要改正自我。"第二天，皇帝就派人把自己几乎所有的衣服都送给了普通百姓，他自己就专心管理国家，后来成了一代明君。

续写《皇帝的新装》（2）

皇帝回到皇宫后，因为虚荣心太强，一直不愿承认自己什么衣服都没穿，还大大奖赏了两个骗子。不但如此，他还让两个骗子加班加点，给每位大臣和自己的夫人孩子都做了"好看"的衣服，并要求他们必须穿上。结果，整个皇宫里，大家都"穿上"了骗子的衣服，大家见面后还都互相夸赞对方的衣服好看。皇帝呢，一副得意扬扬的样子。后来，一个到访的外国使团来拜见皇帝，好奇地问："尊敬的陛下，你们国家很穷吗？怎么都不穿衣服啊？"皇帝被问得面红耳赤，哑口无言。后来，外国使团的人们知道了真相，哈哈大笑。其他国家的人们也很快都知道了此事，他们马上就都和这个荒唐的国家断绝了外交关系。

（三）方法三：玩玩"飞花令""诗词接龙""故事接龙"游戏

这是借用近几年央视中国诗词大会的做法，节目里的"飞花令"或"诗词接龙"，也是锻炼孩子联想和想象能力的极好方法。比如飞花令，就是让大家说出带某个字的诗句，规定时间内谁说出的最多谁就是优胜者。我组织孩子们搞过几次，其中有次是让大家说出带"一"的诗句，有个学生一口气说出十几句。对于七年级学生而言，已是相当不错了。

飞花令练习题举例：

A. 请说出带"一"的诗句。

参考答案：

1. 一道残阳铺水中,半江瑟瑟半江红。(白居易)
2. 五月寻仙不辞远,一生好入名山游。(李白)
3. 黄河远上白云间,一片孤城万仞山。(王之涣)
4. 虚负凌云万丈才,一生襟抱未曾开。(崔珏)
5. 会当凌绝顶,一览众山小。(杜甫)
6. 春风得意马蹄疾,一日看尽长安花。(孟郊)
7. 洛阳亲友如相问,一片冰心在玉壶。(王昌龄)
8. 两个黄鹂鸣翠柳,一行白鹭上青天。(杜甫)
9. 我欲因之梦吴越,一夜飞度镜湖月。(李白)
10. 不知何处吹芦管,一夜征人尽望乡。(李益)
11. 一生大笑能几回,斗酒相逢须醉倒。(岑参)
12. 一身去国六千里,万死投荒十二年。(柳宗元)

B. 请用诗句填充下表,要求每一句都有"酒"字,且每句中"酒"字的位置不能一样。

①	酒	酣	胸	胆	尚	开	张
②		酒					
③			酒				
④				酒			
⑤					酒		
⑥						酒	
⑦							酒

参考答案:

②斗酒十千恣欢谑、举酒欲饮无管弦、添酒回灯重开宴、浊酒一杯家万里

③借问酒家何处有

④金樽清酒斗十千、李白斗酒诗百篇、东篱把酒黄昏后、葡萄美酒夜光杯

⑤水村山郭酒旗风、长安市上酒家眠、自称臣是酒中仙

⑥夜泊秦淮近酒家、莫笑农家腊酒浑

⑦白日放歌须纵酒、劝君更尽一杯酒

相对于飞花令,"诗词接龙"的游戏会更难些,它不但要求说出相关诗句,还要以前一个人说出的诗句的结尾之字为开头作一句诗,如果没有足够的积累和联想能力,是很难接下去的。为了降低难度,我把它改成了"词语、成语、

诗词"接龙,这样起码这个游戏可以玩下去,不至于冷场。

课本129页编辑设计的"故事接龙"也不错,同学们分组围坐,由第一个同学写一句话作为故事的开头,其他同学依次写下去。一圈写不完,可以接着再写,直到写出一个完整的故事。

这几种方法都可以很好地锻炼孩子们的联想和想象能力,只不过前两种侧重于联想,后一种侧重于想象。

(四)方法四:写一写诗词

对于七年级的学生来说,写作诗词可能难度有点大,但也不是不可以。我就对一些有诗词兴趣的同学开了小灶,他们也可以写出一些有模有样的小诗了。比如,七年级课本《天上的街市》一课后面的"积累拓展",本来是让同学们学习欣赏与牛郎织女相关的诗词的,如:秋夕(唐·杜牧)

银烛秋光冷画屏,轻罗小扇扑流萤。天阶夜色凉如水,卧看牵牛织女星。

分析:这首诗主要写一个宫女凄苦寂寞的生活,作者由寂寞的宫女想到了天上的牛郎织女,又进一步想到了这位宫女的心理:牛郎织女虽然也不幸福,但毕竟比自己还强,因为他们一年还能见上一次,而我只能在这清冷的宫中无聊地打发时间。

学生在欣赏这首诗的时候,也必定要带上自己丰富的联想和想象,不然很难真正理解其义,从而有意无意地激发了孩子们的联想和想象的能力。我索性就让班上有诗词写作能力的孩子,每人写来一首与牛郎织女有关的七言绝句,也算是对联想和想象能力的一次锻炼和提高吧。这是部分习作:

1. 牛郎织女

一群喜鹊到桥边,牛郎织女乐翻天。

望而生畏宽河汉,今夜不分人与仙。(一仙韵)

2. 七　夕

七夕银河点点星,鹊群都在夜空停。

且看织女牛郎笑,每年此时心最宁。(九青韵)

3. 夕　情

银河璀璨阻牛郎,自后隔河相对望。

万里鹊桥今一夜,明朝依旧守凄凉。(七阳韵)

4. 七　夕

深深夜色尽扶栏,仰看银河七夕欢。

织女牛郎今日会,鹊桥飞架不孤单。(十四寒)

5. 牛郎织女
七夕众人看碧霄，牵牛织女渡天桥。
空中飞满殷勤鹊，相见今朝路不遥。（二萧）

6. 相　思
天宫孤寂最心寒，点点泪珠移步看。
河岸隔开遥对望，含情脉脉见真难。（十四寒）

7. 七　夕
院中见夜已深青，但见牛郎卧看星。
织女轻罗挥小扇，金风玉露隔天庭。（九青）

三、运用联想和想象时应注意的问题

（一）联想要自然贴切

联想到的事物与其触发点之间要有一定的关联。比如前边大家由"伞"而联想到的挡雨、遮阳、装饰、防疫以及保护伞、降落伞、伞状病毒、伞状花序等，都是与伞有某种关联的事物或作用；如果联想到环境保护、彩虹、高楼大厦等，就不太靠谱了，也就是联想得不够贴切。

（二）想象要合情合理

想象所展示的未必是现实生活中有的，但一定要合乎生活的逻辑。《西游记》中的孙悟空是虚构的；《皇帝的新装》里的皇帝、骗子，中西神话里的牛郎、织女、女娲、宙斯、赫尔墨斯也是虚构的。但都是在真实生活基础上创造出来的，有现实生活的影子。

（三）联想和想象尽量要有新意

文学作品也要有新意，有新形象，这就少不了联想和想象，而且是有新意的联想和想象。比如对"伞"的联想，能想到伞的挡雨、遮阳功能，这只是一般的想象，几乎所有的人都想得到。而伞的防疫功能、伞状花序等，却只有少数学生能想到。比如《天上的街市》中的自由逛街的牛郎织女，《西游记》中的筋斗云、七十二变的孙悟空，《皇帝的新装》里的不见一块布、一根线的衣服等，都是有新意的想象，都给人留下了深刻的印象。大概这就是这些作品成为文学名著的原因吧。

总之，这次作文活动的主要目的，就是激发和提高孩子们的联想和想象能力。这几种方法，有的是大家通用的，如故事接龙、续写课文；有的是结合我自己的特长设计的，如诗词接龙、诗词写作等。无论哪一种，都可以达到锻炼

学生的联想和想象能力的目的。我相信，孩子们一旦有了丰富的联想和想象能力，就等于有了一把打开写作殿堂的金钥匙，就一定能写出脍炙人口、魅力无穷的好文章。

绝句、律诗、对联中的起承转合

在古典诗词中，常见的结构形式有：开门见山、首尾呼应、前后对照、卒章显志、起承转合等。熟悉和掌握这几种常见的结构形式，无论对提高古典诗词的鉴赏能力，还是对提高古典诗词的写作能力，都很有必要。现在，我就结合中学语文教材内容和我自己的教学实践来谈一谈绝句、律诗、对联创作中的"起承转合"问题。

起承转合，是古典诗词对联中的常见技巧，它分为"起、承、转、合"四部分。

所谓"起"，即开头，通常是该诗的缘起，交代一下相关的时间、地点、人物、事件等，为下文作铺垫用的。一般是绝句的第一句，律诗的第一联。

所谓"承"，就是紧承起句的意思，进一步描写或铺陈。这部分要求和"起"部紧密相关，对全诗的思想主题起一个发展的作用。

所谓"转"，就是递进或转折，即荡开一笔，使诗的内容、境界显得更加丰富、更加开阔。一般不再局限在"起"的范围内。

所谓"合"，就是对全诗的收束，或照应或点题或升华等。

下面按绝句、律诗、对联的顺序，分别找一些经典作品，详细分析一下。

一、绝句

(一)《悯农》(唐·李绅)

春种一粒粟，秋收万颗子。四海无闲田，农夫犹饿死。

分析：这是一首五言古绝，四句诗正好对应起、承、转、合四部分。具体为：第一句"春种一粒粟"，交代时间、事件，春天种下了不多的种子，这是"起"；第二句"秋收万颗子"，承接首句而来，到秋天就可以收获很多粮食，两句意思前后相关，且是顺承，不能颠倒，这是"承"；第三句"四海无闲田"，意思开始转移，由眼前的一家一田，联想到万家万田，"四海"，即全天下,全天下都在种田,这是内容上的递进,这是"转";第四句"农夫犹饿死",作者卒章显志,给出了令人意外的结果,启发人们思考,这是为什么呢?思考后再看题目"悯农",便明白了该诗的主旨,这就是扣住了题目,就是所谓的"合"。

(二)送沈子福之江东(唐·王维)

杨柳渡头行客稀,罟师荡桨向临圻。唯有相思似春色,江南江北送君归。

分析:这是一首七言绝句,四句诗正好对应起、承、转、合四部分。具体为:第一句"杨柳渡头行客稀"交代了地点(渡头)、环境(行客稀)、事件(送客)等,为下句作铺垫,这是"起";第二句"罟师荡桨向临圻",则是第一句的继续,进一步交代了客人乘坐的船(罟师荡桨)要向临沂方向去了,这是"承";第三句"唯有相思似春色"就"转"了,不再与"渡口、航船"等送别的具体事物纠缠了,而是荡开一笔,想了一个虚的东西"相思",而且还把它与"春色"联系起来;第四句"江南江北送君归""送君归",照应了题目"送沈子福之江东",也照应了前两句,这就是"合"。

二、律诗

(一)《观猎》(唐·王维)

风劲角弓鸣,将军猎渭城。草枯鹰眼疾,雪尽马蹄轻。

忽过新丰市,还归细柳营。回看射雕处,千里暮云平。

分析:这是一首五言律诗,首联、颔联、颈联、尾联分别对应起、承、转、合四部分。具体为:首联"风劲角弓鸣,将军猎渭城",这是"起",交代了人物(将军)、地点(渭城)、事件(打猎)、环境(风劲)等,为后文做了必要的铺垫;颔联"草枯鹰眼疾,雪尽马蹄轻",是在首联的基础上描写打猎的情景,"枯草、积雪、鹰眼、马蹄",扣住"打猎"二字,衔接得非常紧密、自然;颈联"忽过新丰市,还归细柳营",不再写打猎,而是荡开一笔,写了"新丰市、细柳营"两个地方,因为这些与将军有关,新丰盛产美酒,细柳营是汉代名将周亚夫的军营,对打猎将军的赞美之情暗含其中;尾联"回看射雕处,千里暮云平",则是照应前文,是典型的"合",首联的"风劲角弓鸣",变成了现在的"千里暮云平",形成了鲜明的对比,也进一步赞扬了将军的打猎经验之丰富。这首诗可以说是"起承转合"结构的范例。

(二)《登高》(唐·杜甫)

风急天高猿啸哀,渚清沙白鸟飞回。无边落木萧萧下,不尽长江滚滚来。

万里悲秋常作客,百年多病独登台。艰难苦恨繁霜鬓,潦倒新停浊酒杯。

分析：这是一首七言律诗，首联、颔联、颈联、尾联分别对应"起、承、转、合"四部分。具体为：首联"风急天高猿啸哀，渚清沙白鸟飞回"，交代了天气（风急）、环境（猿哀、鸟飞）等，在一个天气恶劣、猿鸟哀鸣的时刻，作者登到了高处，这就是全诗的"起"；第二联"无边落木萧萧下，不尽长江滚滚来"，则是写在高处看到的情景，"落木"如何，"长江"如何，这就是"承"；第三句"万里悲秋常作客，百年多病独登台"是千古名句，它不再是"登高"所能看到的景物，而是转向回忆、联想和感慨，感叹自己的"常作客、多病"等，这就是"转"；第四句"艰难苦恨繁霜鬓，潦倒新停浊酒杯"，写自己的现状，"繁霜鬓、停酒杯"，照应第一句的"哀"字，这就是"合"。

这里有一个问题，这四首诗的"起承转合"都是很规范的结构模式，即绝句的第一、二、三、四句正好对应"起、承、转、合"四部分，律诗的首、颔、颈、尾四联正好对应"起、承、转、合"四部分。不过也不是所有的诗都这么规范，现举例说明。

（一）《江南逢李龟年》（唐·杜甫）

岐王宅里寻常见，崔九堂前几度闻。正是江南好风景，落花时节又逢君。

分析：这是一首七言绝句，它的"起承转合"就有些"乱"：第一句"岐王宅里寻常见"是"起"，但第二句"崔九堂前几度闻"也是"起"，二者并没有谁先谁后逻辑关系，如果不考虑平仄押韵，倒过来"崔九堂前几度闻，岐王宅里寻常见"也是可以的，丝毫不影响对整首诗的理解，其实这是把"起"和"承"合在一起了，是说李龟年得意的时候经常和王公贵族一起玩，这是全诗的铺垫；第三句"正是江南好风景"则是荡开写现在的江南景色如何优美，这是"转"；第四句"落花时节又逢君"，则是写现在见到李龟年（又逢君）的情景（落花时节），前后形成了鲜明对比，这就是"合"了。全诗的结构分为"起承与转、合"三部分。

（二）《登岳阳楼》（唐·杜甫）

昔闻洞庭水，今上岳阳楼。吴楚东南坼，乾坤日夜浮。

亲朋无一字，老病有孤舟。戎马关山北，凭轩涕泗流。

分析：这是一首五言律诗，它的"起承转合"四部分也不太规范。具体为：首联"昔闻洞庭水，今上岳阳楼"是"起"，颔联"吴楚东南坼，乾坤日夜浮"是"承"，颈联"亲朋无一字，老病有孤舟"是"转"，但尾联的上句"戎马关山北"则不是"合"。根据诗意，它还是"转"的一部分，只有"凭轩涕泗流"是"合"，因为作者"涕泗流"的原因除了颈联"亲朋无一字，老病有孤舟"，还有尾联的"戎马关山北",这三句都是"转"的内容,都是作者登上岳阳楼的所思所想。所以,这是一首有些"乱"的结构模式,但没有影响全文的脉络。

三、对联

除了诗,对联里也有"起承转合"的问题。一般比较短的对联,上下联基本都是并列关系,比如下面这几副对联:

A. 书山有路勤为径;学海无涯苦作舟。
B. 宝剑锋从磨砺出;梅花香自苦寒来。
C. 黑发不知勤学早;白头方悔读书迟。

这都是劝人勤奋学习的好对联,但因只有两行,是很难用"起承转合"去解构的,只能当成是并列结构。不过,对联不像绝句律诗,它的句子数不是固定的,可多可少,多的可以有四五句的、七八句的,甚至几十句的都有。这么长的文字,肯定需要一个逻辑在里边,不然这对联就散了。

现举例说明:

(一)《对联文化研究》主编刘太品有一副这样的对联:
游永安桃源洞
此乃陶元亮记中之境,看灵秀溪山,入洞皆为寻胜客;
我从鲁仲连乡里而来,对沧桑城郭,问津欲作避秦人。

分析:此对联题目中的关键词是"桃源",对联是围绕其展开的。首先是上联,第一分句"此乃陶元亮记中之境",说桃源洞就和陶渊明《桃花源记》中的美景一样,这是"起";接着第二、三句"看灵秀溪山,入洞皆为寻胜客"是承接,是说如此"灵秀溪山",自然引来游人"寻胜",这是"承";下联第一句"我从鲁仲连乡里而来",则荡开一笔,写"我"从哪里来,这是"转";后两句"对沧桑城郭,问津欲作避秦人",是说"我"看到"桃源洞"后的感受,其中"问津""避秦人"等都是《桃花源记》中词语,自然是照应了第一句,这就是"合"。

(二)清代窦垿有一副写岳阳楼的长联:

一楼何奇?杜少陵五言绝唱,范希文两字关情,滕子京百废俱兴,吕纯阳三过必醉。诗耶?儒耶?吏耶?仙耶?前不见古人,使我怆然涕下;

诸君试看:洞庭湖南极潇湘,扬子江北通巫峡,巴陵山西来爽气,岳州城东道岩疆。潴者!流者!峙者!镇者!此中有真意,问谁领会得来?

分析:此联是写岳阳楼的名联,上下联各多达11个分句,但逻辑关系很清晰，一点都不散。先看上联，第一分句"一楼何奇？"，是问岳阳楼"奇"在哪儿啊，这是"起"；接着第二、三、四、五分句"杜少陵五言绝唱，范希文两字关情，滕子京百废俱兴，吕纯阳三过必醉"，是说它曾经让杜甫、范仲淹、滕子京、吕纯阳等名人痴迷，这是"承"；接着第六、七、八、九、句"诗耶？儒耶？吏耶？仙耶？"，不再写岳阳楼了，而是介绍了上述几位的身份，分别是"诗人、大儒、官吏、神仙"，这是"转"；最后两句"前不见古人，使我怆然涕下"，引用了唐人陈子昂《登幽州台歌》里的句子，是说这些人都不在了，现在只有我独自对岳阳楼感叹，感叹什么呢，感叹其"奇"呗，这就是"合"。

再看下联，"诸君试看"，让大家看岳阳楼之景致，这是"起"；第二、三、四、五句"洞庭湖南极潇湘，扬子江北通巫峡，巴陵山西来爽气，岳州城东道岩疆"，是说景致如何，包括洞庭湖、扬子江、巴陵山、岳州城等，它们都与岳阳楼相关，它们各自的特点是什么，这是"承"；第六、七、八、九句"潴者！流者！峙者！镇者！"就不写岳阳楼了，而是写上述"潴、流、峙、镇"四个景致的特点，这是"转"；最后两句"此中有真意，问谁领会得来"，是说岳阳楼及其周围的景物之"奇"是我领会不了的，既照应下联开头"看"，又照应全联开头的"奇"，这就是"合"。

总之，绝句、律诗、对联，不管是哪一种文体，都有内在的脉络问题，或者说是逻辑关系问题。而能体现这种"文脉"的最好办法，就是用"起、承、转、合"来结构之，这虽然不是唯一的，但绝对是很管用的。希望大家认真体会、理解和运用。

诗、词、对联中的兴、观、群、怨

中国自古以来就有很多人读诗写诗，而且代代不息。大家为什么要读诗写诗，诗在社会发展和生活中起一个什么作用？我想很多人都想弄明白这个问题。其实，我们的孔圣人早在两千多年前就已经总结了这个问题，他在《论语·阳货》中说"子曰：小子，何莫学夫诗？诗，可以兴，可以观，可以群，可以怨。"这四个字就是对诗的作用的高度概括。大家对这段话里的"兴、观、群、怨"四个字应该不会很陌生，但它究竟是什么意思呢？我们还是先看看前人的解读吧。《论语集解》："孔曰：兴，引譬连类。郑曰：观，风俗之盛衰。孔曰：

群居相切磋。怨，刺上政。"《四书章句集注》："诗可以兴，感发志意；可以观，考见得失；可以群，和而不流；可以怨，怨而不怒。人伦之道，诗无不备。"两者的解读虽略有不同，但基本认识一致。一般认为，孔子说的这四个字，是对诗之社会作用的高度概括，是对诗之美学作用和社会教育作用的深刻认识。这么多年来，诗的这些作用基本也都没有离开这四个字，一直到现在。

当然，孔子所说的"诗"和我们现在所说的"诗"的内容可能不太一样，那时诗的概念会更纯粹一些，可能专指《诗经》（《诗经》原来就叫《诗》）。后来，《诗》演变成了一种专门的文体"诗"，而且，随着时代的发展，它还出现了很多近亲，如词、曲、对联等。这些文学体裁，虽不叫诗，但和诗的内涵基本一样，所以他们的社会作用也和诗差不多。本文就是以目前还在流行的诗、词、对联为载体，按照《诗经》、唐诗、宋词、清朝及民国对联的顺序，举例来谈谈什么是"兴、观、群、怨"。

一、兴

所谓兴，是感发意志，就是说用比兴的方法抒发感情，使读者感情激动，从而影响读者的意志。如：

（一）《诗经·关雎》

关关雎鸠，在河之洲。窈窕淑女，君子好逑。参差荇菜，左右流之。窈窕淑女，寤寐求之。求之不得，寤寐思服。悠哉悠哉，辗转反侧。参差荇菜，左右采之。窈窕淑女，琴瑟友之。参差荇菜，左右芼之。窈窕淑女，钟鼓乐之。

分析：这诗的主要表现手法是兴寄，《毛传》云："兴也"，什么是"兴"？孔颖达的解释最得要领，他在《毛诗正义》中说"兴者，起也。取譬引类，起发己心，《诗》文诸举草木鸟兽以见意者，皆兴辞也"。所谓"兴"，即先从别的景物引起所咏之物，以为寄托。如此诗以雎鸠之挚而有别，兴淑女应配君子；以荇菜流动无方，兴淑女之难求；又以荇菜既得而"采之""芼之"，兴淑女既得而"友之""乐之"等。这是一种委婉含蓄的表现手法，这种手法的优点在于寄托深远，能产生文已尽而意有余的效果。这是《诗经》中的"兴"。

（二）唐诗：王维的《辛夷坞》

木末芙蓉花，山中发红萼。涧户寂无人，纷纷开且落。

分析：当春天来到人间，辛夷在生命力的催动下，欣欣然地绽开神秘的蓓蕾，是那样灿烂，好似云蒸霞蔚，显示着一派春光。诗的后两句写花的"落"，诗人将辛夷花置于一个山深人寂的环境之中，写它开时即热烈地开放，使山野一片火红;落时则毫无惋惜地谢落,令人想象花瓣如缤纷红雨洒落深涧;它自开自败,顺应着自然的本性,它自满自足,无人欣赏,也不企求有人欣赏。这绝无人迹、亘古寂静的"涧户",正是诗人以"空寂"的禅心观照世界的结果。这就是唐诗中的"兴"。

(三)宋词:辛弃疾的《菩萨蛮·书江西造口壁》

郁孤台下清江水,中间多少行人泪。西北望长安,可怜无数山。青山遮不住,毕竟东流去。江晚正愁余,山深闻鹧鸪。

分析:此词写作者登郁孤台远望,"借水怨山",抒发国家兴亡的感慨。上片由眼前景物引出历史回忆,抒发家国沦亡之创痛和收复无望的悲愤;下片借景生情,抒愁苦与不满之情。全词对朝廷苟安江南的不满和自己一筹莫展的愁闷,却是淡淡叙来,不瘟不火,从而以极高明的比兴手法,表达了蕴藉深沉的爱国情思。这就是宋词中的"兴"。

(四)对联:林则徐自勉联:

海纳百川,有容乃大;壁立千仞,无欲则刚。

分析:此联的意思是,大海因为有宽广的度量才容纳了成百上千条河流;高山因为没有钩心斗角的凡世杂欲才如此的挺拔。这种海纳百川的胸怀和壁立千仞的刚直,来源于"无欲",这是借大海和高壁来表现自己的胸怀和人生态度。由此再深一步,做人如此,治国也可以借鉴,一个国家的各个领域都兴旺发达,能接纳不同的思想,政治、经济、文化、艺术等,才能高度文明和富强。这就是对联中的"兴"。

二、观

所谓观,是考见得失,就是反映社会现实生活,帮助读者认识风俗的盛衰或者政治的得失。孔子认为诗可以"观",并不是强调对于某一历史时代的社会生活的详尽描写,而是强调去"观"诗中所表现出来的一定社会国家的人民的道德感情和心理状态。孔子认为社会风俗的盛衰和人民的情感心理状态密切相关,所以"观风俗之盛衰"主要是"观"人们的道德精神、心理状态究竟是怎样的。

(一)《诗经·硕鼠》

硕鼠硕鼠,无食我黍!三岁贯女,莫我肯顾。逝将去女,适彼乐土。乐土乐土,爰得我所。

硕鼠硕鼠,无食我麦!三岁贯女,莫我肯德。逝将去女,适彼乐国。乐国乐国，爰得我直？

硕鼠硕鼠，无食我苗！三岁贯女，莫我肯劳。逝将去女，适彼乐郊。乐郊乐郊，谁之永号？

分析：此诗反映了劳动者对贪得无厌的剥削者的痛恨以及对美好生活的向往。诗人形象地把剥削者比作又肥又大的老鼠，表现他们贪婪成性、油滑狡诈，从不考虑别人的死活，以致劳动者无法在此继续生活下去，而要去寻找他们理想中的乐土。全诗三章，每章八句，纯用比体，以硕鼠喻剥削者，比喻精当贴切，寓意较为直白，在情感表达上，有一唱三叹之妙。这是《诗经》中的"观"。

(二) 唐诗：李白的《丁都护歌》

云阳上征去，两岸饶商贾。吴牛喘月时，拖船一何苦。

水浊不可饮，壶浆半成土。一唱督护歌，心摧泪如雨。

万人凿磐石，无由达江浒。君看石芒砀，掩泪悲千古。

分析：此诗采用现实主义的手法，以质朴的语言描绘了一幅辛酸的河工拉纤图，透过诗句。读者仿佛看见了当时瘦骨伶仃的船工，听到了河工的劳动号子、伤心的歌声、催人泪下的呻吟。全诗揭露了统治阶级穷奢极欲、不顾人民死活的罪行，表现了诗人对劳动人民的苦难命运的深切同情。这也是唐诗中的"观"。

(三) 宋词：王安石的《桂枝香·金陵怀古》

登临送目。正故国晚秋，天气初肃。千里澄江似练，翠峰如簇。归帆去棹残阳里，背西风、酒旗斜矗。彩舟云淡，星河鹭起，画图难足。

念往昔、繁华竞逐。叹门外楼头，悲恨相续。千古凭高对此，谩嗟荣辱。六朝旧事随流水，但寒烟衰草凝绿。至今商女，时时犹唱后庭遗曲。

分析：词的上阕写登临金陵故都之所见，依次勾勒水、陆、空的雄浑场面；下阕写在金陵之所想。通过对金陵（今江苏南京）景物的赞美和历史兴亡的感喟，寄托了作者对当时朝政的担忧和对国家政治大事的关心。这是宋词中的"观"。

(四) 对联

民国时期有一副这样的对联：

上联：五百两烟泥，赊来手里，价廉货净，喜洋洋兴趣无穷。看粤夸黑土，楚重红瓢，黔尚青山，滇重白水，估成辨色，何妨清客闲谈。趁火旺炉燃，煮就了鱼泡蟹眼；正更长夜永，安排些雪藕冰桃。无辜负：四棱响斗、万字香盘、九节老枪、三镶玉嘴；

　　下联：数千金家产，忘却心头，瘾发神疲，叹滚滚钱财何用。想品类巴菰，膏珍福寿，种传罂粟，花号芙蓉，横枕开灯，足尽平生乐事。尽朝吹暮吸，哪管他日烈风寒；纵妻怨儿啼，都装作天聋地哑。只剩下：几寸囚毛，半抽肩膀，两行清涕，一副枯骸。

　　分析：这副对联的上联描述了一个烟客吸食鸦片的"美好"感受；下联则描述了这位烟客的悲惨结局。通过形象而生动的语言，揭示了晚清以来鸦片给中国的家庭、社会带来的巨大危害。这是对联中的"观"。

三、群

　　所谓群，是群居相切磋，和而不流，也就是说人们互相切磋砥砺，提高修养。特别是那种很多人都因一个话题而参与的"和诗"活动，便是"群"。如：

　　（一）《诗经·卷耳》

　　采采卷耳，不盈顷筐。嗟我怀人，寘彼周行。

　　陟彼崔嵬，我马虺隤。我姑酌彼金罍，维以不永怀。

　　陟彼高冈，我马玄黄。我姑酌彼兕觥，维以不永伤。

　　陟彼砠矣，我马瘏矣。我仆痡矣，云何吁矣！

　　分析：《卷耳》是一首抒写怀人情感的诗作，写一位女子在采集卷耳的劳动中想起了她远行在外的丈夫，想象他在外经历险阻的各种情况。当时虽然没有一首和它唱和的同题诗，但这首诗却跨越时空，引起了后世多人的唱和，其深远影响光泽后世。如徐陵《关山月》、张仲素《春归思》、杜甫《月夜》、王维《九月九日忆山东兄弟》、元好问《客意》等抒写离愁别绪、怀人思乡的诗歌名篇，多多少少体现了与《周南·卷耳》一脉相承的意味。此诗破时空之限从双方着笔的写法，对后代诗人有明显的影响。像徐陵的《关山月》："关山三五月，客子忆秦川。思妇高楼上，当窗应未眠"，前两句写客子怀乡念妻之情，后二句写思妇独守窗口长想亲人之状，表达了双方借着月光互相思念的心境；杜甫的《月夜》采用的也是这种表现手法，"今夜鄜州月，闺中只独看。遥怜小儿女，未解忆长安"，由自己的愁思生发出他想象中妻子儿女举首望月，忧愁满面，借着明月寄传思念之情。这种跨越时空的"和"，也算是一种特殊的"群"。

　　（二）唐诗：张仲素和白居易的三组《燕子楼》

　　1. 楼上残灯伴晓霜，独眠人起合欢床。

　　　　相思一夜情多少，地角天涯未是长。

　　　　　　　　　　　　　　　　　——张仲素

满床明月满帘霜,被冷灯残拂卧床。
　　燕子楼中霜月夜,秋来只为一人长。　　　　　　　　　　——白居易
2. 北邙松柏锁愁烟,燕子楼中思悄然。
　　自埋剑履歌尘散,红袖香销已十年。　　　　　　　　　　——张仲素
　　钿晕罗衫色似烟,几回欲著即潸然。
　　自从不舞《霓裳曲》,叠在空箱十一年。　　　　　　　　——白居易
3. 适看鸿雁洛阳回,又睹玄禽逼社来。
　　瑶瑟玉箫无意绪,任从蛛网任从灰。　　　　　　　　　　——张仲素
　　今春有客洛阳回,曾到尚书墓上来。
　　见说白杨堪作柱,争教红粉不成灰?　　　　　　　　　　——白居易

分析：唐代的张仲素曾以《燕子楼》为题作诗三首,白居易读后,即以原韵和诗三首,燕子楼的故事及两人作诗的缘由,见于白居易诗的小序。这两组诗,遵循了十分严格的唱和方式;诗的题材主题相同,诗体相同,和诗用韵与唱诗又为同一韵部,连押韵各字的先后次序也相同,既是和韵又是次韵。唱和之作,最主要的是在内容上要彼此相应,张仲素的原唱,是通过写盼盼生活代盼盼抒发她"念旧爱而不嫁"感情的;白居易的继和,则抒发了他对于盼盼这种生活和感情的同情以及对于时光易老、今昔盛衰的感叹。一唱一和,处理得非常恰当。总的说来,这两组诗如两军对垒,工力悉敌,表现了两位诗人精湛的艺术技巧,是唱和诗中的佳作。这是唐诗中的"群"。

（三）宋词

1. 苏轼的《水龙吟·次韵章质夫杨花词》

　　似花还似非花,也无人惜从教坠。抛家傍路,思量却是,无情有思。萦损柔肠,困酣娇眼,欲开还闭。梦随风万里,寻郎去处,又还被、莺呼起。

　　不恨此花飞尽,恨西园、落红难缀。晓来雨过,遗踪何在,一池萍碎。春色三分,二分尘土,一分流水。细看来,不是杨花,点点是离人泪。

2. 章质夫的《水龙吟·杨花》

　　燕忙莺懒芳残,正堤上、杨花飘坠。轻飞乱舞,点画青林,全无才思。闲趁游丝,静临深院,日长门闭。傍珠帘散漫,垂垂欲下,依前被、风扶起。

　　兰帐玉人睡觉,怪春衣、雪沾琼缀。绣床渐满,香球无数,才圆欲碎。时见蜂儿,仰粘轻粉,鱼吞池水。望章台路杳,金鞍游荡,有盈盈泪。

分析：这两首词都是咏"杨花"的名作,当然,苏轼的那首水平更高、名气更大。不过,章词在前,苏词是次韵。所谓次韵,指古体诗词写作的一种方

式,按照原诗的韵和用韵的次序来和诗,也叫步韵。这也是和诗的一种方式。这是宋词中的"群"。

(四)对联

1. 章炳麟撰慈禧太后七十生日联

今日到南苑,明日到北海,何日再到古长安?叹黎民膏血全枯,只为一人歌庆有;

五十割琉球,六十割台湾,而今又割东三省!痛赤县邦圻益蹙,每逢万寿祝疆无。

2. 梁启超撰慈禧太后七十生日联

今日幸颐和,明日幸海子,几忘曾幸古长安,亿兆民膏血轻抛,只顾一人庆有;

五旬割云南,六旬割台湾,七旬又割东三省,数千里版图尽弃,每逢万寿疆无。

分析:据说慈禧太后为庆祝七十大寿,颁令全国,规定举国都要贴上"一人庆有,万寿无疆"的寿联,于是章炳麟、梁启超等人就以对联声讨之。这是对联中的"群"。

四、怨

所谓怨,是怨刺上政,也就是批评政治,表达民情。

(一)《诗经·伐檀》中的"怨"

坎坎伐檀兮,置之河之干兮。河水清且涟猗。不稼不穑,胡取禾三百廛兮?不狩不猎,胡瞻尔庭有县貆兮?彼君子兮,不素餐兮!

坎坎伐辐兮,置之河之侧兮。河水清且直猗。不稼不穑,胡取禾三百亿兮?不狩不猎,胡瞻尔庭有县特兮?彼君子兮,不素食兮!

坎坎伐轮兮,置之河之漘兮。河水清且沦猗。不稼不穑,胡取禾三百囷兮?不狩不猎,胡瞻尔庭有县鹑兮?彼君子兮,不素飧兮!

分析:《伐檀》是魏国的民歌,反映了社会中下层民众对上层统治者的不满,是一首嘲骂剥削者不劳而食的诗。全诗反映出当时劳动人民对统治者的怨恨及被剥削者阶级意识的觉醒,愤懑的奴隶已经向不劳而获的寄生虫、吸血鬼大胆地提出了正义的责问。这是《诗经》中反剥削反压迫最有代表性的诗篇之一。这也是《诗经》中的"怨"。

(二)唐诗:白居易的《杜陵叟》

杜陵叟，杜陵居，岁种薄田一顷余。三月无雨旱风起，麦苗不秀多黄死。九月降霜秋早寒，禾穗未熟皆青乾。长吏明知不申破，急敛暴征求考课。典桑卖地纳官租，明年衣食将何如？剥我身上帛，夺我口中粟。虐人害物即豺狼，何必钩爪锯牙食人肉？不知何人奏皇帝，帝心恻隐知人弊。白麻纸上书德音，京畿尽放今年税。昨日里胥方到门，手持敕牒榜乡村。十家租税九家毕，虚受吾君蠲免恩。

分析：这首诗体现了作者视民如子的情怀，揭露了封建社会的黑暗与腐败。作者在《轻肥》诗中曾一针见血地控诉"是岁江南旱，衢州人食人！"，在这首《杜陵叟》中，他更是写到"虐人害物即豺狼，何必钩爪锯牙食人肉！"。白居易在义愤填膺地写下上述的控诉时，并没有意识到，他实际上已经触及了封建社会人吃人的凶残野蛮的社会本质。事实上，每当灾荒严重之际，由皇帝下诏蠲免租税，而地方官照样加紧盘剥勒索，不过是封建社会经常上演的双簧戏而已，而在封建社会中，能够对这种免的白免、催的照催的吃人双簧戏进行最早、最有力的批判的，正是唐代新乐府运动的旗手——白居易。这是唐诗中的"怨"。

（三）宋词：李煜的《浪淘沙·帘外雨潺潺》

帘外雨潺潺，春意阑珊。罗衾不耐五更寒。梦里不知身是客，一晌贪欢。
独自莫凭栏，无限江山，别时容易见时难。流水落花春去也，天上人间。

分析：此词上片用倒叙，先写梦醒再写梦中。起首说五更梦回，薄薄的罗衾挡不住晨寒的侵袭，帘外是潺潺不断的春雨，是寂寞零落的残春；这种境地使他倍增凄苦之感。"梦里"两句，醒来追忆梦中情事，睡梦里好像忘记自己身为俘虏，似乎还在故国华美的宫殿里，贪恋着片刻的欢娱，可是梦醒以后，却加倍地感到痛苦；过片三句自为呼应，说"独自莫凭栏"，是因为凭栏而不见无限江山，又将引起无限伤感；最后一句用"天上人间"作结，最令读者动容。此词基调低沉悲怆，透露出李煜这个亡国之君绵绵不尽的故土之思，可以说这是一支惆怅凄苦的哀歌。这是宋词中的"怨"。

（四）对联：民国时期讽刺袁世凯联

卖康梁而宠倖位，抚山东，督保定，直入内阁，十数年立地顶天，居然豪杰，谁不说龙腾沧海；

抗孙黄以做总统，先临时，后正式，旋改国号，一片心称皇呼帝，忽焉取消，我也笑鳖入紫泥。

分析：此联总结了袁世凯的一生，尤其是"卖康梁""称皇呼帝"等事，斥责、讽刺意味十足。这是对联中的"怨"。

这就是诗、词、对联中的"兴、观、群、怨",了解并熟悉它,可以加深我们对所学诗、词、对联的认识,可以帮助我们创作出内容更丰富、内涵更深刻、作用更积极的文学作品。

绝句、律诗、对联和词的基本写作步骤

大家写作文时,都会有个基本步骤,比如"怎样审题,怎样开头,怎样展开,怎样收尾"等。其实凡是写作,不管哪种文体,都会有个基本步骤的,写作诗词对联也一样。本文就给大家介绍一下绝句、律诗、对联、词等四种常见文体的基本写作步骤。

一、五言绝句写作步骤

(一)看清题目,收集素材;
(二)分析素材,五言整合;
(三)依序组合,四句完结;
(四)调整平仄,平水押韵;
(五)炼字炼意,避免重字。

具体操作:

(一)看清题目,收集素材

先说看清题目,看似简单,但也不可小视,粗心大意的话可能造成不良后果。这里举个例子:请按下面要求写一首绝句。

1. 诗题:树(任选树名)
2. 诗格:五言诗格(任选)
3. 诗韵:平水韵(任选韵部)

这个题目包含这几个信息,(1)诗题:树;(2)诗体:五言绝句;(3)诗格:任选。按说并不难,大部分学生审题都没问题,可有个学生是这样写的:

竹

幼笋迎春长,扎根深土中。
身修犹挺立,密叶挡狂风。

分析:这首诗写的是竹子,还是较好地抓住了竹子的特点:根深、身长、

叶密；平仄方面，此诗完全符合仄起仄收的规定，既"粘"又"对"，没问题；押韵方面，"中"是一东韵，"风"也是一东韵，没问题。全诗看起来没有问题，但大家注意本诗的诗题是写"树"，什么树都可以，但作者写的却是"竹"，竹子是树吗？显然不是。这就涉及一个审题问题，如果审题出了问题，等于大方向错了，后边做得再好，也是无用功。看清题目，使作品内容符合题意，是写出好作品的前提。

明白题目后，就是根据题目收集相关素材。学养丰厚的，凭自己大脑的知识储备即可；学识浅薄的，可查阅相关书籍，或网上百度。总之，要对所写对象有较多了解，而且了解得越多越好。

（二）分析素材，五言整合

1. 收集素材后，就要分析素材。五言绝句很短，只有20个字，常常只有一两个角度，或一两个画面，容纳不了太多信息，所以收集的素材可能只会用到一小部分。这就需要作者分析、选择，可用则留，无用则弃。如杜甫的《八阵图》：

功盖三分国，名成八阵图。江流石不转，遗恨失吞吴。

分析：此诗前二句赞颂诸葛亮的丰功伟绩，尤其称颂他在军事上的才能和建树；后二句对未能实现统一中国的宏图大业的诸葛亮表示惋惜。此诗写的是诸葛亮，写作对象是大家都很熟悉的，可用的素材很多，那怎么选择呢？作者就抓住了最能表现诸葛亮军事才能的八阵图来写，这样就用很少的素材把自己对诸葛亮的称颂惋惜之情表现了出来。

2. 分析素材后，就是整合了。因是写五言绝句，这就限定了作者每句只能用五个字来表达，所以这时最好用五个字一句的话把所要表达的意思写下来，可以多写几句备用。这时可以先不考虑平仄和押韵，先把主要内容写下来。

（三）依序组合，四句完结

（1）写好一些五字句后，就试着按一定的顺序（时间、空间、逻辑都可）把这些句子组合起来，组成一首四个五言句组成的"诗"。这里加了引号，说明它还不是真正意义的诗，还是个半成品。组合起来的诗要能表达一个完整的意思，或某个特点、性状，或某个场景、画面，或某种思想、看法等。如柳宗元的《江雪》：

千山鸟飞绝，万径人踪灭。孤舟蓑笠翁，独钓寒江雪。

分析：首先说这是古绝，和我们现在讲的绝句不太一样，大家先不必深究。这首诗写的就是一个画面：一个老翁在大雪覆盖的江上钓鱼。它是按先景、再人、最后事的顺序安排素材的，说是按"由远及近"的空间顺序也可以。再如金昌绪的《春怨》：

> 打起黄莺儿，莫教枝上啼。啼时惊妾梦，不得到辽西。

分析：这首诗描写一位女子对远征辽西的丈夫的思念。首句写妇女"打起黄莺"的动作，次句写"打起"的原因是"莫教啼"，第三句写"莫教"的目的是不使其"惊妾梦"，第四句又写"妾梦"是到辽西会见丈夫。这就是用诗记述了一件事，一件闺中女子思念丈夫的事，不过这是倒序，属于先果后因的逻辑顺序。

（四）调整平仄，平水押韵

1. 先说平仄，有的题目会要求按什么诗格写作，那就必须使用规定的诗格。不过大部分是无要求的，那就从四种诗格任选一种即可，也可以这样操作，先把诗的内容写下来，再看适合哪种诗格就用哪一种。不过，因大部分同学不太熟悉《平水韵》，常常会出现"失替""出律"的情况，但这些同学却全然不知，建议大家写完后在网上用格律检诗词测工具检验一下，如有问题就及时调整。对初学者来说，这是个大问题，有必要再给大家举例讲解一次。下面看一首学生习作《作业》：

> 作业堆如岭，写都写不完。
> 同窗还在赶，做到打鼻鼾。

分析：这首诗写得还不错。首先是押韵了，"完"和"鼾"都在《平水韵》的十四寒部；其次是符合"仄起仄收"的诗格规定。从普通话的读音看，没有问题，但用平水韵检测一下，还是有个问题，就是第四句中的"鼻"字，它是古仄声，这里应该用个平声字。我们前面讲过，古音今音不太一致，这也是初学写格律诗者的一个大问题。初学者应努力记住一些常见的今平古仄的字，如"八、逼、出、吃、黑、接、菊、杀、说、一、泊、积、接、哭、夕、白、十、竹、笛、学、独、福、合、国、夺、石、足、烛、急、觉"等。

2. 再看押韵

押韵问题，先强调几点：一是绝句必须押韵，二是要押平声韵，三是要用平水韵。根据诗格，绝句分两个韵和三个韵两种情况，一般情况任选一种即可；根据教学经验，上述问题中"要用平水韵"的要求最难落实，因大家习惯用普通话发音，最容易用现代汉语拼音代替平水韵。比如，汉字中以"an"结尾的字很多，大家普遍觉得只要是以此为韵母的字都是一个韵，可在平水韵里，以"an"结尾的字被分在了"十三元、十四寒、十五删、一先"等四个韵部里，如果不熟悉、不细心，很容易出问题。如这样一首学生习作《作业》：

作业折磨我，天天堆似山。

夜深人尽睡，还是不能完。

分析：

乍看这首诗的押韵没有问题，尤其是不太懂格律的人，会觉得都符合要求。其实在平水韵里，"山"属于"十五删""完"属于"十四寒"，虽是邻韵，但并不是一个韵部，所以这首诗仍然是一首出韵的诗。出韵了就要修改，可以改成"十五删"韵，也可以改成"十四寒"韵。

还有一个问题须注意，就是平水韵里有一些平仄两用字，如果你有积累，有时会帮助你解决问题。如一首学生习作《作业》：

漫漫冬寒夜，谁来院里叹。

问声何感慨，数理作文难。

分析：大家看这首诗，"谁来院里叹"句的"叹"字，今音是仄声，按理也是不符合平仄要求的，但这个句子是没有问题的，为什么呢？这首诗里就有个平仄两用的"叹"字。常见的平仄两用字有"看、过、望、笼、听、凭、轻、摇、翰、先、如"等，请大家注意积累。

(五) 炼字炼意，避免重字

(1) 炼字炼意，是一首好诗的必须过程。古人曾留下不少炼字佳话，比如唐代诗人齐己的《早梅》：

万木冻欲折，孤根暖独回。前村深雪里，昨夜一枝开。

风递幽香去，禽窥素艳来。明年如应律，先发映春台。

分析：大家应该知道"一字师"的故事吧，据《唐才子传》记载，齐己曾以这首诗求教于郑谷，诗的第二联原为"前村深雪里，昨夜数枝开"，郑谷读后说："'数枝'非'早'也，未若'一枝'佳。"齐己深为佩服，便将"数枝"改为"一枝"，并称郑谷为"一字师"。"一枝开"是诗的画龙点睛之笔：梅花开于百花之前，是谓"早"；而这"一枝"又先于众梅，悄然"早"开，更显出此梅不同寻常。把原来的"数"改为"一"，诗句和诗都更加精彩了，这就是炼字的妙处。还有王安石的《泊船瓜洲》：

京口瓜洲一水间，钟山只隔数重山。

春风又绿江南岸，明月何时照我还？

分析：据洪迈《容斋斋笔》卷八记载：吴中士人藏有这首诗的原稿，初写时是"又到江南岸"，自己圈去"到"字，注曰"不好"；继而改为"过"，又圈去；再改为"入""满"……这样一共改了十几个字，最后才定为"绿"字。

"绿"字是经过精心筛选的，极其富于表现力。这是因为，这个"绿"字写出了春风的气势、力量和作用，境界开阔，色彩鲜明，给人以春意盎然、生机勃勃的美感。"字"炼好了，"意"也就出来了，这首诗是炼字炼意的典范。

二、七言绝句写作步骤

（一）看清题目，收集素材；

（二）分析素材，七言整合；

（三）依序组合，四句完结；

（四）调整平仄，平水押韵；

（五）炼字炼意，避免重字。

具体操作：

因七言绝句的写作步骤和五言绝句的基本一样，这里不再一一分析。不过五言和七言还是有所区别的，这里就这个问题，再介绍一下：

七言较五言，每句多出两个字，就可以多一些信息，也就是内容更为丰富；就可以多一些手法，使表达更加婉转曲折；句子拉长了，平仄变化多了，读起来就更加顺口，更加有韵味。当然从某方面来说，也就更有难度。有人曾试图把杜牧的七言绝句《清明》变成五言，结果如何呢？大家不妨对比一下：

> 清明时节雨纷纷，路上行人欲断魂。
> 借问酒家何处有，牧童遥指杏花村。

修改成五言：

> 清明雨纷纷，行人欲断魂。
> 酒家何处有，遥指杏花村。

分析：就内容而言，改前和改后大致意思差不多，但改成五绝的这一首显然在韵律、情境、口吻、声气方面都远逊原作。

三、五言律诗的写作步骤：

（一）看清题目，收集素材；

（二）分析素材，五言整合；

（三）分联归类，起承转合；

（四）颔颈对仗，平水押韵；

（五）平仄相谐，炼字炼意。

具体操作：

（一）看清题目，收集素材（略）

（二）分析素材，五言整合（略）

五言律诗的写作步骤和五言绝句的也有不少一样的地方，尤其是前两项"看清题目，收集素材；分析素材，五言整合"差不多是一样的，稍有不同的是，五言整合时需要整合出更多的句子，最少八句。当然最好多整合一些，将来组合时有选择的余地。

（三）分联归类，起承转合

1. 分联归类

大家知道，律诗和绝句结构上最大的区别就是，律诗由四联组成，即首联、颔联、颈联、尾联。每一联承担的任务不太一样，所以要先把素材归类。一般与写作对象直接相关的素材放在首联或颔联，间接相关的一般放在颈联或尾联。比如：王维的《观猎》：

风劲角弓鸣，将军猎渭城。草枯鹰眼疾，雪尽马蹄轻。

忽过新丰市，还归细柳营。回看射雕处，千里暮云平。

分析： 本诗题目是《观猎》，就是要写打猎，首先要写的就是与打猎相关的情况，比如打猎地点、打猎时间、打猎人物、打猎环境、打猎过程等，不一定要一一列举，但一定不能忽略不写；本诗中"风劲、草枯、雪尽"等就是打猎环境，"将军"就是人物，"渭城"就是地点，"鹰眼疾、马蹄轻"是打猎场景，可以说前两联是紧扣题目，字字不离打猎。这就是律诗的分联归类，先把与题目或写作对象直接相关的放在前边两联。颈联"忽过新丰市，还归细柳营"句已经不是打猎本身了，而是将军归途经过的地方，虽然也还是在渲染塑造"将军"的形象，但已算是非直接的材料了，所以放在此联最合适不过；尾联"回看射雕处，千里暮云平"是写打猎后的天气情况，这也还是在为塑造人物服务，不过毕竟不是打猎本身，也属非直接素材，写在这里，还能和前文形成了呼应、对比，使得全诗显得既结构完整，又舒缓有致。

2. 起承转合

写作诗词时，和写作文一样，也会遇到怎样组织材料的问题。方法有很多，这里介绍一种最常见的方法：起承转合。所谓"起"即开头，一般是绝句的第一句，律诗的第一联，通常是该诗的缘起，交代一下相关的时间、地点、人物、事件等，一般是为下文作铺垫用的；所谓"承"，就是紧承起句的意思，进一步描写或铺陈，这部分要求要和"起"部紧密相关，对全诗的思想主题起一个发展的作用；所谓"转"，就是递进或转折，一般不再局限在"起"的范围内，即荡开一笔，使诗的内容、境界显得更加丰富、更加开阔；所谓"合"，就是对全诗的收束，或照应或点题或升华等。

如杜甫的《登岳阳楼》：

昔闻洞庭水，今上岳阳楼。吴楚东南坼，乾坤日夜浮。

亲朋无一字，老病有孤舟。戎马关山北，凭轩涕泗流。

分析：这是一首五言律诗，它的"起承转合"四部分具体为：首联"昔闻洞庭水，今上岳阳楼"是"起"；颔联"吴楚东南坼，乾坤日夜浮"是"承"；颈联"亲朋无一字，老病有孤舟"是"转"，尾联的上句"戎马关山北"也是"转"；"凭轩涕泗流"是"合"。此诗的"起"是交代自己来到了洞庭湖，登上了岳阳楼；"承"是说自己在岳阳楼上那个看到的情景；"转"是联想，想到了自己和国家的不幸；"合"是说自己在楼上"凭轩"而泣。这样全诗就显得脉络清晰，收放有度。希望大家多使用此种写法。

（四）颔颈对仗，平水押韵

1. 颔颈对仗

对仗，也是律诗和绝句的一大区别，律诗的中间两联，即颔联和颈联必须对仗。所以，在我们完成第三步后，就要调整中间两联了，要使它们成为对仗的句子。

如王湾的《次北固山下》：

客路青山外，行舟绿水前。

潮平两岸阔，风正一帆悬。（对仗）

海日生残夜，江春入旧年。（对仗）

乡书何处达？归雁洛阳边。

分析：此诗颔联"潮平两岸阔，风正一帆悬"中，"潮"和"帆"都是名词，"平"和"正"都是形容词，"两"和"一"都是数词，"岸"和"帆"都是名词，"阔"和"悬"，形容词对动词；合起来，"潮平""风正"是主谓结构，"两岸阔""一帆悬"是主谓结构，结构也一样。

颈联"海日生残夜，江春入旧年"中"海日"和"江春"都是名词，都是偏正结构；"生"和"入"都是动词，"残夜"和"旧年"都是名词，也都是偏正结构。总体上，"海日生残夜"和"江春入旧年"都是主谓结构。

2. 务必押韵

押韵几乎是所有古代诗体的共同特征，可以说是"无韵不成诗"，所以，在完成句子的组合以后，就要调整押韵的问题了。这一点和写绝句大体是一样的，只不过由两韵或三韵变成了四韵或五韵；需要注意的问题也和写绝句差不多。因为用韵多了，还是要注意以下几个问题的：

A. 重韵：诗中前边出现过的韵字，再次出现，并用来作韵脚，叫作重韵。

B. 复韵：同义又同韵的字，如"芳""香"两字同属七阳韵，"忧""愁"两字同属十一尤韵。这类字如在同一首诗中作韵脚，就是复韵。

C. 出韵：所谓出韵，就是所使用的韵字不在一个韵部，特别是像十三元、十四寒、十五删、一先等一些长得很像的韵，很容易弄混。

（五）平仄相谐，炼字炼意。

这一点要求和绝句是一样的，在此不再赘述。

四、七言律诗的写作步骤：

（一）看清题目，收集素材；

（二）分析素材，七言整合；

（三）分联归类，起承转合；

（四）颔颈对仗，平水押韵；

（五）平仄相谐，炼字炼意。

具体操作：七言律诗和五言律诗的写作步骤几乎是一样的，只不过是在第二步把"五言整合"变成"七言整合"。和绝句一样，七律较五律，每句多出两个字，就会多一些信息，多一些手法，多一些变化，多一些味道。

还有一点须说明一下：按古人做法，在选用诗格时，五律和七律还有些不同，五言律诗以首句仄收为正格，七言律诗以首句平收为正格。也就是说，五言律诗以押四韵为常见，七言律诗以押五韵为常见。当然，这不是必需的，尤其初学者不必受此影响。

五、对联的写作步骤

（一）审清题目、收集素材；

（二）分析素材，找出角度；

（三）确定长短，选择单多；

（四）结构词性、平仄节律；

（五）语义相关，勿近勿远。

具体操作：

（一）审清题目、收集素材

审题，这和写作文没什么区别，就是分析题目及相关材料，确定主题。就对联而言，一般是要求就某个人物、地点、节令、器物等或某种情况（如祝寿、贺婚、哀挽等）创作对联；明白题目后，就是根据题目收集相关素材。和写诗一样，学养丰厚的，凭自己大脑的知识储备即可；学识浅薄的，可查阅相关书籍，或网上百度。

（二）分析素材，找出角度

收集素材后，要归类整理。因对联只有两行，所以最好选择两个角度，然后根据这两个角度，有用的素材留下，没用的就舍弃。

如贺巴金百岁华诞联：

一管凌云笔；百年赤子心。

分析：巴金是大家很熟悉的作家，他的相关素材有很多，但对联一般只有两个角度，尤其是这样的短联，最终作者是从他的"作品"和"情操"这两个角度来写的。这个选择就很好，因这两点正是巴金被世人所称道的地方。

（三）确定长短，选择单多

对联分短联和长联，单句联和多句联，两者没有优劣之分。短联或单句联更要炼字炼词，更要写出诗意和味道来，要用观点精到服人；长联或多句联的字词修炼也不能放松，但更要处理好句子之间的逻辑关系，做到长而不乱，清晰明确。如：

1. 山东泰山玉皇顶联

地到无边天作界；山登绝顶我为峰。

分析：此为一短联，上联是说泰山很大，竟以天为界；下联是说泰山很高，但又用"我为峰"表达了登上绝顶后还有自我这座山峰等着自己去战胜的道理。虽然短，但言简意赅，生动形象，令人印象深刻。

2. 岳阳楼对联

一楼何奇？杜少陵五言绝唱，范希文两字关情，滕子京百废俱兴，吕纯阳三过必醉。诗耶？儒耶？吏耶？仙耶？前不见古人，使我怆然涕下；

诸君试看：洞庭湖南极潇湘，扬子江北通巫峡，巴陵山西来爽气，岳州城东道岩疆。渚者，流者，峙者，镇者，此中有真意，问谁领会得来。

分析：这是一副写岳阳楼的名联，属长联。上联从人文的角度写起，写了很多与之相关的人物、文章；下联从风景的角度写起，写了很多与之相关的地理名称。两个角度相互对应，虽然材料很多，但读后感觉此联有条不紊，气脉通达。

所以，选择短联还是长联、单句还是多句，要看具体情况。建议初学者要多练短联,尤其是五言、七言联。

(四) 结构词性、平仄节律

1. 结构

对联上下联的句子内部的结构都必须一致,尤其短联。

2. 词性

对联上下联的相对应的每个词语的词性都必须一致,尤其短联。一般只有动词和形容词可以异性互对。

3. 平仄

初学者一般按五七言绝句的平仄写作即可,即:

五言平仄:

(1) 仄仄平平仄,平平仄仄平

(2) 平平平仄仄,仄仄仄平平

七言平仄:

(1) 平平仄仄平平仄,仄仄平平仄仄平

(2) 仄仄平平平仄仄,平平仄仄仄平平

需要说明的是,对联的平仄没有绝句、律诗那么严格,如果是七言句,一般只要注意第二、四、六字的平仄不出问题即可,也没有孤平一说。

4. 节律

节律要对拍,即上下联停顿的地方必须一致。不过一般只要前边说的结构一致了,节律也自然没问题了。

(五) 语义相关,勿近勿远

1. 语义相关,就是上下联犹如一篇文章的两个段落,都要为文章主题服务,所以上下联在意义上一定要相关联。如下面这副对联:

题辛弃疾(王永江)

不负才名,词敲铁板齐苏轼;

悲忧国事,武举金戈继岳飞。

分析:首先分开看,上联是说辛弃疾是个优秀词人,并以大词人苏轼来衬托;下联是说辛弃疾是个起起武夫,并以抗金名将岳飞来衬托。放在一起,其实就是从文、武两方面来称赞所题人物。这样此联的上下联既角度明晰,又相互关联。

2. 勿近勿远

(1) 过近就是合掌。此为诗家、联家之大忌如下面这副对联：

华夏江山迎晓日；

神州湖海沐朝阳。

分析：

从对联格律的平仄、词类、结构等来看，这副对联完全符合要求。但是它的上下联对应的短语完全同义或近义，如"华夏"和"神州"、"晓日"和"朝阳"等，这便导致"合掌"。

还有"大棚常年绿；温室四季青"，以及前文提到的"生意兴隆通四海；财源茂盛达三江"等都是合掌对联。

（2）过远，就是有隔，上下联有距离太远，不相干。

看这样一副对联：

大树路边挡雨；

小明湖岸看荷。

分析： 此联在平仄、对仗等方面都没有问题，但是上下联之间语意、内容却互不关联，风马牛不相及，形对而意不联。这就是过远。

当然，前文提到的"无情对"是一种特殊对联，要另当别论。

六、词的写作步骤

（一）操作指南

1. 先选定自己熟悉的一个词牌，然后再选一首自己喜欢和熟悉的词；

2. 分析并明确该词牌片数、每一片的句数及每句的字数；

3. 明确每句最后一个字的韵脚是什么，属于哪个韵部；押的是平声韵还是仄声韵，是中间换韵，还是一韵到底；

4. 明确每句每字的平仄，哪些是用平，哪些用仄，哪些可平可仄；尤其要明确每个分句最后一个字的平仄。

对于1—4步，也可以直接查看《常用词谱》一书，里边有50种词谱，每种词谱都有平仄、用韵做了详细规定。

5. 明确每句的内部结构，看有没有对仗的情况。

（二）举例说明：选择苏轼的《水调歌头·明月几时有》

此部分请参看本书第一部分第17课，此处略。

（三）根据题目，依谱填词

熟悉某词牌的词谱后，就可以根据题目依谱填词了。填词过程和绝句律诗的写作过程大同小异。

1. 具体步骤为：

（1）看清题目，收集素材；

（2）分析素材，分句整合；

（3）分片归类，上景下情；

（4）注意平仄，词林押韵；

（5）用好领字，炼字炼意。

2. 具体操作

此部分请参看本书第一部分第17课，此处略。

3. 再熟悉一下常见的领字：

单字：任、看、总、但、须、凭、况、更、应、望、叹、算、正等；

双字：莫是、那堪、休说、谁料、遥想、试问、漫道、无端、只今等；

三字：怎奈何、终不似、不如向、更能消、更那堪、便纵有、算而今等。

4. 炼字炼意：这一点和绝句、律诗的写作差不多，不再详述。只是再举一例，供大家欣赏学习。

《玉楼春·春景》（宋·宋祁）

东城渐觉风光好，縠皱波纹迎客棹。绿杨烟外晓寒轻，红杏枝头春意闹。

浮生长恨欢娱少，肯爱千金轻一笑。为君持酒劝斜阳，且向花间留晚照。

分析：（1）此词上片从游湖写起，讴歌春色，描绘出一幅生机勃勃、色彩鲜明的早春图；下片则一反上片的明艳色彩、健朗意境，言人生如梦，虚无缥缈，匆匆即逝，因而应及时行乐，反映出"浮生若梦，为欢几何"的寻欢作乐思想。

（2）此词是炼字炼意的典范。其"绿杨烟外晓寒轻，红杏枝头春意闹"句，"绿杨"远处杨柳如烟，一片嫩绿，虽是清晨，寒气却很轻微；"红杏"句专写杏花，以杏花盛开衬托春意之浓。词人以拟人手法，着一"闹"字，将烂漫的大好春光描绘得活灵活现，呼之欲出。王国维也说"'红杏枝头春意闹'，着一'闹'字而境界全出"。据说作者宋祁因词中"红杏枝头春意闹"一句而名扬词坛，被世人称作红杏尚书。

总之，绝句、律诗、对联、词的写作步骤大体一样，基本过程都是：先审题，再找素材，然后分析整合，再组句组篇，最后根据各自文体特征调整平仄、用韵和结构等。这里再强调两点：一是大家急需突破和掌握的是古今音问题，因为这关乎平仄和用韵这两个格律文学的关键特征问题；二是一定要多练习，多写多用才是尽快掌握写作技能的良方。

附录：诗词情怀

锦瑟年华谁与度

（校刊卷首语）

锦瑟年华谁与度？一曰文章，一曰诗词。文章，经国之大业；诗词，怡情之灵丹。腹藏文章，自是一种风流；口吐诗词，平添几分雅致。然能撰文赋诗者，绝非天生，亦非一日之功，咸须自幼诵文触墨。尝闻翱翔蓝天之鲲鹏，必振翅于幼雏；驰骋沙场之骏马，须练足自小驹。故老辣文章，必发端于龀龅；至美诗词，须涵养自垂髫。今观吾校之莘莘学子，才过总角，正值豆蔻，实乃当学可造之年。若从今始，习文作赋，耕诗耘词，假以时日，必能报之以夭桃，答之以琼瑶。

冬去春来，渐闻花香之缕缕；物换星移，但见果实之累累。撰散文者，或情真意切，体物细微；或激扬文字，指点江山。赋诗词者，既托物言志，融情于景，又平仄有致，铿锵有声。

庚子大疫，神州停摆，黎庶蒙难。殷殷少年，禁足于门户；琅琅书声，寂然于庠序。惜金色年华，成长佳时，却无所事事，默默无为，岂不痛哉！

所幸，我校师生不甘寂寞，不愿碌碌，以己之才，尽将所见所闻所感，诉诸笔端。虽角度不一，深浅有别，但爱人爱家爱国之心发自内心，溢于言表。其中不乏褒扬抗疫之最美之人者：观师之文，莫秀梅诗中最美之角色，王艳梅文中杏林之巨擘，陈勤妹心中家国之情怀；阅生之章，廖明静、江子昕等信中饱含的敬佩与感激，余韶涵、欧子欣等文中讴歌的责任和担当，付祺睿、温玮娟等文中洋溢着的终将破晓、向阳而生的信念和态度，无不令人击节抚掌。

六十余首五言绝句，乃本期之特色。"仄仄平平仄，平平仄仄平"，传统之精粹，款款而来；诗词之种子，悄然生根。虽青涩而稚嫩，但阳光而鲜活，也许这就是青青草，也许这就是《青青草》吧。

青青子衿，桃李芬芳；
悠悠少年，窈窕文章；
溯洄从之，诗在远方……

寻梦兰亭

我有一个梦想。

我一直梦想着我的人生里能有一次这样的经历：

那是1600年前的永和九年，在浙江绍兴兰渚山下的兰亭，王羲之等41位名流集会于此，在崇山峻岭、茂林修竹中，他们列坐赋诗、泼墨抒怀。当然也可以是在阮籍之竹林、梁王之睢园，抑或是在王勃之滕王阁、李白之桃李园。在这些地方，文人雅士们开琼筵以坐花、飞羽觞而醉月，仰观宇宙之大、俯察品类之盛，既可望与长天共一色之秋水、又可赏与渔舟共一幕之落霞。

我不确定我是不是一个真正意义上的文人，我只知道，至少在中学时代就梦想着有朝一日我能感受一次这样的文人氛围，能遇到这样一群可以一起吟风弄月、畅叙幽情的知己知音。

我知道它离我非常遥远，可我一直期待着它能在我的人生旅途上出现。

一晃就三十年了！在我年近半百的2016年，它居然悄悄地来了，而且还不止一次。在南郊的鹿麒山农庄，在林建教授的日知堂，在我日日经过的未来湖畔，它就这样不经意地来了。在这里，我真的感觉到了我期待的那种感觉，享受到了我期待中的那种享受，品尝到了我期待中的那种味道。在这里，大家逸兴遄飞、各展其才：有哲勇兄演奏的古琴名曲《阳关三叠》，有国宝兄演唱的世界名曲《今夜无人入眠》，有孚岩兄朗诵的李白名诗《将进酒》，还有朱卫星老大哥的精彩茶艺，当然最能给我们以艺术享受的还是我们诗社两位顾问的才艺表演：林教授的书法——行云流水；蓝老师的口琴——云起雪飞。

当然这只是我们几位的才艺特长，其实真正让我们聚在一起的是中国最传统的文化——诗词！这才是我们的共同爱好，是我们缔结友谊的纽带。一年来，我们已经创作了近300首诗词作品，虽然我们的诗词文章远不如王羲之、李白、王勃他们，但这已经足够抒发我们的诗词情怀，满足我的兰亭情结了。在这里，哲勇兄吟出了"浮钓明朝天水阔，湖山两望淡烟尘"，国宝兄吟出了"水面菱荷尖角露，路边林木匠心栽"，忠林兄吟出了"自此诗心不寂寞，斜风细雨漫耘耕"，嘉异兄吟出了"自笑多情悲白发，安危贵贱转头空"；还有容姑娘（苏艳霞）的"伊人浅笑烟波里，静待春香款款开"，玲妹妹（吴秀玲）的"回首嫣然绣伞收，解簪散发归桑梓"；当然也有吴某人的"扁舟唱晚谁家子，笛送伊人水一方"。这里是白云落霞、紫蝶黄蜂的世界，这里有高山流水、小桥人家的意境，是那么浪漫唯美，又是那么超然物外。

在这里，我们还常常用赠诗的方式来互递友情，"数声横笛柳中醉，一把长篙水上撑"是写给哲勇兄的,"力作前天才付梓,青灯一盏又生花"则是送给建国兄的;"莫道金兰须大义,一枝半叶最关情"是赠予嘉异兄的,"一竿闲钓风和月,寂寞诗心不染尘"是欣赏忠林兄的;"画情诗意寄明月,懒与俗尘争有无"是赞美容姑娘的,"爱社如家勤拂拭,书香几净映心明"则是夸赞玲妹妹的……

在这一年里,我们的兰亭发生了太多的与诗词相关的故事:有以《未来湖》为题的同题写诗活动,有以七言绝句为要求的诗体练习活动,有我们自发形成的依韵和诗活动,甚至还可以用诗词参加我校的新年联谊会,用诗词点缀我们未来湖新葺的石栏,用诗词为毓德学子的高考呐喊壮行!

这就是我和我的小伙伴们的兰亭故事,它不是黄钟大吕,也并不轰轰烈烈,但它温婉可人、浸润心骨。这段故事,净了我的心,浓了我的情,圆了我的梦,我会用一生去拂拭,去珍爱,去回味!

平仄留痕

贺父母八十八寿
世路同行,高堂已贮两仓米;
天伦共享,吴第再添一担茶。

(米:米寿,88岁;茶:茶寿,108岁)

赠妻
当垆卖酒三生幸;
猜典泼茶一世依。

自题
懒费功夫刨井浅;
便观山色插篱疏。

自嘲
一夕垂纶鱼钓我;
十年弄墨字欺人。

偶感

情深难寿，慧极必殇，人事从来须适度；
月缺还圆，日升又没，苍天不改是轮回。

题妇女节
待物以诚，截发惟闻陶侃母；
相夫有道，断机常羡乐羊妻。

题范雎
远结近攻，废后逐穰，无愧春秋真国相；
言弹白起，官安王稽，分明恩怨看绨袍。

题范蠡
功能分国，财可连城，偏远走天涯，懂尊位不容久受；
长子失手，中男蒙难，却静如止水，知悲歌早晚会来。

题赵括
长平惨败岂无能？天命助秦邦，扶汉孔明当懂我；
书策烂熟何不可？太公授黄石，拾鞋孺子尽知兵。

题孙膑
依势用兵，死局可成活局；
变招出驷，烂牌也是好牌。

题汉文帝
成事常凭运气，想吕氏弄权，遍啄皇孙，诸刘敢望自家祚？
天命终靠德行，看代王尝药，推恩封国，焦土正需这片云。

题张良
并无项王气度，却能指点江山，际会风云，何哉？胸怀捭阖之谋也；
虽有韩信功勋，反要远离潮头，甘居小邑，愚乎？心知存亡之道欤。

题蒯通
人不逢时，若爱才玄德，功劳何止三分鼎；

身终有命，偏斗狠沛公，气度竟容独拜韩。

题李广
子弟封侯，属下封侯，试问皇皇汉祚，千里阴山谁射马；
小尉也杀，降卒也杀，堪叹赫赫将军，几回风度不容人。

题诸葛亮
擒纵任由君，七收孟获终边靖；
浮沉应有劫，六出祁山或命无。

题曹植
以斗量才，引洛神而顾盼；
用诗赌命，叹龙子亦蹇连。

题王勃
天不假年，仅以神童惊海内；
文能增岁，竟凭奇序寿千秋。

题韩愈
儒学凭昌黎再振，数唐宋两代，诸家文道咸崇古；
地名因刺史而更，看潮州一隅，多少江山已姓韩。

题王昌龄
夫子有怀，边塞更吹羌笛怨；
龙标何幸，谪仙相送夜郎歌。

题李商隐
既然牛，何必李，蝙蝠两端，虽才比贾生，竟成一树无情碧；
蓝田玉，沧海珠，朦胧三叠，凭神如太白，终得千年不朽诗。

题杜荀鹤
看寡妇征徭，县宰染衣，何似少陵胸臆；
观琴书为伴，唯官是让，颇通五柳精神。

题温庭筠
词本诗余，西蜀八叉争正统；
花间鼻祖，晚唐独步最风流。

题苏轼
惊涛拍岸，乱石擎苍，故垒射天狼，婉约东坡常放胆；
轩窗无眠，琼楼起舞，中秋同夜月，豪情居士也缠绵。

题范仲淹
词薄稼轩，文比醉翁，妙笔一枝堪独步；
德安社稷，兵服西夏，义田千亩显仁心。

题王安石
文追苏轼，一样不拘，常将公论推深意；
才比商鞅，两番求变，誓把新桃换旧符。

题元好问
国亡史健，世乱文兴，一生珠玉无穷，独为满蒙撑脸面；
获鹿鬼雄，雁丘情圣，千古死生莫问，吟成浪漫叫诗人。
（获鹿：元好问去世之地）

题梁启超
先觉先知，和呐喊者同宗德赛；
反袁反帝，与横刀人一样胆肝。

挽袁隆平
凭稻花一蕊；
享俎豆千秋。

题屠呦呦
采一把青蒿，为国争光，为民除病；
凭几间斗室，不须读博，不必留洋。

题快递小哥
看寒舍朱门，小巷长街，依单呼唤成风景；
虽雨摧日晒，餐迟薪少，递货无差乃本心。

题沈从文墓
归去来兮，百里沱江寻旧梦；
舍不得也，一掊文骨共边城。

题轩辕台
屈灵均满身香草，李太白如席雪花，诡异若斯，浪漫诗家谁始祖？
陈子昂蓟地放歌，周樟寿燕京呐喊，苍生在上，轩辕雄杰岂公孙。

题南雄珠玑古巷
斑驳上门楼，辨横匾竖楹，依稀唐宋珠玑色；
沧桑环石塔，叩豫砖鲁瓦，隐约贾商车马音。

题莲花山美韶亭
三江云影连湘赣；
万壑松风自宋唐。

题金鸡岭
北门金锁；
南岭晓筹。

题广东乳源云门山祥云楼
文偃怀仁，乘一叶祥云，巧落名山修梵宇。
苍生在世，历千般风雨，且凭紫气洗尘心。

题云髻山
风景若滇黔，看一峰云白，三色枫秋，毫不输香格里拉；
胸中存块垒，远广府软红，兰台案牍，就当是他人酒杯。

题韶关坪石华南教育基地 1
战火弦歌，粤北深山开绛帐；
等闲小镇，当年坪石领春风。

题韶关坪石华南教育基地 2
先生在哪，学堂在哪，无论繁闹广州，等闲坪石；
文教不衰，家国不亡，且看当年火种，今日中华。

题韶关通天塔
国富民安，就是通天大道；
波平水畅，方为立塔本心。

题广东满堂大围。
屹立三朝，久领始兴风景；
不沉一寸，终成围屋高标。

题鸟的天堂
谁言独木不成林，看南国一榕，森森廿亩成风景；
莫赞高层新筑厦，听街衢四季，寂寂千窗无鸟声。

题金陵凤凰台
诸龙皆不寿，看衣冠晋代，花草吴宫，不过三五十载；
骚客竟长生，随半落三山，中分一水，已然千八百年。

题首阳山
司马偷生，史家留姓；
伯夷不死，荒岭何名？

题俄乌战事
树欲宁而风不止，卅国东蚕，一夜烽烟从冷战；
腕如铁但志未酬，廿年西堵，同宗兄弟岂扬镳。

题铁链女
孔道历两千余载，竟如此民事民权，说什么仪礼之邦，已乾坤朗朗；
法条削十七乌纱，也只是医头医脚，指不定尘氛之处，仍铁链条条。

题人日
先到禽必显尊？风来云去，竟然第七称雄，五德成食；
后强客能永久？斗转星移，或许牛羊还在，人类绝踪。

冬天感怀
寒天处处无生气，看三五垂髫，直以雪花当蝶逐；
冷意时时思惠风，旺一炉泥火，且将小酒约俦来。

题落羽杉
天肃竟红颜，羡煞万木；
羽凋虽瘦骨，不过一冬。

题算盘
谁最分明？两千年较短算长，锱铢无乱；
亦知进退，孤单处投闲置散，楹枂不争。

题折柳
离情去意何关柳，忍看青嫩千绦，年年残渡口；
细雨熏风又别乡，最是阳关三叠，每每唱垂杨。

赠所带班
砥砺三年期虎变；
翱翔万里待龙飞。

题北江书院
独占山巅，敢移岳麓北江盛；
广藏文典，且待青衿慧眼开。

263

贺广东北江中学高考出佳绩
赏未来湖风景，莫错过夏日红荷，仲秋金鲤；
问龙虎榜头名，不如看北江西岸，九秩名黉。

贺广东北江中学九十华诞
蜡烛一支，点亮三江六岸；
春风九秩，芬芳万李千桃。

参考文献

1. 吕荣莉. 先秦诗 [M]. 上海：上海辞书出版社，2016.
2. 吉明周. 唐诗鉴赏辞典 [M]. 上海：上海辞书出版社，2004年.
3. 贺新辉. 宋词鉴赏辞典 [M]. 北京：北京燕山出版社，1989年.
4. 顾青，编注. 唐诗三百首 [M]. 北京：中华书局，2018年.
5. 东山，秋名. 中国古代诗歌鉴赏 [M]. 呼伦贝尔：内蒙古文化出版社，2012.
6. 刘德，林旭. 专题攻略诗词鉴赏 [M]. 海口：南方出版社，2006.
7. 周拥军. 学诗快速入门120问 [M]. 天津：天津教育出版社，2013.
8. 陈新璋. 唐诗宋词元曲选读 [M]. 广州：广东教育出版社，2014.
9. 吴恭亨. 对联话 [M]. 长沙：岳麓书社，2003.
10. 王国维. 人间词话 [M]. 北京：北京理工大学出版社，2010.
11. 吴梅. 词学通论 [M]. 北京：新世纪出版社，2012.
12. 李渔. 笠翁对韵 [M]. 北京：中华书局，2018.
13. 戈载等. 佩文诗韵 [M]. 上海：上海古籍出版社，2016.

后 记

一

《少年情怀都是诗——指导中学生写作诗词对联》一书共分两大部分：

第一部分是诗教课教材，主要包括：格律方面的基本知识；绝句、律诗、词、对联等的写作指导。

第二部分则是介绍诗词对联写作方面的知识与方法等，会比第一部分内容更深更专一些。

这是一本适合初学者学习诗词对联写作的书，尤其适合初、高中学生使用，开展诗词教学的教师也可以参考使用。

根据诗教的实际情况，本书对格律规则中中学生较难理解、掌握的知识点，如"拗救""孤平"等，暂不讲解。学生的习作如有这方面的问题，暂视作合格。

为突出本地及本人特色，本书在举例时，除引用历代名家作品外，还引用了本土学者、老师及本人的诗词对联作品。本土作品一般会标出作者姓名，凡没有标出作者姓名的，均为本人作品。

由于本人学识学养和写作水平有限，谬误之处在所难免。希望读到此书的中学生或家长、使用此书的老师、参考此书的专家或诗友联友能指谬并给出修改意见。

二

本书写作过程中，除参考诗词对联方面相关文献外，还参看了以下讲稿或课程：

（一）《对联中国》主持人王永江先生的《问花学堂》讲稿；

（二）《学习强国》之东南大学王步高教授的精品课程《诗词格律与写作》；

（三）《学习强国》之四川大学王红教授的精品课程《中国诗歌艺术》。

三

  本书写作及校勘过程中，得到了不少专家学者、领导同事、诗友联友的大力支持，在此谨致敬意，深表谢忱！

吴延伟

2022 年 5 月